现代班主任工作研究

（第二版）

主　编　何万国

副主编　曹荣誉　刘波　刘有为　符果

西南交通大学出版社

·成都·

内容简介

本书运用教育哲学、教育伦理学、教育文化学、教育管理学、管理心理学等多学科理论与知识，充分吸纳中小学优秀班主任的实践经验和最新研究成果，从多维视角分析了班主任角色及其素质，对班主任所从事的班集体建设、管理、教育、沟通、班级活动设计和班级文化建设等进行了全面探究，对班主任工作中面临的问题进行了深入的理论阐述和实践诠释。通观全书，读者能亲身感受到本书所具有的时代性、探究性、科学性、实用性和案例的丰富性等特点，能找到解除心中困惑和解决棘手难题的新思路和新策略。本书包含以下一些新内容：

（1）吸纳了情感智力理论和"来访者中心"理论的最新信息资料，将其运用于师生心灵的沟通，将社会心理效应运用到建设班集体之中。心理学研究成果的运用，极大地增强了班主任工作的科学性与艺术性。

（2）对特殊群体（包括后进生、特殊家庭背景学生）的教育和特殊领域的教育（包括心理健康教育、青春期教育、安全教育和感恩教育）特别关注，提出了针对性的教育策略。

（3）提供了有关班级常规管理、班级偶发事件的处理、学生思想品德评价、学生自我管理能力培养等的最新资料，所提出的策略操作性强。

（4）提供了班级活动设计的典型案例，并对其进行了评析，对班级活动设计具有启发性作用。

（5）探讨了如何利用现代多元文化载体进行班级文化建设。

本书既可作为高等院校教师教育类专业学生学习"班主任工作技能"课程的教材、中小学班主任专题培训教材，也适合广大中小学班主任阅读和指导工作实践。

图书在版编目（CIP）数据

现代班主任工作研究 / 何万国主编. — 2 版. — 成都：西南交通大学出版社，2022.1
ISBN 978-7-5643-8501-9

Ⅰ. ①现… Ⅱ. ①何… Ⅲ. ①中小学 – 班主任工作 – 研究 Ⅳ. ①G635.16

中国版本图书馆 CIP 数据核字（2021）第 267600 号

Xiandai Banzhuren Gongzuo Yanjiu (Di Er Ban)

现代班主任工作研究（第二版）

主编　何万国

责任编辑	秦　薇
封面设计	何东琳设计工作室

出版发行　西南交通大学出版社
（四川省成都市金牛区二环路北一段 111 号
西南交通大学创新大厦 21 楼）

邮政编码	610031
发行部电话	028-87600564　028-87600533
网址	http://www.xnjdcbs.com
印刷	成都蜀通印务有限责任公司

成品尺寸	185 mm×260 mm
印张	14.75
字数	368 千
版次	2009 年 7 月第 1 版　2022 年 1 月第 2 版
印次	2022 年 1 月第 10 次
定价	36.00 元
书号	ISBN 978-7-5643-8501-9

课件咨询电话：028-81435775
图书如有印装质量问题　本社负责退换
版权所有　盗版必究　举报电话：028-87600562

前言 第二版

在当今的学校教育中，班主任对青少年学生的影响与作用十分重大。一个称职的优秀的班主任，对学生的一生都会产生积极影响；一个不称职的班主任，对学生造成的消极影响也不容低估。班主任引导着青少年学生发展的方向，引领着青少年学生发展的路径。尽管学生的主体作用在今天的教育观念中得到空前彰显，但主体作用发挥得积极与否，有赖于睿智的点拨和激发，而班主任正是扮演着点拨者与激励者的双重角色。

人的生命是在矛盾的生成与解决的周而复始的过程中得以延续和提升的。而在生命的成长期，往往产生矛盾易而化解矛盾难，如果化解矛盾的时间滞后、方法呆板，就可能导致矛盾的集结和激化。而无论是矛盾的集结还是矛盾的激化，对成长中的生命而言都可能产生致命的破坏力。尤其是在社会转型期，青少年学生的成长面临着社会的、家庭的、学校的、个人的等诸多因素的影响和制约，使他们成为集众多矛盾于一身的、最不堪重负的群体。而且当前，在青少年学生中反映出的一些新的问题与矛盾，班主任单凭传统的经验已难以解决，必须探寻新的方法与途径。

2006年6月，教育部《关于进一步加强中小学班主任工作的意见》颁布以后，对班主任的专业培训工作被提到了重要的议事日程，班主任的专业化问题成为重要的研究和实践课题。专业化发展要求班主任不仅要具备扎实的理论知识和熟练的技能，而且要善于不断研究班级工作中出现的新情况和新问题，能够提出自己独到的见解和解决方案，做专家型的班主任。在专业化背景下，要求班主任必须在多方面实现转型：在专业道德上，要完成从教育任务的工作者到教师生命的提升者的转型；在专业能力上，要完成从教育研究的跟随者到教育研究的先行者的转型；在专业文化上，要完成从教育理论的消费者到教育理论的创生者的转型；在专业智慧上，要完成从教育智慧的守望者到教育智慧的生发者的转型。

正是基于班主任专业化发展的迫切要求，重庆文理学院、四川文理学院、西昌学院一批长期从事现代班主任工作教学与研究的教师，结合中小学班主任实践工作经验和需要，用集体的智慧和力量撰写了本书。全书共分九章，内容分别为：现代班主任工作概述；现代班主任素质与专业发展；班集体建设的理论与实践；班级管理的理论与应用；班级沟通的理论与技巧；班级学生分类教育工作；特殊领域教育工作；班级活动设计与案例评析；班级文化建设的理论与实践。本书具有以下三大特点：一是时代性。表现在增加了习近平总书记关于教育的重要论述，补充了近几年党和国家发布的全面加强新时代教师队伍建设、全面提高义务教育质量等有关文件内容，吸收了学术界最新研究成果。二是探究性。现代班主任工作本身就是一个极富创造性的工作，新时期社会生活多样化和文化多元化给现代班主任工作带来了全新的挑战。探究性主要表现在从多维视角诠释班主任角色、用新的理论充实班主任工作学科内容、提出班主任解决新问题的新策略等方面。三是实用性。本书不仅为研究班主任工作的同行提供了新的思路和新的方法，也为中小学第一线的广大班主任提供了指导实际工作和促进专业发展的思想方法和实践策略。本书不仅可以作为教师教育类专业学生学习"班主任工作技能"课程的教材，而且可以作为中小学班主任专题培训的教材。

具体的编写分工如下：第一章由曹荣誉撰写；第二章第一、二、五节由刘波撰写；第二章第三、四节由王蕾、吴昌涛撰写；第三、四、五章由何万国、刘有为撰写；第六、七章由赵扬群、符果撰写；第八章由费秀芬撰写；第九章由谢应宽撰写。何万国、曹荣誉负责全书的策划和统稿。需特别说明的是，重庆文理学院赵正铭教授自始至终关心本书的撰写工作，全程参与本书的改稿会和讨论会，不仅对全书的策划与设计进行了悉心指导，而且在具体内容的安排上也提出了许多中肯的意见。在此，对赵正铭教授的深切关怀和无私奉献致以诚挚的谢意。

本书各章作者在撰写过程中参阅并引用了大量文献，在此一并向所有的文献作者致谢。还要感谢重庆文理学院领导的关怀和指导，感谢重庆文理学院教育学院何华敏等领导和师生对本书的大力支持和热情帮助。感谢所有在本书的编辑、出版、印刷和发行等各个环节付出心血和汗水的人们。

本书受重庆文理学院特色应用型教材资助，在此特别致谢！

何万国

2021 年 12 月于重庆永川

目 录

第一章 现代班主任工作概述

在制度化的学校教育形态上，班主任扮演着十分重要的角色。尤其是当今社会，在纷繁复杂的社会环境而导致的文化多元化的学校环境中，张扬主流文化、培育时代新人，已成为班主任肩负的历史使命和时代重托。面对艰巨而神圣的职责，班主任角色遭遇严峻挑战，通过学习和研究来不断发展和提升班主任自身素质和能力已成为历史的必然。本章从现代班主任工作的实践历史、理论发展、研究方法等方面对现代班主任工作做了概略介绍，从总体上为学习、研究和实践现代班主任工作提供了一些思路和方法。

第一节 现代班主任的实践历史

以"班级"为基本组织形式的"班级授课制"的产生和发展，是人类教育史上的一次伟大飞跃，是教育制度化过程中继学校产生之后的又一个划时代的里程碑。以班级为工作对象的教育角色——班主任便是在班级授课制的历史实践中应运而生的。

一、班级授课制及班主任的产生

在古代社会，人类处在小农经济和手工业的生产方式之中，生产、生活经验的传授大都通过言传身教、耳提面命、直接模仿而进行。尽管中外各国都出现了学校教育，但是，无论是官学还是私学，普遍采用的都是个别教学形式。现代社会，随着生产力的进步与发展，学校教育的内容和形式也发生了根本变化。

班主任是随着班级授课制的产生而出现的。17 世纪捷克教育家夸美纽斯（1592—1670）提出并论证了班级授课制，设想每个班指派班主任。他对班级教学的实践工作做了系统的总结和归纳，并对班级教学的特点、功能、应用等问题，第一次从理论上作了概括性的阐述和论证。他在 1632 年出版的《大教学论》一书中，描述了他所设计的"国语学校"的教育方式："国语学校的一切儿童规定在校度过六年，应当分成六班，如有可能，每班有一个教室，以免妨碍其他班次。"① 夸美纽斯在他的《泛智学校》中说："分班制度通过把学生按年龄和成绩分成班组，在学校中建立起关于人员的制度。……班级不外是把成绩相同的学生结合为一个整体，以便更容易地带领学习内容相同、对学习同样勤勉的学生奔向同一目标。"② 夸美纽斯在《泛智学校》中设想给每个班"指定固定的教师"，他建议采用固定的教师，在固定的时间，向固定班级的学生，用固定的教材组织教学。夸美纽斯指出："教师应当占据适当的地位，使

---

① 夸美纽斯. 大教学论[M]. 傅任敢，译. 北京：人民教育出版社，1984：203.
② 任钟印. 夸美纽斯教育论著选[M]. 北京：人民教育出版社，1990：246-249.

他能看到所有的人，而且被所有的人所看见……教师应当像全世界的太阳，站在高处，从那里他能同时对所有的人普照教学的光芒，而且同时能发出同样的光，均匀地照亮每个人。"夸美纽斯还设想，如果班级学生人数较多，把学生分成组，每组设组长，"以便能容易地帮助班主任教师"[①]。这可以看作是班主任及其教育角色的最早产生。

19世纪，俄罗斯有了"班级"和教师合成的"班级教师"一词，以后又有了"班主任"一词。在苏联教育家凯洛夫所编的《教育学》中就有对班主任工作的专门论述。班主任是"某一学科的教师，同时也是自己学生的导师。但是除此之外，对于每一年级担任功课最多和最有经验的一个教师，常常委以附加的任务：统一和调整本级所有教师的教导活动；组织和指导本级儿童整个生活与活动；规定学校与本级学生的家庭间有必要的联系。在低年级（一至四年级），一切学科或多数学科的讲授，是集中在一个教师手里的，因而可以保证本年级每个学生全部生活与教育指导的统一。从五年级开始，在每一年级里实现教育统一指导的教师，就是班主任，他是校长从优秀教师中指派的。"[②]1956年，人民教育出版社出版了苏联恩·伊·包德列夫所编关于班主任的理论专著《班主任》，1979年，苏联教育部组织编写了《中学班主任手册》，1982年我国出版了此书的中译本。

二、我国班主任的实践历史

（一）中华人民共和国成立以前——班主任角色的孕育与产生

1862年，京师同文馆正式创立，并首次采用了编班分级的授课方式。当时同文馆内设"正提调"与"帮提调"，履行对生员的管理职能。"帮提调"必须"轮班在馆管理一切"。虽然"帮提调"的管理对象是同文馆的全体学生，但履行的职能与今天的班主任岗位职责已有一些交叉之处。1878年，张焕伦创办的正蒙书院采用班级授课制，把学生分为数班，每班设一班长，每斋设一斋长，斋长上有学长。"学长、斋长、班长"呈金字塔形垂直监督并统一于教员，今天的班主任工作制在工作流程上与这种学生组织管理体制基本相似。

1902年，清政府颁布《钦定学堂章程》规定："学生每班应设教习一人，其教法则每一教习将所认定专教之一班学生按日分门教授"（类似班主任包班）。1904年，清政府颁布《奏定学堂章程》规定："凡初等小学堂之数，六十人以上一百二十人以下，例置本科正教员一人；其九足添置副教员一人者听。"本科正教员就是负责全班教育的工作者。同年在颁布的《各学堂管理通则》中，又规定各校设"监学"或"舍监"专门负责学生管理。五四运动后，学监制又改为训导主任制，这是我国班主任的雏形。1922年颁行的《壬戌学制》规定中学实行选科制，这是采用级任制的根基。1927年，国民政府成立后明令中学废止选科制，从而为采用级任制铺平了道路。1932年颁布的《中学法》明确规定中学实行级任制。级任教师负责一个学级的主要课程的教学和组织管理工作。当时的学校规模较小，一个学级往往只有一个班。因此，今天的班主任在岗位职责上与级任教师交叉更多了。1934年，在解放区《中华苏维埃共和国小学制度暂行条例》中规定："每班设主任教员一人，一班学生在四十人以上者，得增设助教员一人。"

1938年，国民政府又将级任制改为导师制。后来出台的《中等学校导师制实施办法》规定：

① 任钟印. 夸美纽斯教育论著选[M]. 北京：人民教育出版社，1990：246-249.
② 凯洛夫. 教育学[M]. 沈颖，等，译. 北京：人民教育出版社，1953：459.

"各校应于每级设导师一人，由校长聘请专任教员充任之"，"训导方式除个别训导外，导师还应充分利用课余及例假时间，集合本级学生举行谈话会、讨论会、远足会、交谊会以及其他有关团体生活之训导。"今天的班主任岗位设置与导师负责班级学生管理的具体工作更为接近了。

"班主任"这一岗位名称最早是在解放区使用的。绥德专署教育科于 1942 年编制的《小学训导纲要》首次提到了"班主任"这一岗位："实行教导合一制，必须加强班主任的责任"。1949 年 7 月公布的《陕甘宁边区政府关于新区目前国民政府改革的指示》规定："在学校组织上（适用于完小），校长下设教育主任。取消级任导师，班设主任教员。"今天班主任的职责范围与这里的"主任教员"已大体相当，只不过名称不同罢了。

（二）中华人民共和国成立后——班主任工作在实践与改革中步入了规范化、制度化的发展轨道

1951 年，我国颁布了《政务院关于改革学制的决定》，要求从 1952 年起，在中小学设立"班主任"，取代"级任导师"，负责全班学生的思想教育、政治工作、道德行为、生活管理、课外活动等工作。至此，我国班主任制正式确立。1952 年 3 月 18 日，中华人民共和国教育部颁发《小学暂行规程（草案）》和《中学暂行规程（草案）》，其中规定："小学各班采取教师责任制，各设班主任一人。""中学以班为教学单位……每班设班主任一人，由校长就各班教员中选聘。"这不仅明确了班主任的合法地位，更明确了班主任队伍的来源。自此以后，班主任工作制在中小学教育中普遍施行。

考虑到班主任工作的特殊性和艰巨性，我国在 20 世纪 70 年代末至 80 年代初，在中小学和中等专业学校试行了班主任津贴制度。1979 年，教育部、财政部、国家劳动总局颁布了《关于在全国普通中学和小学公办教师中试行班主任津贴的通知》。1980 年，教育部公布了《关于在中等专业学校、盲聋哑学校班主任中试行津贴的通知》。1981 年，国家劳动总局颁发了《关于技工学校试行班主任津贴的通知》。至此，班主任津贴制度得以全面建立。

党和国家对班主任所付出的艰苦劳动给予了极高的评价，并在实践中逐步形成了对优秀班主任的评价体系。1960 年，我国召开了第一次全国文教群英会，不少班主任受到表彰。1984 年又专门召开了全国优秀班主任表彰大会，有 2 914 名优秀班主任受到表彰。

1988 年，教育部于 7 月 1 日、8 月 20 日分别颁布了《小学班主任工作暂行规定（试行草案）》《中学班主任工作暂行规定（试行草案）》，二者都对班主任的地位、作用及其基本任务、班主任的职责、班主任的工作原则和方法、班主任的任职条件和任免、班主任的待遇和奖励、班主任工作的领导与管理，作了更为具体、明确的规定，并重申了班主任在学校教育中的作用。1998 年，国家教委颁布的《中小学德育工作规程》规定："中小学校要建立、健全中小学班主任的聘任、培训、考核、评优制度。各级教育行政部门对长期从事班主任工作的教师应当给予奖励。"

2006 年 6 月 4 日，教育部颁布了《关于进一步加强中小学班主任工作的意见》，其中规定："要充分认识加强中小学班主任工作的重要意义，进一步明确中小学班主任的工作职责，认真做好中小学班主任的选聘和培训工作，切实为中小学班主任工作提供保障，要求制定和完善促进班主任工作的政策措施，要提高中小学班主任的地位和待遇，要完善班主任的奖励制度，要加强班主任队伍的管理，要为班主任开展工作创造必要的条件。"2006 年 9 月 7 日，教育部下发通知，决定启动实施班主任培训计划（以下简称《计划》）。《计划》指出："从 2006 年 12 月起，建立中小学班主任岗位培训制度。今后凡担任中小学班主任的教师，在上岗前或上岗

后半年时间内均需接受不少于 30 学时的专题培训"。目前，各种层次、各种类型的班主任培训正在扎实推进之中。

2009 年 8 月 12 日教育部印发《中小学班主任工作规定》，对班主任的地位与作用、配备与选聘、职责与任务、待遇与权利、培养与培训、考核与奖惩等做了全面的规定，表明我国班主任工作正步入规范化、制度化的健康发展道路。

三、现代班主任的任务与职责

习近平总书记 2018 年 9 月 10 日在全国教育大会上指出：培养什么人，是教育的首要问题。我国是中国共产党领导的社会主义国家，这就决定了我们的教育必须把培养社会主义建设者和接班人作为根本任务，培养一代又一代拥护中国共产党领导和我国社会主义制度、立志为中国特色社会主义奋斗终生的有用人才。这是教育工作的根本任务，也是教育现代化的方向目标[①]。习近平总书记强调要在理想信念、爱国主义情怀、品德修养、知识见识、奋斗精神、综合素质等六个方面下功夫[②]。

《中国教育现代化 2035》明确提出"发展中国特色世界先进水平的优质教育"战略任务，强调全面落实立德树人根本任务，广泛开展理想信念教育，厚植爱国主义情怀，加强品德修养，增长知识见识，培养奋斗精神，不断提高学生思想水平、政治觉悟、道德品质、文化素养。增强综合素质，树立健康第一的教育理念，全面强化学校体育工作，全面加强和改进学校美育，弘扬劳动精神，强化实践动手能力、合作能力、创新能力的培养。

根据教育部颁布的《关于进一步加强中小学班主任工作的意见》（2006 年）、《中小学班主任工作规定》（2009 年）等文件关于中小学班主任的工作职责的要求精神，结合新时代班主任工作的新任务、新要求和所面临的新问题，我们认为，现代班主任的基本任务是按照德、智、体、美、劳全面发展的要求，积极主动开展班级工作，全面教育、管理、指导学生，使他们成为德、智、体、美、劳全面发展的社会主义建设者和接班人。具体来讲，现代班主任应努力完成好以下工作职责。

（一）全面提高学生素质，塑造其健全人格

《中共中央、国务院关于深化教育改革，全面推进素质教育的决定》（1999 年）指出："实施素质教育，就是全面贯彻落实党的教育方针，以提高国民素质为根本宗旨，以培养学生的创新精神和实践能力为重点，造就'有理想、有道德、有文化、有纪律'的、德智体美等全面发展的社会主义事业的建设者和接班人。"《中共中央国务院关于深化教育教学改革全面提高义务教育质量的意见》（2019 年）强调，围绕凝聚人心、完善人格、开发人力、培育人才、造福人民的工作目标，发展素质教育，培养德、智、体、美、劳全面发展的社会主义建设者和接班人。这不仅明确了我国全面发展素质教育的指导思想、目标和任务，也阐明了 21 世纪赋予我们教育工作者的责无旁贷的历史重任。重视人的全面发展，塑造健全的人格，是 21 世纪教育的重要内容，是当今世界各国教育现代化的重要目标和共同趋向，是全面发展素质教

---

①、② 习近平：坚持中国特色社会主义教育发展道路，培养德智体美劳全面发展的社会主义建设者和接班人[N]. 人民日报，2018-09-11.

育的要求和需要，也是新时期班主任肩负的重要职责。郑雪主编的《人格心理学》（2001 年）将个体的品质分为个体的人格品质（如自信心、上进心、勇敢、毅力等）、社会道德与法律品质（关心集体、工作责任心、遵纪守法等）、思想政治品质（世界观、人生观、爱党爱国等）三个层次，虽然三个层次品质的教育是相互联系和相互作用的，但个体人格品质的教育是最基础的。

黄希庭教授在《健全人格与心理和谐》（2010 年）的序言中指出，积极人格特征的有机整合称为健全人格（Perfect Personality）。健全人格特征包括自立、自信、自尊、自强、正直、诚信、爱心、乐观、信念、毅力等。360 百科"健全人格"词条列出了健全人格的 10 条标准：爱心、忍耐、宽容、乐观、平和、节制、谦逊、守信、责任感、自省。而儿童、青少年当中存在的情绪不稳定、任性、嫉妒、自私、自卑、自大、多疑、说谎、脾气暴躁等问题倾向需要早预防、早矫正。塑造健全的人格，要求班主任在班级教育和管理中，要将健全人格品质培养作为重要内容，渗透到日常教育管理、学科教学、班团队活动等各个方面和各个环节之中。要看到学生是正处于发展中且有个性的人，既要看到学生潜力的多样性，又要看到学生个体之间的差异性；既要善于发现学生的个性，更要尊重和促进学生的个性发展，不能用一个标准去要求所有学生，每一个学生都是一个相对独立的学习和发展系统。要坚持德、智、体、美、劳全面发展的教育观，营造以学习和发展为主旋律的班级氛围，给学生的人格发展提供积极的支持条件。

（二）开展思想政治道德教育，引导学生健康成长

班主任是中小学生人生发展的导师，是学生成长成才的引路人。习近平总书记 2016 年 9 月 9 日在北京市八一学校考察的讲话中强调广大教师要做"四个引路人"："要做学生锤炼品格的引路人，做学生学习知识的引路人，做学生创新思维的引路人，做学生奉献祖国的引路人。"[①]班主任不仅要对学生的现在负责，还要对学生的一生负责；不仅要关注学生的学习成绩，还要关注他们的情感、品德和价值观。班主任不仅要成为学生学习、生活的指导者，也应该成为学生精神生活的关爱者。一个优秀的班主任，首先应该是一个优秀的德育工作者。班主任要重视加强学生的思想政治教育和道德教育，要通过灵活多样的教育形式，在每一堂课、每一次活动中渗透社会主义核心价值观，引导和教育学生热爱祖国、热爱人民、热爱中国共产党，使青少年学生逐步树立起为人民服务的思想和为实现社会主义现代化而奋斗的志向。要通过丰富多彩的学校生活实践和社会生活体验，让学生感受生命存在的价值和意义，使学生不断养成善良、正直、进取的良好品质和达到更高尚的人生境界。

习近平总书记 2014 年 5 月 30 日在北京市海淀区民族小学座谈会上的讲话——《从小积极培育和践行社会主义核心价值观》[②]强调，我们倡导的富强、民主、文明、和谐，自由、平等、公正、法治，爱国、敬业、诚信、友善的社会主义核心价值观，体现了古圣先贤的思想，体现了仁人志士的夙愿，体现了革命先烈的理想，也寄托着各族人民对美好生活的向往。只要是中国人，就应该自觉培育和践行社会主义核心价值观。这一段，我集中强调了培育和践行社会主义核心价值观问题……今天，想对小学生讲讲这个问题。因为，任何一个思想观念，要在全社会树立起来并长期发挥作用，就要从少年儿童抓起。少年儿童如何培育和践行社会主义核心价值观呢？

---

① 习近平：全面贯彻落实党的教育方针，努力把我国基础教育越办越好. 人民日报，2016-09-10.
② 习近平谈治国理政[M]. 北京：外文出版社，2014：180-185.

应该同成年人不一样，要适应少年儿童的年龄和特点。我看，主要是要做到记住要求、心有榜样、从小做起、接受帮助。

——记住要求，就是要把社会主义核心价值观的基本内容熟记熟背，让它们融化在心灵里、铭刻在脑子中。由于大家还在学习阶段，社会阅历不多，对社会主义核心价值观的含义不一定能理解得很深，但只要牢记在心，随着自己年龄、知识、阅历不断增长，会明白得更多、更深、更透。在成长过程中，要结合学习和生活等实践，不断想想所记住的这些要求，不断加深理解。古往今来，大凡很有作为的人，都是在少年时代就能够严格要求自己。

——心有榜样，就是要学习英雄人物、先进人物、美好事物，在学习中养成好的思想品德追求。我国历史上有很多少年英雄的故事，在中国共产党领导人民进行的革命、建设、改革事业中也涌现了大批少年英雄，他们中不少人的名字同学们可能都听说过。过去电影《红孩子》《小兵张嘎》《鸡毛信》《英雄小八路》《草原英雄小姐妹》等说的就是一些少年英雄的故事。今天，好儿童、好少年就更多了。你们学校也有被评为"最美少年"的。另外，各行各业都有很多值得我们学习的榜样，包括航天英雄、奥运冠军、大科学家、劳动模范、青年志愿者，还有那些助人为乐、见义勇为、诚实守信、敬业奉献、孝老爱亲的好人，等等。榜样的力量是无穷的。大家要把他们立为心中的标杆，向他们看齐，像他们那样追求美好的思想品德。这就是孔子讲的："见贤思齐焉，见不贤而内省也。"

——从小做起，就是要从自己做起、从身边做起、从小事做起，一点一滴积累，养成好思想、好品德。"少壮不努力，老大徒伤悲。"千里之行，始于足下。每个人的生活都是由一件件小事组成的，养小德才能成大德。少年儿童不可能像大人那样为社会做很多事，但可以从小做起，每天都可以想一想，对祖国热爱吗？对集体热爱吗？学习努力吗？对同学们关心吗？对老师尊敬吗？在家孝敬父母吗？在社会上遵守社会公德吗？对好人好事有敬佩感吗？对坏人坏事有义愤感吗？这样多想一想，就会促使自己多做一做，日积月累，自己身上的好思想、好品德就会越来越多了。听说有的同学喜欢比吃穿，比有没有车接车送，比爸爸妈妈是干什么工作的，这样就比偏了。一定不能比这些。"自古雄才多磨难，从来纨绔少伟男""少年辛苦终身事，莫向光阴惰寸功"。要比就比谁更有志气、谁更勤奋学习、谁更热爱劳动、谁更爱锻炼身体、谁更有爱心。

——接受帮助，就是要听得进意见，受得了批评，在知错就改、越改越好的氛围中健康成长。一个人不可能十全十美，总是在克服缺点、纠正错误的过程中进步的，正所谓"玉不琢，不成器；人不学，不知义"。少年儿童正在形成世界观、人生观、价值观的过程中，需要得到帮助。不要嫌父母说得多，不要嫌老师管得严，不要嫌同学们管得宽，首先要想想说得管得对不对、是不是为自己好，对了就要听。有些事没有做好，这不要紧，只要自己意识到、愿意改就是进步。自己没有意识到，父母、老师、同学指出来了，使自己意识到、愿意改也是进步。良药苦口利于病，忠言逆耳利于行。我们要养成严格要求自己、虚心接受批评帮助的习惯。只要从小就沿着正确道路走，学到一点，就实践一点，努力做最好的我、在自己最好的方面，人生就会迎来一路阳光。

（三）坚持"依法治班"，创建和谐班集体

班级是学校生活中的一个个小群体，群体目标的实现，离不开群体规范的建立和有效实施。班级规章制度是学生在学习、生活中必须遵守的行为准则。规章制度的制定，要遵循科学性、民主性、可操作性和严肃性的原则，也就是说制定出的规章制度要符合教育方针、政策以及中小学生行为规范的要求，符合中小学生身心发展的特点；制定规章制度时要发扬民主，动员全班同学共同参与，充分讨论；制定出的规章制度要符合学校、学生实际，做到内容具体，宽严适度，切实可行；规章制度一经全班同学决定，就必须督促全体同学认真执行，绝不能朝令夕改，或者随意降低要求，也不能半途而废。班级规章制度是服务于班级学生的，班级规章制度必须有助于维护班级良好的教学和生活秩序。规章制度的实施要有助于营造互助友爱、民主和谐、健康向上的班集体氛围，并在制度的规范下，逐步形成有特色的充满活力的班级风气。

（四）指导学生课外活动，发展学生兴趣特长

课外活动是整个学校教育体系的一个重要组成部分，指导学生开展课外活动，是班主任工作的重要内容和教育学生的重要手段。开展生动活泼、丰富多彩的课外活动，既可以全面培养和提高学生的综合素质，锻炼学生的实践能力，又可以发展学生的兴趣和特长。课外活动有利于培养学生的创新精神和实践能力，课外活动使学校教育从封闭走向开放。通过组织学生到企业、机关、农村参加广泛的社会活动，既可以培养学生的自治、自立精神，又可以锻炼学生的各种实践能力，同时，还可以培养学生不断创新的精神。班主任要切实指导班委会、少先队中队、团支部开展工作，担任好少先队中队辅导员，组织开展丰富多彩的团队活动，充分发挥学生的积极性和主动性，培养学生的组织纪律观念和集体荣誉感。

（五）加强班级文化建设，为学生搭建自由发展的平台

人总是在一定的文化环境熏陶中成长起来的。实践表明，在学校教育环境中，不同的班级间总是存在着一定的文化差异。这种差异，不但体现了不同班级间的个性特征，更反映了各班级间发展水平的差异。班级文化是班级教师和学生在班级活动和交往过程中形成的理想信念、价值取向、思维方式、行为方式、群体心理及其物化的表现形式。班级文化包含班级的物质文化、制度文化和精神文化，其中班级精神文化是班级文化的核心内容，主要指在实践过程中被班级大多数成员认可的价值观念和生活信念等。它是一个班级的本质、个性和精神面貌的集中反映，并具体表现在班风、学风、班集体舆论和班级人际关系等方面。积极向上的班级文化对班级学生的发展具有十分重要的影响力，加强班级文化建设已成为现代班主任的重要职责。

第二节　现代班主任工作理论发展

虽然班级授课制产生于国外，但近年来国外把班主任作为教师中的特殊群体加以研究的相关文献很少见，一般都包含在教师发展研究之中。而中华人民共和国成立以来，班主任工作随时间的推移而倍加被人们所重视，与此同时，班主任工作理论也在研究与实践中得到了发展。

一、我国班主任工作理论体系的发展

（一）我国班主任工作理论发展的历程

1. 班主任工作理论的借鉴期

班主任工作理论的借鉴期大约从中华人民共和国成立初期到 1978 年。我国班主任工作理论与我国教育理论一样，早期深受苏联教育理论的影响，故早期的班主任工作理论主要都是翻译、借鉴和移植苏联的班主任理论，如凯洛夫的《教育学》、苏霍姆林斯基的个性全面发展教育理论、马卡连科的集体教育理论。1956 年，人民教育出版社出版了恩·伊·包德列夫所编的班主任理论专著《班主任》。1982 年还出版了苏联的《中小学班主任手册》。这些理论一直是我国班主任理论体系中不可或缺的重要内容。

2. 班主任工作理论的创建期

我国班主任工作理论的创立从严格意义上讲是 1978 年以后的事情。自 1978 年我国改革开放以来，经过几十年班主任工作实践与理论的发展，广大的教育实践工作者和理论工作者，开始创立符合我国国情的、中国特色的、独立的班主任工作理论。他们在总结已有的班主任工作经验和教训的基础上，注意批判继承传统文化中宝贵的德育精华；同时，开始放眼世界，从世界范围内特别是当今欧美国家群体理论研究成果中吸收有益的营养，开始形成、发展并逐步完善中国特色的、独立的班主任工作理论体系。

（二）我国班主任工作理论研究的成果

1. 理论派的研究成果

理论派的班主任工作研究主要从教育学原理、人的发展理论、德育原理、心理学原理和管理学原理出发，对班主任工作的理论基础和班主任工作的基本原理进行研究，试图建立一套班主任工作的基础理论体系。代表人物是南京师范大学教授鲁洁、班华等，主要成果是"21世纪班主任文库"中的系列著作。这套丛书应该说是当代我国班主任工作领域研究中最为宏大的成果，还有谭保斌 1998 年出版的《班主任学》、叶澜关于关注学生生命成长的观点等。

2. 务实派的研究成果

一是班主任工作的常规管理研究。目的在于建立一些基本的班主任工作规范和技巧。有代表性的是张万祥（天津，全国优秀班主任，德育特级教师）编写的《破解班主任工作难题》；田恒平（《班主任之友》杂志主编、教授、武汉大学博士、中国著名班主任工作研究者）主编的《班主任之友》《班主任理论与实务》《班主任讲给学生听的故事》，总编的《教师百事通丛书》；郭毅（山西，中学高级教师）主编的《班级管理学》等。

二是班主任工作的技能研究。比较有代表性的是欧阳焕炳编写的《班主任锦囊妙计》、万玮的《班主任兵法》、魏书生的《班主任工作》、钟型泰等主编的《现代中小学班主任工作指南》、甘霖的《班主任工作技能训练》、杨同银主编的《班主任工作技能训练指导》、张香兰主编的《班主任工作艺术》、蔺素琴著《班主任胜任能力实训》、陈宇著《班主任思维导图》，等等。

三是班主任工作的"田野"研究。当前我国班主任工作研究领域最为活跃的是"田野"

研究。"田野"研究者都是第一线的班主任工作实践者，他们以自己所带班级为研究阵地，以个性化的班级管理为主导，以纪实性的经验总结为成果，发表了大量的班主任工作研究成果，主要登载在《班主任之友》《班主任》《德育报》《辅导员》等期刊报纸上，典型代表有魏书生、李镇西、丁榕、张万祥、任小艾等。比较有代表的著作有朱永新主编的《中国著名班主任德育思想录》、段惠民著《做智慧班主任》、人民教育编辑部汇编的《新世纪班主任必读》等。他们大多是优秀的班主任，多以日记、手记、杂感、案例等形式写作，这些写作题材应该说是班主任工作研究中最鲜活的部分，他们在践行自己班主任工作理念的同时，著书立说，游说讲学，对推动班主任理论的发展起到了重要的作用。

二、当前班主任工作中值得重视的新理论

（一）群体过程理论

鲁珀特·布朗（Rupert Brown）对群体过程理论进行了深入研究并提出了独到见解，归纳起来包括以下几方面。

1. 群体的本质

从本质上讲，群体可描述为由于某种共同的经验或目的而集合在一起的一群人，或者是在一个微观社会结构中紧密联系的一群人，或者是彼此互动的一群人。就像化学合成物与它们的组成要素有根本上的不同一样，人们在群体中的行为也会与它们孤立开来时的行为很不相同。

2. 群体的基本过程

群体形成的最基本方面之一是共同命运的体验，认知到一个人的结果可能与他人结果联系在一起。

成为群体成员会影响我们看待自己的方式，使我们更易于从群体资格角度来界定自我，这对个人的自尊而言既可能有积极影响也可能有消极影响，个人命运取决于群体命运。群体成员相互依赖的另一有利形式是由群体任务目标塑造的。由于这将人们带入一种积极关系之中，因而可能出现合作、凝聚力及增强的群体业绩。另一方面，消极的相互依赖导致竞争，减少对群体中他人的喜爱，而且通常会降低业绩。

群体生活中的一个重要区分是：专注于群体目标的行为与有关群体中他人感受的行为。这一任务维度——社会情感维度，经过仔细观察可以在互动群体中发现。

群体凝聚力一般与下列因素相关：身体接近性、互动频率、群体成员的相似性以及最重要的——对群体目标的献身。群际冲突往往带来各个竞争群体内凝聚力的增加，"成功"群体尤为如此。但是，群体失败并不一定导致凝聚力下降，尤其当原初的群体资格是自愿的时候。

所有群体都发展出规范体系，界定可接受与不可接受行为的界限。规范帮助个体结构化，并预测其环境，还提供一种调整群内行为的工具，它们也促进了群体目标的达成，展现群体认同。规范限度根据对群体而言的中心程度及群体成员的地位而变化。规范虽然可能根据环境变化而变化，但也可能长年不变。

3. 群体的结构

群体结构的两个基本方面是角色和地位。角色是行为上的规则性或与特定群体成员相关

的期望。许多群体中的两个关键角色是任务专家和社会-情感专家。角色分化促进群体中的工作分工和认同。

群体成员享有不同量的权力和声望，这导致群体中地位、等级的产生。这种地位差异会使人们对群体成员行为产生期望，结果常常是期望的自我实现。

拥有高地位的人通常被称为领导者，人们常常相信这些人拥有适合这个角色的人格特征。但许多研究表明，事实并非如此。领导者应是那些能够帮助群体达到特定任务目标的人。有效地领导既包含对任务的关注，也包含对群体成员的关心，尽管这两者在同一个人身上也许不能同时存在。

好领导是指人格与特定情景能良好匹配的人。如果匹配不当，常常会造成群体低效率，在群体眼中，领导者借以获得合法性的过程也很重要。合法性的获得基于任务能力、对群体规范的遵守、对群体的认同、很好地吻合群体原形以及给予群体成员公正的奖励和处罚。

4. 群体中的社会影响

最易观察的社会影响类型是个体顺从多数人的态度和行为。这甚至可以发展到如此程度：为了附和多数人观点，个体显然愿意否认他们自身的感官证据。这种从众心理相当普遍。对多数人的从众心理的主要解释是，三种动机在发挥作用：依赖他人关于世界的信息和检测个人观点正确性的需要、由目标一致性所促进的群体目标的实现以及不想被看作另类的赞许需要。这些动机很容易在青少年同辈群体中观察到。

群体中的越轨者（少数人），尤其当他们不是完全孤立和以始终如一的方式行动时，能够影响多数人，这在间接或潜在影响测量时最为明显。影响来源的范畴化同样也很重要，一般而言，内群少数人比外群少数人带来的影响更大。

在群体中，少数人影响和多数人影响是具有不同效果的两个独立过程，还是仅在影响程度上有所不同的同一过程的两个方面，还有待进一步探讨。

5. 群体生产力

在对群体业绩的研究中，最基本的问题涉及纯粹的他人在场是否有助于或妨碍任务业绩。研究和事实都表明，对于简单任务来说它有适度的促进作用，而对更加复杂的任务来说它有抑制作用。

个体或群体业绩的相对优越性问题，完全取决于比较方式。在最简单的对比中，即群体和一般个体之间进行比较，群体总是胜过个体。不过，如果与统计群体进行比较，即在统计上汇集个体业绩，那么真实的互动群体在许多任务上会表现得差一些。

（二）群体动力理论

1. 群体动力的含义

群体动力的概念是德国心理学家勒温（K. Lewin，1890—1947年）首先提出来的，勒温用"场论"解释人的行为，认为人的行为是个人和他所处的环境相互作用的产物。任何人都企图满足自己的需要，并完成满足需要的行为。当一个人具有某种需要和动机时，在他的身体内部就会产生一种张力（向外部寻找目标的心理紧张状态）。人具有多种多样的需要，这些未被满足的需要在人体内部形成一个张力系统。张力开始并无确定方向，只有和一定对象发生联系之后，才会成为一种推动行为指向特定事物的"向量"。环境中的各种不同对象，由于和个人当前的需要具有不同的关系，所以对个人的行为会产生不同的影响。

群体动力就是指群体活动的动向及其对个体行为的推动力量。勒温认为，人们所结成的群体，不是处于静止不变的状态，而是处在一种不断相互作用、相互适应的过程。

2. 群体动力的作用机制

群体动力之所以对成员的行为发生作用，是由群体中的下述机制所决定的。

（1）群体感受。它是指群体内成员们共同的认知和情绪状态。群体感受有积极和消极之分，积极的群体感受是指成员在群体中所获得的愉快、友爱、坦率、信任、自豪等情绪体验；消极的群体感受则是指成员在群体中感受到的压抑、冷漠、猜疑、对立等情绪体验。群体感受直接反映了一个群体中的人际关系。

群体感受能改变群体成员的心境，而心境对人的生活、工作和学习影响很大。积极的群体感受能引起成员良好的心境，良好的心境又能使人处于欣喜状态，人在这种状况下，智力活跃、精力充沛，能很好地发挥积极性和创造性；相反，消极的群体感受，容易引起人消极的心境，使人厌烦、消沉，降低活动的能量。

群体荣誉感是一种十分重要的群体感受。群体荣誉感能使人们珍惜群体的荣誉和存在的价值，根据群体的要求与利益行为，养成忘我的精神。群体荣誉推动人们相互团结，同时也是人们克服个人缺点和错误，保持群体荣誉的巨大动力。

（2）群体舆论。群体舆论又称公众意见，它是群体中大多数人对其共同关心的事情用富于情感色彩的言语所表达的态度、意见的集合。群体舆论会在很大程度上影响个人的行为，它既能鼓舞人的行为，也会抑制人的行为。群体舆论对个人行为的影响主要表现在以下几点：

指明行为方向。群体舆论对多数人的行为起着参照镜的作用，会使多数人按舆论的要求去行事，而使少数不同意见者保持沉默。有的人则会产生从众心理，改变自己原来的意见和态度而服从舆论。保持沉默或从众都是迫使个人改变原来的行为方向，与舆论保持一致。

强化正当的个人行为。特别是支持性舆论使被支持者以及参加舆论的个人受到激励、鼓舞、暗示、感染，产生心理上的共鸣，从而强化那些有利于大众和社会的行为，使人们学习、模仿被支持的行为，使良好的行为发扬光大。

改变个人对自己行为的认知。群体舆论会对人的心理产生强烈刺激，促使人重新省察、认识自己的行为，使具有不正当行为的人处于自责、自愧的心理状态，从而改变原来的行为方向。

（3）群体风气。群体风气是在共同的目标下，在认识一致的基础上，经过全体成员长期努力，逐渐形成并表现出来的一种突出的行为作风，它是一个群体的"个性"。

群体风气是一种无形的力量和无声的命令，对群体成员的行为具有一种强大的约束力，并对每个成员发生着经常性的教育影响，良好的群体风气给人以巨大的推动和鼓舞力量，使人经常处于一种强烈的气氛感染之中，于不知不觉中接受它的教育和感化，使自己的行为举止与它的要求相适应。不良的群体风气有时会腐蚀人的灵魂，瓦解一个群体。

（三）生命美学理论

美的生命和生命之美是人类一切活动的共同追求。生命美学理论的研究为人类打开了意义之门，更为学校教育提出了新的命题。

1. 生命美的要素

（1）体验——生命美的感性生成。体验本身是一个心理学概念，是指人把心理活动的注意从对客体的反映集中转向对自身心理状态的回味、感受和分析；是人对从外在世界获得的感受的再感受，是对自身主观反映的再反映。体验的本质意义在于感性生成。

实践创造了生命之美，实践是生命美的原动力。就像实践创造了人类社会一样，实践也创造了审美对象和对美的感受。实践的主体当然是人。人的社会实践不是抽象的活动，而是具体的感性化的活动，"亲在性"是其重要特征，即所谓"身体力行"。因此，人的实践既是生命的本质性标志，也是生命的必要性内容。人的本质力量就是人的生命力，生命力的超越性、愉悦性和对象化就是生命美。生命美只能来源于人满足生命需要的社会实践。社会实践产生生命美，随着生产力的提高和社会文明的进步，生命美主要体现为智慧美、情感美，理想的生命美应是物质型和精神型的完美结合。如果说美在于感性的存在的话，那么生命美就在于体验的自由。然而体验生命之美，并不是每一个生命个体都唾手可得的。从客观方面看，一是要有能够引起审美感性的真实对象，二是要有能激起审美感性的情景，三是要有能调动审美感性的活力。从主观方面看，意识转移是前提，经验积累是基础，情感投入是关键。体验绝不是日常生活中的随便什么感觉或印象，而是极富意义的倾向。

（2）发现——生命美的主动寻求。美术大师罗丹说道："美到处都有的。对于我们的眼睛，不是缺少美，而是缺少发现。"生命的美在于发现，发现美的过程也就是生命美的展示过程。因为美在你未发现之前是"养在深闺人未识"，一旦发现它，便"天生丽质难自弃"，正所谓"千里马常有，而伯乐不常有"。发现在本质意义上，首先体现了人类生命的能动性。其次，发现还体现了人类生命的超越性。一个人的思想越深刻、知识越广博、情感越丰富、技能越多样，他的"发现"之眼就越敏锐、越独到。

（3）创造——生命美的不竭动力。没有创造就没有生命，生命本身就是创造，创造是生命美不竭的动力。

（4）自由——生命美的最高境界。法国启蒙思想家卢梭曾意味深长地感叹："人生本来是自由的，但却无所不在枷锁之中。"美是自由的产物。就像自由是一定历史阶段的产物一样，美也是人类社会发展到一定历史阶段的产物。美是自由的象征，美是自由的境界。

2. 生命美的养成

体育——生命美的物质前提。生命在最现实的意义上就是物质性的存在，无论是从进化论的角度看，还是从健康的角度看，强壮是物质性的现实要求和最大特征。而要保持生命的强壮，除了自然遗传的原因外，关键就是后天的体育锻炼。因此，体育对生命意义而言功不可没。

德育——生命美的意义升华。一个人不一定有伟大的神性，但必须有起码的人性；不一定有崇高的政治理想，但必须有美好的人生追求；不一定有具体的生活目标，但必须有生命的意义生成。德育作为生命美的灵魂塑造形式，其最本质的意义在于将人的自然生命状态提升到意义生命状态。作为塑造生命美的德育，绝不是枯燥的说教和抽象的玄学，它应该是一次生命美的审美实践，对于每一个人而言，不是被动地接受，而应主动地参与，在主动地向着意义境域的趋近中，让平淡无奇的生活诗意盎然，给本无意义的存在赋予意义。

智育——生命美的历史积淀。智育是生命美的必要条件，而智育的内容既不能停留在人类的感性经验层次，又不能依据个人的随心所欲和好恶，它不仅应包括本民族积累起来的优秀文化传统，而且应包括人类历史文化的精华。人类文明成果是生命意识的物化形态，文化科学知识是生命的精神形态，处在物质文明和精神文明之间的人类生命正是历史积淀的产物。正因为有了这种积淀，才有了人和动物最本质的区别，即以理性为内容、以感性为表现的主体心理图式，或理性积淀为感性的心理结构，物质升华为精神，精神显现于物质。

三、关于班主任工作专业化的思考与认识

丰富多彩的学校教育改革以及信息社会对基础教育的巨大冲击，使我国的中小学班主任工作面临着前所未有的挑战和压力，突出表现在三个方面：一是班级教育的组织形式日趋多样化。随着教育个性化时代的到来，班级教育的组织形式更加丰富多样，这些组织形式有：由固定的行政班级衍生为富有弹性的课程班、学级班；学校将更多地考虑按学生的兴趣、现有能力编班；班级编制趋于小型化；走班制、分层制等更加开放的教育组织形式日渐增多。二是班主任工作的内容日趋多元化。由于学生受教育的时空不再局限于学校内，班主任的工作内容也大大超越了学校的范畴，很多来自社会、家庭的工作事务已出现在现代班主任的工作内容中。三是班主任工作的方式日趋信息化。由于现代信息技术的普及，网络、多媒体等多种现代化的技术手段将大规模地走进班主任的工作时空，家校通、网络、电子信箱、QQ、微信、微博等信息化特点明显的工作方式将被班主任熟练使用。由于这些工作方式方便、快捷、易操作，原有的谈话、书信联系、家访等工作方式将受到很大冲击，有些甚至会在运用中被淡化。

为了解决班主任工作中的现实问题，近年来，班主任专业化的问题受到社会和教育界的普遍关注。我们以为，以下几个问题须进一步认识与思考。

（一）班主任专业化是历史的必然

当今信息社会，由于中小学生获取信息的渠道、机会增多，加之接受能力在一些领域比成年人快，在很多方面学生掌握的信息比班主任更新颖、更丰富，这就对班主任掌控信息、驾驭班级、高效迅速发现和解决班级问题提出了严峻挑战。另外，由于办学格局越来越向社会开放，社会消极面对学生的负面影响也随之出现，教育难点与学生成长热点层出不穷，对班主任的专业素养也提出了更高要求。我国传统意义上的中小学班主任工作处于一种资格业余、职能履行随意、群体工作效益偏低的非专业的尴尬境况，不少班主任由于专业素养不高和实践锻炼不够，再加之工作的被动和无助，在工作中表现出"三缺"，一是缺乏人格魅力，如学识浅薄，自身修养差，怕负责任特别是学生的安全管理责任等。二是缺乏思想自觉，如处理问题简单化，不能沉下心来研究班主任工作等。三是缺乏教育智慧，如面对问题束手无策，怨气大于精神气，怨学生差，怨家长素质低，怨社会复杂等。2006 年 6 月，教育部《关于进一步加强中小学班主任工作的意见》颁布以后，班主任的专业培训被提到重要的议事日程，班主任的专业化问题成为重要的研究和实践范畴。

（二）专业化视野下，对班主任工作中若干问题的认识

班主任专业化，就是指班主任在整个教育生涯中，通过终身的专业训练，习得对学生实

施教育与管理的专业知识和专业技能，并逐步提高自身人格魅力和教育智慧，不断成长为教育专家的过程。具体来讲，班主任专业化包括个体专业化和群体专业化，前者是指班主任个体专业水平提高的过程，后者是指班主任群体为争取专业地位而进行努力的过程，两者是密不可分的。班主任专业化既是教师专业化在微观层次的深化和发展，更是对班主任在学校教育中的特殊地位和作用的重视和认可。

1. 专业化视野下，班主任的角色定位

从生态系统的角度而言，班主任是桥梁和纽带；从学校内部结构体系的层面分析，班主任处于联系学校管理者和各科任课教师的枢纽地位；从学校与社会结构体系的层面分析，班主任是联系学校教育、家庭教育、社会教育的桥梁。在专业化视野下，班主任扮演着四个方面的角色：

（1）学生学习与发展的引领者。不断学习是教师专业发展的内在动力机制。当前，许多班主任教师都忽视自身学习的重要性，认为学习是学生的事情，老师做好自己分内的事就行了，常常把自己置身于学习之外，以为一次受教育就可以受益终身，以至于有的班主任从教数年仍在"吃老本"，坚守着过时的教育观念、死板的教学方法、僵化的管理方式，这些都严重地影响了教育质量的提高。专业化发展要求班主任走出"给学生一碗水，自己要有一桶水"的旧时代，而是进入"给学生一碗水，自己要有长流水"的新时代。只有班主任率先成为学习与进取的模范，才能引领学生完成好学习与发展的任务。

（2）班级管理与学生教育的研究者。经验源于实践，并对实践有着指导意义。班主任在工作中积累的经验尤其难能可贵，往往给工作带来很大的方便。可是，经验一般是零碎的、具体的，带有很大的主观片面性。而现实情况是，许多教学一线的班主任在处理日常班级事务时，习惯凭经验判断，跟着感觉走，导致工作盲目随意，缺乏在专业理论指导下的系统性和条理性，特别是在遇到突发事件的情况下，就会手足无措。专业化发展要求班主任具备专业理论知识和技能，这就需要班主任不断研究班级工作中的新情况和新问题，提出自己独到的见解和解决方案，做专家型的班主任。

（3）学生成长的服务员。长期以来，班主任理所当然地处于班级的领导者、管理者的核心地位，担当着"首领"一职，许多班主任染上官僚习气，以上级的态度对学生颐指气使，大声训斥责骂，并且要求学生绝对服从。更有甚者，对同事和家长端起班主任的架子，这些现象在社会上造成了许多负面影响，不仅有损教师职业形象，而且严重地影响了教育的和谐发展。卡尔·桑德斯指出，一种职业成为"专业"的基本属性之一是为公众和社会提供无私的服务，而不是个人谋生的手段。因此，专业化的发展要求班主任从台上走到台下，由"领导者"变为"服务员"，以热情的服务为学生的全面发展做贡献。

（4）班级工作的主动策划者。班主任是学校领导实施教育教学工作计划的得力助手和骨干，学校的教育影响通过班主任的传达、组织和实施等工作起到作用。这种上下级的关系经常使班主任变成被动的接受者和执行者，导致班主任工作缺乏多样性、灵活性，班级活动千篇一律。自主权利的丧失常常严重影响班主任在学生中的威信，大大降低教育的效果。专业化的基本内涵之一是要有专业的自主性，这就要求班主任从盲目服从与紧密束缚的班级管理中走出来，走向自主和自律的专业化道路。

2. 班主任职业生涯的发展与专业形象的确立

在时间维度上，班主任专业发展是一个动态的过程，是班主任职业生涯的不懈追求。作为驶入专业化发展轨道的班主任工作，要求班主任做好长期的学习与发展规划。一方面，在不断学习中求发展。不断学习与进取是专业发展的现实要求，要永葆教育的青春与活力，就须不断更新知识，提高自己。通过读书学习、拜师学习、参加培训、交流研讨及听专家讲座等方式的业务学习，既能使班主任较快地认清教育改革的发展形势，开阔视野，获得班级管理的专业理论知识，学到某些专业技能；又能使班主任提升教育智慧，增强工作能力和信心。另一方面，在实践与反思中求发展。以实践为基础，通过不断地对日常工作的理性思考，从中发现工作中的可取与不可取的做法，特别是形成自己对某一实践工作的深刻认识，有助于切实提高班主任的工作能力。对班集体建设中自己的教育行为及结果进行审视，并不断改进自己的实践，将大大有利于班主任改善原有的心智模式，增强专业智能，提升人格素养，逐渐成为能够自主发展的专业人员。如果每一位班主任都能留下这些成长"轨迹"，那将是班主任专业化发展中宝贵的财富。

在专业化背景下，班主任的专业形象就是一个实在的问题。专业形象是班主任角色的生动写真，专业形象的确立与巩固需要班主任一生的付出。在现实情况下，要确立良好的班主任形象，要求班主任必须在多方面实现转型。在专业道德上，要完成从教育事业的奉献者到教师生命的提升者的转型；在专业能力上，要完成从教育研究的跟随者到教育研究的先行者的转型；在专业文化上，要完成从教育理论的消费者到教育理论的创生者的转型；在专业智慧上，要完成从教育智慧的守望者到教育智慧的生发者的转型。

班主任应该从自己的教育理念的形成与丰富、教育原则的确定与坚守、教育内容的开发、教育策略的选取、良好的工作习惯的养成与坚持等五个维度来全面提升自己的专业水准，赋予自己专业形象。

3. 班主任工作的基础理论研究及其学科建设

班主任工作的历史地位、当前学校教育生活对班主任工作提出的要求、在基础教育改革中班主任工作的性质与作用、我国中小学班主任工作的传统、班主任工作内容的变迁、中小学班主任工作到底向哪里发展等带有逻辑起点性质的原理，都需要从全新的视野进行深入的探讨。不加强学科建设，许多实践中的盲点、困惑就会存在理论原点模糊、价值本体混乱的问题，很可能导致实践的摇摆不定。从一定意义上讲，班主任工作学科建设的力度与质量，将直接影响班主任专业化发展的方向和性质。

班主任工作学科建设既要充分发挥理论工作者的引领作用，更要高度重视中小学班主任在实践中的创造。当今教育改革与发展，既对班主任提出了新的挑战，又给班主任搭设了一个挖掘潜能、展示才华的发展平台。教育活动不仅是具体的实践活动，同时也是一项创造性劳动；不仅需要渗透班主任的情感，更需要班主任的创造性智慧。班级不仅是教育的园地，也是绝佳的研究场所。对班主任而言，大量的教育现象就在我们身边，我们可以通过参加课题研究、撰写经验总结报告和论文，把教育实践中纯经验的东西上升到理性和专业化的高度，丰富班主任工作理论和素材。

第三节　现代班主任工作的研究方法

班主任工作基础理论研究及其学科建设，离不开高水平的研究成果作为支撑。要使研究成果上档次，研究活动丰富深入，就必须学习和掌握班主任工作的研究方法。在实践中，班主任要使班级工作有创意、有意义都必须掌握相应的研究方法。班主任之间的相互学习、借鉴与研究，有助于提高班主任工作的质量。要成为一个优秀班主任，最好的办法莫过于认识、了解和研究班主任工作。当今社会，班级工作面临着许多新的问题和困难，这些问题和困难都需要我们创造性地去回答和解决，这也要求我们必须掌握班主任工作的研究方法。

一、个案研究法

个案研究法又称为"个案追踪法"，是指采用各种手段，搜集有效、完整的资料，对单一对象进行深入细致的研究过程。个案研究的对象可以是个人，也可以是一个组织或机构。如对魏书生的研究，对李镇西的研究，对某个德育先进学校的研究，对某个班级的研究，对某个学困生的研究等。

（一）个案研究的基本方法

个案研究可以根据不同的目的、内容和对象选择不同的方法来进行。

（1）追踪法。所谓追踪法，就是指在较长的一段时间里，对某一研究对象进行有意识地跟踪，收集相关资料，揭示其发展变化的情况和趋势的研究方法。追踪研究短则数月，长则几年或更长时间。

个案追踪研究是对相同的个案进行长期而连续的研究，研究者能真实而直接地获得研究对象发展变化的第一手资料，能深入了解个人或某一教育现象的发展情况，弄清发展过程与特色。进行追踪研究要求研究者坚持不懈、持续不断地进行研究，否则难以得出有价值的结论。

（2）追因法。追因就是追寻和探究现象的原因。追因法也是根据结果研究其发生原因的方法。追因法首先接受既成的事实，然后就事实推论可能致此的原因，进而通过广泛深入的个案调查，找出导致某结果的真正原因。如果是不良问题，则要提出矫正方案；如果是良好问题，则有助于借鉴推广。

（3）临床法。临床法通常是通过谈话形式进行的一种个案研究，故又称临床谈话法。临床谈话法的方式可以是口头谈话，也可以是书面谈话，还可以是网络交流。研究者可根据具体情况确定运用何种谈话方式。例如，对于一个有严重厌学行为的学生的临床研究，既可以采取面对面的谈话，也可以采用网络交流，由此了解学生厌学的具体情况，对该生的厌学原因做出判断。又如，对某优秀班主任的研究，就可通过口头谈话、网络交流、现场考察等方式，全面获取相关信息。

（4）教育会诊法。它是指某研究团队或教师集体，从多角度对某一现象或行为进行了解分析，就此现象或行为做出鉴定，从而形成比较客观公正的结论的方法。教育会诊的特点在于它的集体性和简便性，它既适用于对班主任教师的研究，也适用于对学生的研究。

按照苏联著名教育家巴班斯基的研究，对学生行为的教育会诊通常包括六个环节：①明确会诊目的；②确定会诊参加者；③由班主任和任课教师详细说明对某一学生的看法，并列举理由；④组织集体讨论，广泛交换意见；⑤为该生做出鉴定，提出有针对性的教育措施；⑥根据学生的鉴定材料，教师对集体或个人的教育工作进行自我分析，加强自身修养，提高教育教学水平。

（二）个案研究的基本程序

（1）确定研究对象。有效地选择研究对象十分重要，这关系到所得出的结论是否有价值。研究者应根据个案研究的目的和内容，确定在某一方面具有典型特征的人或事作为研究对象。

（2）搜集研究资料。搜集全面的研究资料，是个案研究有效性的重要保证。尽量全面地搜集个案研究资料有助于研究者对个案的历史与现状形成一个比较完整、客观的认识。

（3）分析与综合。资料搜集完备后，应当对这些材料加以认真研究与分析，最后得出有关个案研究的结论。个案研究的主要任务在于揭示研究对象特征的形成与发展的规律，属于定性研究的范畴。因此，在广泛地占有资料的基础上，最为重要的工作是做好对资料的加工。在加工过程中，最为常用的逻辑思维方式就是分析和综合。分析与综合质量的高低直接影响个案研究的有效性。

二、社会调查研究法

人是环境中的人，人是社会中的人，人的本质属性在于人的社会性。毫无疑问，班主任是不折不扣的社会工作者。因此，社会调查研究法是班主任工作的十分重要的研究方法。

（一）社会调查研究法的含义

社会调查研究法是指，通过对社会现象及班级情况的深入了解来把握社会及班级问题并提出相应对策的一种有目的的认识活动。这种认识活动，可以从低级到高级分为两个层次，即"了解"与"解释"。了解的对象是社会及班级状况，目标是对事实进行客观描述。解释的作用在于探寻事实之所以产生和发展的原因，这要经过分析研究才能完成。

（二）社会调查研究的一般过程

1. 确定调查内容

内容一般是以社会及班级的热点问题或棘手问题为背景。对初步确定的调查研究问题，要先对此前已经获得的信息和收集到的资料进行分析，形成初步的认识，把握问题的性质、主次、轻重以及与它联系密切的各种关系，并根据这种认识，确定调查内容，拟订调查提纲，制订行动计划。例如，家庭教育对青少年社会适应性的影响研究。

2. 选取调查对象

当调查的对象不是很多的时候，可以进行全面调查，也就是向所有对象进行调查。全面调查可以为我们认识事物的全貌提供可靠的依据，但是如果命题较大，调查对象人数太多，做全面调查就很困难。这时可以采用非全面调查。非全面调查是对研究对象总体中的一部分单位进行调查，最常用的非全面调查是抽样调查。

抽样调查是从全部调查对象（总体）中抽取一部分作为样本进行调查，并以这部分样本特征推论总体特征的一种方法。一个成功的抽样调查，可以相当精确地推论总体。因此，抽样调查是现代社会调查研究中越来越广泛地被采用的调查形式。如果你决定采用抽样调查，就要先确定抽取样本的对象、抽样的方法和样本容量。

抽取样本的对象即准备选取调查对象的人群，应力求具有代表性；从各种人群中抽取的样本即调查对象个体也应该具有代表性，考察结果才能让人觉得可靠。为了保证样本的代表性，建议采用以下两种抽样方法。

一是随机抽样。就是从考察对象的总体中随机抽取若干样本，抽样时不带有任何主观色彩，使总体中每个个体被抽出的可能性都相同。二是分层抽样。如果总体由有明显差异的几个部分组成，这时用随机抽样抽出的样本代表性就不强。为了得到代表性较好的样本，先将总体按照差异情况划分为若干子总体，子总体称为层，算出各层所占的比例，然后按比例在各层进行随机抽样，这就是分层随机抽样。

3. 设计调查方案与实施

调查方案设计主要包括两个方面：一是调查方法、步骤及日程安排，二是设计调查项目与指标并拟定好调查所需要的各种调查表。如果课题比较大，调查研究范围很广，建议先在一个小范围做试验性调查，以校正原先所设计的调查指标和量表，使之更科学，这样搜集到的资料就更有价值。

调查方法有很多种，往往一个课题研究就要综合运用多种方法，比如访谈法、问卷法等。这些方法的操作须在严密的设计下进行。

访谈是进行社会调查常用的方法，访谈方式可以多种多样，往往因对象、时间、地点、环境等的不同而不同，应根据实际情况采用合适的方式。比如要了解的是比较深入的问题，涉及的对象不多，时间等条件也具备，最好采用直接访问的方式，与被访问者进行面对面交谈。如果双方都不能用较多时间，或机会不巧，或其他原因不便面谈，可以采用间接访问的方式，例如电话访问、网络交流等。访谈时别忘了做记录，条件允许并征得别人同意时，使用录音更好。

问卷调查是现代社会调查研究中被广泛运用的方法。访问者要根据课题的需要，事先拟定问题，设计并印制问卷。问题可以只涉及课题的某一个方面，题量可多可少；也可以全面系统地反映整个课题的内容和要求，这样的问卷设计要求较高，可按问题性质分类编成若干题组，问题排列要有系统性。问卷前面应该有一个关于填写答卷的指导语，如果某个问题有特别要求，也可在问题后面予以说明。为方便统计分析，问题大多设计为选择题型或填空题型，这样也方便被访问者明确表态，节省答题时间。如果要了解被访问者对某些问题的完整深入的看法或具体细致的建议，也需要设计一些要求以陈述分析方式回答的问题。问卷调查的操作方式视具体情况灵活确定。

通过访谈、问卷调查、现场考察等活动，要力求全面、完整地收集各种各类资料。资料的形式可能包括以下类别：文字类，如访谈记录、座谈记录、会议记录、调查问卷、文献资料、档案资料摘录或复印件等；图片类，如照片、各种图表等；音像类，如录音、录像、光盘等。

4. 分析与研究

分析资料有定量分析方法和定性分析方法。分析的目的是为了说明事件的因果关系并寻求证据，进行统计测量以发现某种现象的规律，或对多个考察项目进行比较等。可以将收集到的各种数据转化成图表，这样既有利于对资料进行分析，又有利于日后写入研究报告，使别人容易理解自己的分析，从而接受你的结论。对调查资料进行分析研究以后，应得出一定的结论或解决问题的方法。

三、行动研究法

行动研究是指在自然、真实的教育环境中，教育研究人员与教育实际工作者密切配合，按照一定操作程序，综合运用多种研究方法与技术，以解决教育实际问题为首要目标的一种研究方法。行动研究的特点是，以提高行动质量、改进实际工作、解决实践问题为首要目标；强调教育行为与科学研究相结合，强调行动过程与研究相结合；行动研究的环境是自然、真实、动态的工作情境；行动研究计划具有发展性，开展过程具有系统性和开放性。我们以为运用行动研究法研究班主任工作是最为有效的。

（一）行动研究的类型和适用范围

1. 行动研究的类型

行动研究的类型大体上有两种：一是班主任独立进行的行动研究；二是班主任与有关专家学者联合性的行动研究，通常分为三个层次：单个教师的行动研究；协作性的行动研究（理论工作者与教师合作）；学校范围内的联合行动研究。

2. 行动研究的适用范围

行动研究的适用范围主要是教育实际问题而不是理论问题，特别是中小规模的实际问题。单个教师的行动研究的特点是规模小，研究问题范围窄且具体，易于实施，但力量单薄，很难从事深入的、细致的、说服力强的研究。协作性行动研究的特点是可以发挥多个教师的集体智慧和力量，但可能在理论指导方面较欠缺。学校范围内的联合行动研究是专业研究人员、教师、政府部门、学校行政领导等组成的较为成熟的队伍从事研究。这是较为理想的行动研究，它的特点是有专业人员参与，有较强的理论做指导，研究力量强，能充分发挥领导、教师、研究人员的作用。

（二）行动研究的模式和程序要点

1. 四环节模式

即计划—行动—考察—反思 4 个循环阶段。

（1）计划。计划应以所发现的大量事实和调查研究为前提。它始于解决问题的需要和设想，设想是行动研究者对问题的认识，以及他们掌握的有助于解决问题的知识、理论、方法、技术和各种条件的综合。研究计划包括总体计划和每一个具体行动步骤的设计方案。

（2）行动。行动计划的执行和实施具有灵活性，随着研究者对问题认识的逐渐明确，以及行动过程中各种信息及时地被反馈，可以不断吸取参与者的评价和建议，对已制订的计划也可在实施中修改和调整。

（3）考察。考察内容有：一是行动背景因素以及影响行动的因素。二是行动过程，包括什么人以什么方式参与了计划实施，使用了什么材料与设备，安排了什么活动，有无意外的变化，如何排除干扰。三是行动的结果，包括预期的与非预期的，积极的和消极的。要注意搜集三方面的资料，即背景资料、过程资料和结果资料。考察要灵活运用各种观察技术以及数据、资料的采集和分析技术，充分利用录像、录音等现代化手段。

（4）反思。反思是行动研究第一个循环周期的结束，又是过渡到另一个循环周期的中介。这一环节包括整理描述、评价解释、写出研究报告等。

2. 六环节模式

预诊—初步思考—拟订总体计划—制订具体计划—行动—总结评价 6 个循环阶段。

（1）预诊。这一阶段的任务是发现并提出问题。

（2）初步思考。这一阶段成立由教研人员、教师和教育行政人员组成的研究小组对问题进行初步讨论和研究，查找解决问题的有关理论、文献，充分占有资料，参与研究的人员共同讨论，听取各方意见，以便为总体计划的拟定做好诊断性评价。

（3）拟订总体计划。根据初步思考拟定总体的行动与研究计划。

（4）制订具体计划。这是实现总体计划的具体措施，它以实际问题解决的需要为前提，有了它，才会导致旨在改变现状的干预行动的出现。

（5）行动。它是整个研究工作成败的关键。这一阶段的实施要点是边执行、边评价、边修改，在实施计划的行动中，要注意搜集每一步行动的反馈信息，在上一行动有效的情况下，才可以进入下一步计划和行动。反之，总体计划甚至基本设想就可能需要调整或修改。行动的目的不是为了检验某一设想或计划，而是为了解决实际问题。

（6）总结评价。这是对整个研究工作的总结和评价。这一阶段除了要对研究中获得的数据、资料进行科学处理，得到研究所需的结论外，还应对产生这一实际问题的背景做出解释和评价。

第二章　现代班主任素质与专业发展

　　班主任在众多教育者中具有特殊的地位和作用，是对学生影响最大、最直接的教师，他们自身素质的高低直接影响一个班级乃至一个学校的教育质量。"目前，全国中小学约有 440 多万个教学班。约有 450 万教师担任班主任工作，影响着 2 亿多中小学生。他们的素质如何，他们开展工作的效果如何，关系到整个中小学教育的质量，关系到中小学教育目标的实现，关系到一代甚至几代人的健康成长、关系到中华民族的未来。"[①]面临着日益复杂的社会环境，班主任要担当起更加艰巨的育人责任，势必需要多方面、多维度地充实自己，提高自己的职业素质和能力。那么，班主任到底扮演着哪些角色？需要具备哪些方面特殊的素质和能力？如何具备这些素质和能力呢？如何形成威信呢？本章重点探讨了在多元视野下的班主任角色及其素质、班主任的特殊能力、班主任专业化发展的策略等。

第一节　多元视野下的班主任

　　班主任素质和能力是班主任角色的自然延伸，有什么样的角色就需要有什么样的素质和能力，素质和能力是人们更好地扮演自己的角色、履行责任和义务的基本条件。因此，为了更好地理解班主任所应具备的素质和能力，我们有必要对班主任的角色进行多维度、多学科的分析。

一、教育哲学视野下的班主任

　　教育哲学是用哲学的观点和方法来分析和研讨教育中的根本理论问题的学科[②]，是指导教育实践的较为上位的理论学科，因此，为了站在更高的高度对班主任进行更加深刻的认识，我们有必要从教育价值论和教育目的论两个基本维度予以分析。

（一）从教育价值论的维度来看，班主任是一个促进者

　　在教育的价值追求这个问题上，学者们可谓"仁者见仁、智者见智"，既有社会的价值与个人的价值，理想的价值与实用的价值，先验的价值与经验的价值，也有内在的价值与工具的价值。但无论教育的价值追求是什么，都离不开一个基本的教育要素，即人。因为教育的价值是首先并且直接体现在人身上的，然后才可能讨论内在价值与工具价值、先验价值与经

---

① 陈小娅. 学习贯彻十七大精神　不断提高班主任的政治素质和工作能力[J]. 人民教育，2007（23）：2.
② 黄济. 教育哲学通论[M]. 太原：山西教育出版社，1998：318.

验价值、理想的价值与实用的价值，才可能由人自身推及社会。所以教育的价值"最终要落实到人的价值问题"上①。也就是说，教育的价值在于实现人的价值，在于培养有价值的人，即教人做人。那么何谓真正的人呢？孟子在《孟子·公孙丑上》曾有这样的阐述："由是观之，无恻隐之心，非人也；无羞恶之心，非人也；无辞让之心，非人也；无是非之心，非人也。恻隐之心，仁之端也，羞恶之心，义之端也，辞让之心，礼之端也，是非之心，智之端也。人之有是四端也，犹其有四体也。"由此可见，我国古人心中之人乃是有仁、义、礼、智四种品质的人，而西方文明的发源地古希腊也将勇敢、节制、正义、智慧视为一个人必须具有的四种品质。由此观之，一个真正的人必须具备仁、义、礼、节制、正义等德行，同时还要具备智慧，而智慧的升华和结晶就是我们所讲的理性。因此，关于人的最初理解就是具备德行和理性之人。

　　既然教育的价值追求在于培养具有理性和德行的人，那么班主任自然要担负起自己的一份责任，关键是班主任扮演怎样的角色才能达到这一目的。众所周知，理性和德行是学生的主体性品质，是学生通过对外在世界和内在世界的审视和认知而逐渐积淀起来的，班主任不可能把德行和理性生硬地灌输给学生，否则我们所培养的只是所谓的理性和德行，是没有得到学生认可和接纳的无意义的东西，因为德行和理性完全属于某个人的主体性品质。与此同时，德行和理性也不可能完全通过学生的自我实践得到建构，因为学生本身就是一个未成熟的个体，他们对人生、对世界的认知不够成熟和完整，让一个不成熟的个体完全通过自己的实践而获得理性和德行完全是应该受到批判的内发论的观点。我们只有把学生个人的主体性和教师的外部引导结合，双管齐下才可能达到目的。那么，在这个过程中班主任教师所起到的作用就是引导协助，就是引导学生摆脱内在的激情、冲动、物欲、懒惰等不利因素的羁绊，帮助学生分辨外界的是否、善恶、美丑，使学生内在的精神力量摆脱身体和外部的物质世界从而得到最大的提升和解放，如此则作为高贵精神力量之核心的理性和德行品质自然也就得到了发展。基于以上阐述，笔者认为，从教育价值论的维度出发，班主任要扮演解放者、促进者的角色，通过帮助学生把内在的以理性和德行为核心的精神力量从学生自身和诸多外部的羁绊中解放出来而达到教人做人这一价值追求。

（二）从教育目的论的维度来看，班主任是一个培育者

　　马克思主义关于人的全面发展的学说是我们教育实践的基本理论，在这一理论的指导下，我们的教育目的自然是培养全面发展的人。所谓全面发展就是德、智、体、美、劳方面的和谐全面发展，这一教育目的的实现需要全体教育工作者的协调努力，班主任自然是其中的主力，在班级的教育管理过程中班主任要身体力行。一方面通过自己的人格魅力和言行举止对学生的各个方面进行潜移默化的引导，另一方面又要通过班会、团会、课外活动、选拔任用班干部、与学生谈心交友等诸多教育、管理方式对学生施加影响，以求达到丰富学生的知识，培育其美德，锻炼其身体，培养其美感的目的。在这整个过程中，班主任就如同园丁浇灌花草般培育受教育者。

---

① 黄济. 教育哲学通论[M]. 太原：山西教育出版社，1998：422.

二、教育社会学视野下的班主任

（一）从班级组织的人员构成来看，班主任是班级中的权威者

从教育社会学的角度来看，班级是一个特殊的社会系统，在这个系统中存在着学生和教师两大类别成员。其中，学生扮演着未成熟、欠发展、期待教育影响的角色，他们的文化是一种需求性文化和受抑性文化，而教师之间则是一种规范性文化和权威性文化[①]。从二者之间的关系来看，作为社会代表的教师们不论自己乐意与否都必须向学生传递与社会要求相符的信念、价值观、态度以及行为方式等，并且自觉或不自觉地、诱导或强制性地使学生承认和接受自己所传递的文化。学生和教师之间的需求与规范、权威与受抑的关系清晰地勾勒出了教师与学生之间的地位、身份差别以及他们之间的异质性。

从班级教师的内部构成来看，他们的身份及地位大体上是一致的，但若做微观的分析也可发现他们之间的细致差别，即他们之间也存在着异质性。班级教师集体主要由班主任和科任教师构成，科任教师是一个同质全体，因为他们的权利地位基本上是相当的，但从科任教师在班级中的地位、权力、声望及掌握的教育资源来看，班主任明显胜过他们，也就是说班主任是班级教师这个相对于学生群体的权威群体中的权威者。

笔者认为班主任位于班级这个金字塔结构的顶端，作为班级成员中的权威者角色不仅是上述原因所造成的必然，而且也是应然。因为班主任毕竟是某个班级的直接管理者和教育者，没有权威地位，班主任难以对学生施加影响。因为学生和教师是具有不同文化品质的两类群体，学生群体对教师所施加的文化影响并不总是认同的，有时也可能是抵触的；没有权威地位，班主任也难以在协调科任教师中树立威信，难以在科任教师之间、科任教师与班级学生之间发生冲突、矛盾等不协调状况时进行有力协调。

（二）从班级组织的互动来看，班主任是班级互动的协调者

互动是班级组织中的一个基本内容，是班级各主体之间交流感情、加深认识、相互促进的有力手段。具体而言，班级中的互动主要有生生互动、师生互动、师师互动，在这些不同主体的互动过程中，班主任始终扮演着参与者和协调者的角色。

首先，班主任是班级互动的直接参与者，主要体现在师生互动和师师互动中。显而易见，如果没有班主任的参与，那么班主任与学生之间的互动以及班主任与科任教师之间的互动是无法发生的。通过这些互动，学生与教师之间以及教师与教师之间的感情得到了深化，更重要的是通过互动，各主体通过对对方言行的反应做出解释，可以对对方进行更好地感知和理解，并进而反思，对自我的行为方式和价值观念进行更新修正。这些对于推动班级的健康运作、学生的向上发展以及教师个人取得成功都是大有裨益的。

其次，班主任还是班级互动的协调者和促进者。协调者的存在必然意味着班级互动中会存在问题，而事实也的确如此。

班级各主体对班级互动的参与度可能出现问题。性格内向、存在交往障碍的学生在班级互动的参与度上一般比较低，追求个人成功，存在派别主义倾向的科任教师、对他人存在不良情绪的学生或教师在班级互动的参与度上也不会很高。针对上述情况，班主任理所应当地

---

① 吴康宁. 教育社会学[M]. 北京：人民教育出版社，1998：257-258.

要对其进行鼓励或疏导，协调他们与其他班级主体的互动。

班级各主体间的互动在性质上可能出现问题。班级互动虽然在主体上是积极向上的，但这并不意味着互动都是积极健康的，教师之间的互动可能更多的是平等的、民主的，而师生之间的互动则可能出现自上而下的互动；教师与优生之间的互动更多的是褒扬性、教育性、相互悦纳的，而教师与差生之间的互动则可能更多的是否定性、非教育性、专制控制性的；大多数互动肯定是积极向上的，但部分生生之间的互动则可能是关于物欲、金钱、享乐等世俗主题的交流。互动从本质上讲应该是一种相互悦纳、彼此尊重、积极向上的活动，那么针对上述所出现的种种不尽如人意的地方，班主任自然应当进行干预和协调。

班级各主体间的互动在途径、平台上可能出现问题。生生互动一般不会存在缺乏互动平台的问题，班级、学校就是他们互动的主渠道，可以任由他们自由交流互动。但教师间的师师互动以及教师与学生之间的师生互动就可能存在互动平台的问题，毕竟教师与学生不是任何时候都有互动机会的，教师们共同聚首自由交流的机会也是不多的。那么，针对这些情况，班主任就应该尽量通过主题班会、团队活动或课外活动等人为组织的活动为他们提供互动交流的机会。

（三）从班级组织的结构来看，班主任是班级结构的构建者和调整者

班级承担着诸多教育任务，并存在着多种身份地位不同的成员，为完成班级工作任务而服务的那些工具性角色的结构就是班级的正式结构①。一般而言，这个正式结构是由班级教师、班干部、小组长和普通组员而构成的自上而下的金字塔结构，它为学生的学习和班级教师的工作提供便利的平台和基础；在由外部力量塑造的制度性、规范性的正式结构之外，班级里还存在着基于其他不同角度而界定的一些成分所组成的非正式结构，它完全是班级成员在日常的接触中自然形成的②。它可能是由几个性格爱好相近的学生所构成的非正式小团体，也可能是人际关系较好的几个客人教师所组成的小团体。和班级正式结构的他塑性、规范性、正向性不同的是，非正式团体的成员完全是自愿结合在一起所形成的，他们之间存在着更强的相互认同性和凝聚性，但却并非总是正向的，即不一定总是对班级的发展有益的，有时还可能对班级的建设、管理产生严重的阻碍作用。

为了班级的正常运转，班主任不仅需要建立健全班级的正式结构，而且还要对非正式群体进行引导。首先，就班级正式结构而言，这个金字塔结构中的班干部和小组长不是自然存在的，它需要班主任的介入才能成型，即班主任必须通过班会或民主推举的方式选拔出班干部和小组长，并针对他们各自的职责和能力进行有针对性的培养和培训，从这个角度来看，班主任是班级正式结构的构建者。其次，就班级的非正式结构而言，即班级中的非正式群体而言，它们是影响学生的社会性发展和班级健康发展的重要文化资源，鉴于其重要的影响作用，班主任自然也有责任对其进行引导。班主任一方面要对那些正向积极的非正式群体进行鼓励和引导，使其成为促进班级发展的有力推手，另一方面也是最为重要的方面，就是对那些起消极作用、游离于班级规范之外的非正式群体的成因进行分析，并进而采取措施解构该群体，使其成员向利我、利他的积极方面转化，从这个维度来看，班主任还是班级结构的调整者。

---

①、② 吴康宁. 教育社会学[M]. 北京：人民教育出版社，1998：282，285.

三、教育伦理学视野下的班主任

（一）从学生的角度来看，班主任是学生的替代父母

班主任的教育对象是学生，学生是其教育影响的承负者，同时也是其教育影响的外显成果。但学生并不总是积极接纳教师影响的，正如马克思·范梅南所说："看待儿童其实就是看待可能性，一个正在成长过程中的人。当今的学生生活在一个支离破碎的世界。现代化的信息媒介也急剧地改变着学生的生活。人们的信念、价值观、生活条件、理想、生活方式呈现出多变性、复杂性、多元性和矛盾性，年轻人的生活成为一种偶发性的经历，即更加不确定、无法预测，他们在有限的范围内体验着生活的各种可能性。"[1]

在如此艰难复杂的环境下教导学生无疑是很艰巨的，这需要班主任教师具备耐心、仁慈、关爱、尊重、信任等道德品质，亦即在与学生相接触、教育学生的过程中，班主任要承担一定的伦理义务，不为外界不良因素所动，以最为道德的方式照顾学生，那么这些品质的综合又勾勒出了一个怎样的班主任角色呢？即替代父母[2]。班主任就是学生在学校中的全权监护者，他们要像父母那样以高度的使命感、责任感为依托，对学生的主体性发展保持敏感性，对其需求予以理解，对其所遇到的突发事件进行果断处理，对其内在世界的奥秘保持探索的激情。总而言之，从伦理的角度讲，班主任是班级学生在学校中的替代父母。

（二）从班主任自身的角度来看，班主任是一个道德自觉者

教，上所施，下所效也；育，养子使作善也。教育工作从根本上讲，是让人获得整体性的提升，因此作为教育者的班主任在工作中不仅要处理好和学生之间的业务关系，更要清晰地认识并认真履行自己的道德责任、道德义务。但是道德责任、道德义务的履行不是仅仅通过国家政策规范、学校的宣传教育以及社会的公众监督就可以达到的，更为重要的是班主任个人对自己的道德责任、道德义务的自觉履行。也就是说，从教育伦理的角度来看，班主任不能仅仅是外界道德规范的被动接收者和履行者，他更应该是一个道德自觉者。这个道德自觉者能够将外在的国家、社会制定的道德要求与道德规范转化为自身的认识、情感、信念、意志、行为和习惯，将外部的强力道德约束转化为自觉的自我约束，立足于自我认识、自我体验、自我感悟、自我抉择和自我践行，发自内心地道德地从事教育教学活动并自觉自愿地追求一种道德上的完善。

四、教育文化学视野下的班主任

（一）从宏观的角度来看，班主任是人类优秀文明的传承者和创新者

从宏观即社会的角度来看，在学校中，班主任肩负着教书育人的重担，其中教书更多的是向学生传递文化科学知识，而育人则重在引导学生的价值观念、行为方式和道德品质。以上两个方面的内容都是包含在文化的内涵中，所以从文化的角度来看，班主任首先扮演着文化传递者的角色。

---

①、② 马克思·范梅南. 教学机智：教育智慧的意蕴[M]. 北京：教育科学出版社，2001：1-2，8.

但班主任并不是机械被动地传递人类优秀的文化成果，他们在文化的传承过程中也在不断地从自己的视角和维度对自己所传递的文化进行有意识地再诠释和再反思，在这一过程中他们所传承的文化已经和自己的原初状态发生了偏离，它们的内涵和外延已经不知不觉地发生了变化，得到了充实。所以说班主任也是文化的创新者。

（二）从微观的角度来看，班主任是班级文化的构建者和引领者

所谓班级文化内容是指班级文化各主体所共享的实质性态度、价值、信念、习惯、假设和行为方式，它是班级文化的核心部分，直接决定班级文化的取向。健全向上的文化内容，造就先进的班级文化；鄙俗不良的文化内容，造就颓废的班级文化。就学生文化的内容而言，班主任不是学生文化的直接构建者，但由于学生本身的不成熟，他们所抱有的态度、价值观念和行为方式很可能是不符合社会规范、不符合其身份角色的，而班主任从一个旁观者和教导者的角色出发则可能更清楚地认识其弊端，并有责任利用其在班级中的威信和制度权威对其进行适时引领，使其走向正轨。就班级文化而言，班主任是其文化内容的关键构建者，并在形成过程中利用其在科任教师中的权威身份不失时机地进行补充和修订。

五、教育管理学视野下的班主任

教育教学和班级管理是班主任工作的两驾马车。班级管理的好坏直接影响着班级整体的状态以及学生个人的发展。如何在教育教学中做好班级管理工作，仁者见仁，智者见智。按照传统的观点，我们普遍认为班主任是班级管理中计划、实施、检查、总结四个环节的设计主导者，也是班级教学常规、学生假期生活、教室内部环境以及学生健康卫生等具体方面的直接管理者。但是如果以现代教育理论和管理理论为基础，我们通过分析会逐渐发现，班主任在传统班级管理中所充当的角色正逐渐受到挑战和质疑，如果以现代教育管理理念为基础，笔者认为班主任在班级管理中的适当角色应该是班级管理系统的设计建设者。为什么这样讲呢？众所周知，教师的教是为了不教，管是为了不管，即班主任的班级管理活动是为了形成学生的自我管理意识和能力。如果班主任仅仅是对学生和班级的诸多问题进行事必躬亲的机械管理，学生对班主任的工作意图很难进行正确的认知，管理的效果也往往是短暂的和缺乏持效性的，那么班级管理的效果自然不能尽如人意。现代的班级管理更多地强调民主管理和科学管理，民主管理需要教师有以人为本的教育思想，科学管理要求教师有依法管理的理念。为了在自己的班级中树立起民主管理和科学管理的氛围并使之扎根成长，班主任更多地需要考虑的是对本班级管理系统的设计和组织，即管理目标系统、管理组织系统、管理过程系统、管理渠道与方法系统的建设。有了完善的科学民主管理系统，师生的目标才能更加明确，管理主体才能更加多元，管理组织才能更加完善，管理手段才能更加多样，班级管理的效果自然更加理想。因此，基于以上观点，我们主张班主任在管理中应积极主动地履行班级管理系统设计者和组织者的角色。

六、教育心理学视野下的班主任

江泽民同志指出："我们民族的新一代，若没有强健的身体素质和良好的心理素质，

就没有力量，就不能屹立于世界民族之林。"当前广大的在校学生承受了来自学业、家庭乃至社会各方面的心理压力，有的学生不堪重负，其心理出现不平衡状态甚至是不健康状态。近年来学生自杀、出走事件、学习兴趣不高、学习动机不足、性格孤僻和人际关系紧张等频见媒体，正是一个信号。在学校心理健康教育的起步阶段，班主任作为一个与学生接触最为密切的师长，学校德育工作最直接的承担者，应当将心理健康教育引入班级管理，利用班主任工作优势，适应并肩负起学生心理健康教育，甚至是心理咨询的责任，做好学生心理健康教育的导师。

第二节　现代班主任素质

"班主任素质"这一概念的核心在于"素质"一词，理解了"素质"一词才能更好地理清"班主任素质"的内涵。素质的含义有狭义和广义之分。狭义的素质是"人或事物在某些方面的本来特点和原有基础。在心理学上，指人先天的解剖生理特点，主要是感觉器官和神经系统方面的特点，是人的心理发展的生理条件，但不能决定人的心理内容和发展水平。"[1]这一概念更多的是从生理学和心理学的角度来理解的，即"遗传素质"。广义的素质指的是教育学意义上的素质概念，指"人在先天生理的基础上在后天通过环境影响和教育训练所获得的、内在的、相对稳定的、长期发挥作用的身心特征及其基本品质结构，通常又称为素养。主要包括人的道德素质、智力素质、身体素质、审美素质、劳动技能素质等"[2]。

班主任素质就是"班主任在班级教育活动中表现出来的为完成带好班级、教育好学生的工作任务所应具有的相对稳定的多种素质的总和"[3]。其实质就是班主任在长期的学习和工作实践中通过对客观世界的体验认知和对自我本身的反思建构所发展起来的各项主体性品质的整合。

班主任在职场中要扮演诸多角色，这些不同的角色赋予班主任不同的责任和义务，为了完成自己的本职工作，尽到为人师的义务，班主任必须具备多方面的素质。习近平总书记2014年在同北京师范大学师生代表座谈时的讲话中指出："好老师没有统一的模式，可以各有千秋、各显身手，但有一些共同的、必不可少的特质。做好老师，要有理想信念、要有道德情操、要有扎实学识、要有仁爱之心。"[4]"四有"好老师是对全国教师的共同要求，也是对班主任的基本素质要求。

一、优良的思想政治道德素质

孔子曰："其身正，不令而行，其身不正，虽令不从。""学高为师，身正为范"自古就是社会对教育工作者的基本规范，而这里的"身正"所指的就是教育者的思想政治道德素质。在基础教育战线上肩负着培育中国特色社会主义的建设者和接班人任务的班主任，只有真正具备先进的思想政治道德素质才可能"以一身立教，而为师于百千万年间，其身亡而其教存"。

---

① 辞海编辑委员会. 辞海[M]. 上海：上海辞书出版社，1989：3 200.
② 赵洪海，等. 面向21世纪中小学素质教育论纲[M]. 济南：山东教育出版社，1996：3.
③ 赵正铭. 班主任素质论析[J]. 班主任，2002（1）.
④ 习近平：做党和人民满意的好老师——同北京师范大学师生代表座谈时的讲话[N]. 人民日报，2014-09-10.

（一）良好的思想政治素质

教育者的思想政治素质，其核心在于政治素质，作为特殊教育者的班主任也不例外。所谓班主任的政治素质是指班主任自身的政治立场、政治态度、政治方向等方面素质的综合。班主任在学校中不仅要向学生传授知识、技能，同时还会自觉、不自觉地向学生传递一定的政治态度和意识形态，其自身的政治素质将通过显性和隐性的方式影响学生的政治态度。因此，班主任在这方面的素质，在班主任总体素质中居于主导地位，决定着班主任工作的方向和态度，是班主任最为根本的素质[①]。

我国教育部副部长陈小娅就曾呼吁，"班主任工作的核心是育人，要把学生培养成为有远大志向、高尚情操、优良品德、良好习惯的中国特色社会主义的未来建设者，教育者本身必须确立正确的世界观、人生观、价值观和荣辱观，忠诚于党和人民的教育事业，树立崇高的职业理想和坚定的职业信念，不断提高教书育人的本领，满怀热情和真情地教育和引导学生。我们要把不断提高班主任的政治素质和工作能力作为班主任培训工作的核心内容"[②]。

习近平总书记指出：正确理想信念是教书育人、播种未来的指路明灯。不能想象一个没有正确理想信念的人能够成为好老师……广大教师要始终同党和人民站在一起，自觉做中国特色社会主义的坚定信仰者和忠实实践者，忠诚于党和人民的教育事业，自觉把党的教育方针贯彻到教学管理工作全过程，严肃认真对待自己的职责。要注重加强中国特色社会主义理论体系的学习，加深对中国特色社会主义的思想认同、理论认同、情感认同，不断增强道路自信、理论自信、制度自信，积极引导学生热爱祖国、热爱人民、热爱中国共产党。好老师应该做中国特色社会主义共同理想和中华民族伟大复兴中国梦的积极传播者，帮助学生筑梦、追梦、圆梦，让一代又一代年轻人都成为实现我们民族梦想的正能量。广大教师要用好课堂讲坛，用好校园阵地，用自己的行动倡导社会主义核心价值观，用自己的学识、阅历、经验点燃学生对真善美的向往，使社会主义核心价值观润物细无声地浸润学生们的心田，转化为日常行为，增强学生的价值判断能力、价值选择能力、价值塑造能力，引领学生健康成长[③]。

（二）高尚的职业道德

作为社会的代表和核心教育者的班主任为了获得社会对其职业身份的认可，为了更好地完成自己的教育任务，他们必须遵守一般公民所应遵守的道德规范，同时由于其职业的特殊性，他们还必须具有高尚的职业道德。习近平总书记指出，老师的人格力量和人格魅力是成功教育的重要条件。"师者，人之模范也。"教师的职业特性决定了教师必须是道德高尚的人群。合格的老师首先应该是道德上的合格者，好老师首先应该是以德施教、以德立身的楷模……把正确的道德观传授给学生[④]。我国的《中小学教师职业道德规范（2008年修订）》对包括班主任在内的广大中小学教师的职业道德做了如下规定：

（1）爱国守法。热爱祖国，热爱人民，拥护中国共产党领导，拥护社会主义。全面贯彻国家的教育方针，自觉遵守教育法律法规，依法履行教师职责权利，不得有违背党和国家方针政策的言行。

---

① 赵正铭. 班主任素质论析[J]. 班主任，2002（1）：6.
② 陈小娅. 学习贯彻党的十七大精神不断提高班主任的政治素质和工作能力[J]. 人民教育，2007（23）：3-4.
③、④ 习近平：做党和人民满意的好老师——同北京师范大学师生代表座谈时的讲话[N]. 人民日报，2014-09-10.

（2）爱岗敬业。忠诚于人民的教育事业，志存高远，勤恳敬业，甘为人梯，乐于奉献。对工作高度负责，认真备课上课，认真批改作业，认真辅导学生，不得敷衍塞责。

（3）关爱学生。关心爱护全体学生，尊重学生人格，平等、公正对待学生。对学生严慈相济，做学生的良师益友。保护学生安全，关心学生健康，维护学生权益。不讽刺、挖苦、歧视学生，不体罚或变相体罚学生。

（4）教书育人。遵循教育规律，实施素质教育。循循善诱，诲人不倦，因材施教。培养学生的良好品行，激发学生的创新精神，促进学生的全面发展。不以分数作为评价学生的唯一标准。

（5）为人师表。坚守高尚情操，知荣明耻，严于律己，以身作则。衣着得体，语言规范，举止文明。关心集体，团结协作，尊重同事，尊重家长。作风正派，廉洁奉公。自觉抵制有偿家教，不利用职务之便牟取私利。

（6）终身学习。崇尚科学精神，树立终身学习理念，拓宽知识视野，更新知识结构。潜心钻研业务，勇于探索创新，不断提高专业素养和教育教学水平。

作为特殊教育者的班主任，他们所应遵循的职业道德的核心归结为一个词——热爱。"带着爱心，走进学生心灵世界去探幽索微，穷根究底，学亦无穷，乐亦无穷，一旦心灵中建立了热爱学生的精神乐园，便能进入教育的自由王国。"[1]所谓教育，实质上就是爱的教育，班主任作为教育者首先要热爱自己所从事的教育事业，这种爱体现在班主任将教书育人作为自己的人生追求和人生价值，将教育视为神圣荣耀并值得为之奉献终生的伟大事业，为了这一事业即使清贫、孤寂、艰苦卓绝也在所不惜。其次，班主任要热爱学生。教育是一门"仁而爱人"的事业，爱是教育的灵魂，没有爱就没有教育。高尔基说："谁爱孩子，孩子就爱谁。只有爱孩子的人，他才可以教育孩子。"这种对学生的爱是发自心底、自然流露的深沉、真挚的爱；这种爱是面向全体，没有层级、对象之分的公正的爱；这种爱是默默付出与奉献、不求回报的无私的爱；这种爱是涌自心田、彰于言行和细节的具体的爱；这种爱是绵绵不绝的持久的爱；这种爱是尊重信任与严格要求相结合的科学的爱。最后，班主任要热爱自己。这里所讲的爱自己并非身体方面的物欲、激情的放纵，而是指"从爱护教育者的名誉出发，严格要求自己，努力做到自尊、自重、自立、自强，从而获得学生、家长和社会的尊重与信任，成为可敬可爱的人"[2]。班主任作为一个社会个体，如果不能负责地对待自己，是不可能负责地对待社会、学校、班级以及学生的，热爱自己对自我负责从另一个角度讲就是对他人的负责和热爱。因此，班主任应该热爱自己，关注自己的道德修养、谋划将来的专业发展、认真审慎地安排自己的生活和事业。

二、科学的教育理念

班主任所要培养的是为现代化建设服务的现代人才，这一目标的达成不仅需要物质因素的现代化，更加不可或缺的乃是班主任的教育理念、教育方式方法等非物质因素的科学与现代化，而这些因素中的重中之重乃是班主任的教育理念。

---

① 魏书生. 守住心灵宁静 建设精神乐园[J]. 人民教育，2004（20）：14.
② 高谦民. 求真 向善 立美——谈班主任素养[J]. 班主任，2003（8）：4.

（一）生本教育理念

何谓生本教育理念呢？不妨先看一则案例。

　　作家梁晓声曾在《我和橘皮的往事》中讲述过这样一个故事：

　　他在读小学时，母亲每年冬季都为支气管炎所苦，经常喘作一团，憋红了脸，透不过气来。可是家里穷，母亲舍不得花钱买药，看着母亲喘作一团，憋红了脸透不过气来的痛苦样子，他和弟弟妹妹每每心里都难受得想哭。

　　有一天他去校办工厂里义务劳动时从师傅那里了解到橘皮对平喘和减缓支气管炎有良效。于是每次义务劳动，他都往兜里偷偷揣几片干橘皮。

　　不料想由于一名同学告发，他成了一个小偷，一个贼，并且在学校的操场上被迫当众承认自己偷了几次橘皮，当众承认自己是贼。于是在班级里，他不再是任何一个同学的同学，而是一个贼，连上课举手回答问题，老师似乎都佯装不见，目光故意从他身上一扫而过。

　　当时梁晓声的班主任老师，也就是那位清瘦而严厉的、戴六百度近视眼镜的中年女教师正休产假。

　　她重新给学生们上第一堂课的时候，就觉察出了梁晓声的异常处境。

　　放学后她把梁晓声叫到了僻静处，而不是教员室里，问他究竟做了什么不光彩的事。

　　梁晓声哇地哭了……

　　第二天，她在上课之前说："首先我要讲讲梁绍生（梁晓生当年的本名）和橘皮的事。他不是小偷，不是贼，是我嘱咐他在义务劳动时，别忘了为老师带一点儿橘皮，老师需要橘皮掺进别的中药治病。你们再认为他是小偷，是贼，那么也把老师看成是小偷，是贼吧！……"

　　第三天，当全校同学做课间操时，大喇叭里传出了她的声音。说的是她在课堂上所说的那番话……

　　从此梁晓声又是同学的同学，学校的学生，而不再是小偷，不再是贼了。"从此我不想死了……"在梁晓声心目中，她不再是一位普通的老师了，尽管依然像以前那么严厉，依然戴六百度的近视眼镜……

　　在"文化大革命"中，梁晓声已是中学生了，他没给任何一位老师贴过大字报。他常想，这也许和他永远忘不了小学班主任老师有某种关系。没有她，梁晓声不太可能成为作家。也许他的人生轨迹将彻底地被扭曲、改变，也许他真的会变成一个贼，以堕落报复社会。也许……

　　她使梁晓声永远相信，生活中不只有坏人，像她那样的好人还是确实存在的……因此，应永远保持对生活的真诚热爱！

　　通过上述案例，我们不难看出，"生本"即以学生为本，因为学生是教育的出发点，也是教育的归宿；学生是教育的对象，也是教育的主体；学生是教育的基础，也是教育的根本。教育的原典精神就是教人做人，既然要教学生做人，那么首先必须将学生看作人，以人对待，这是生本教育理念的缘起，其核心就是尊重学生，理解学生，关爱学生，正视学生的生命尊严和价值，教会学生做人。生本教育理念的内涵在于：从学生的发展出发，让学生得到全面和谐的发展，让全体学生都得到发展，让学生主动发展，让学生个性得到充分发展，让学生实现可持续发展[①]。在实践层面，生本教育理念表现为民主、尊重、宽容、理解、信任。

（二）生命教育理念

"教育除了鲜明的社会性之外，还有鲜明的生命性。人的生命是教育的基石，生命是教育学思考的原点。在一定意义上，教育是直面人的生命，通过人的生命、为了人的生命质量的提高而进行的社会活动，是以人为本的社会中最体现生命关怀的一种事业。"[②]作为工具性教育，人的发展是其目的，但如果让学生仅仅关注知识，被知识所奴役、操控则必然造成人的异化，使有血有肉、情感丰富的学生机械地接受训练而失去对生命的生动体验。班主任作为对学生发展影响最大的教师，若要将学生培养成激动于生命体现、精神世界丰富的现代人，则必然需要树立这样的生命教育理念，以生命世界观关照教育，力图实现教育向人的回归，向生活世界的回归，使人成为教育的目的而非手段，大力丰富学生的精神世界，解放学生的内部力量，发掘学生的生命潜能，提升学生的生命意义与价值[③]。

（三）终身教育理念

现代社会的快速变化，知识的迅速增长与更新，信息技术的飞速发展，个体较高的教育期望，迫使每个人都把终身学习作为生存和发展的需要。我国2015年12月27日修订的《教育法》第十一条规定："国家适应社会主义市场经济发展和社会进步的需要，推进教育改革，推动各级各类教育协调发展、衔接融通，完善现代国民教育体系，健全终身教育体系，提高教育现代化水平。"班主任是学生人生道路的引导者，人类文明的传播者，学生生活的关爱者，学生成长的监护人，为了更好地贯彻党的教育方针，更应该做终身教育理念的倡导者和实践者。

终身教育理念的内涵是什么呢？1972年联合国教科文组织国际教育委员会发表的报告——《学会生存——教育世界的今天和明天》对终身教育是这样定义的：终身教育是所有形式和所有阶段的教育学习活动构成循环往复关系时所使用的工具和表现。它是建立一个教育体系的全面组织所根据的原则，而这个原则又贯穿在这个体系的每个部分的发展过程中。终身教育理论打破了传统地把人生分为学习和工作两个阶段，以一次性教育定终身的观念，把教育看成是伴随人们终生的持续不断的活动过程，是工作、生活甚至生命的有机组成部分，是人类一切行为的基础和前提。教育被视为是一个从幼儿到老年，从家庭教育、学校教育到社会教育的一体化教育体系。教育不是一个局部问题或过渡环节，不能只限于人生的某一时期，而应该贯穿人的整个一生。

（四）民主教育理念

社会进步和现代化的重要标志之一就是实现社会的民主，民主意识是现代社会公民必须

---

① 邵晓枫，廖其发."以学生为本"教育理念内涵的解读[J]. 中国教育学刊，2006（3）：4-5.
② 本刊记者. 为"生命——实践教育学派"的创建而努力——叶澜教授访谈录[J]. 教育研究，2004（2）：33.
③ 靳玉乐. 现代教育学[M]. 成都：四川教育出版社，2006：165.

具备的意识。作为培育年轻一代的班主任教师更应具有民主意识。首先，要培养具有民主意识的公民，班主任自己得有民主意识；其次，研究表明，具有民主意识的教师最受学生欢迎，教育效果最好。具有民主意识的班主任就会"凡事多商量商量"，就会经常听取学生的意见和建议，尊重民意，与学生共同决策，而不是个人说了算，就不会出现"你们必须……""你绝不可……"之类的命令口吻，更不会出现武断专横的言行；具有民主意识的班主任就会尊重学生，不会对学生的思想、言论、行为、生活方式横加干涉；具有民主意识的班主任就能与学生平等相处，真诚相待，就能虚心听取学生的意见乃至批评，自己出现错误时，就会勇于向学生道歉；具有民主意识的班主任就能很好地与学生沟通，师生之间能有效地交流思想情感，建立起良好的师生关系。

（五）创新教育理念

创新教育理念就内涵而言是以提升受教育者的创新意识、创新精神，以开发受教育者创新能力为宗旨，以培养创新人才为目标的教育思想理念。这是当前世界各国大力推行的先进教育理念，一个没有创新能力的民族，难以屹立于先进民族之林，而民族的创新能力必然依靠教育的创新，而教育的创新只能依靠教育者的创新理念。2002年9月8日，江泽民同志在北师大百年校庆讲话中说："教育创新，首先是教育理论的创新，要更新旧的教育观念"。

无论是教育教学，还是管理，虽然都有规律可循，有一些基本的方法可以采用，但没有固定的不变的模式和方法。社会环境在变化，教育教学条件在变化，学生的身心特征也在变化。学生中不断出现新情况、新问题，面对这些变化和新问题，过去的经验失灵，通常使用的方法行不通，这就需要班主任要具有创新意识，要进行深入研究，探求解决问题的新策略、新方法；班主任面对的是几十个富有个性的学生，没有一条教育原理和方法对任何学生都适用，这就要求班主任因人、因时、因事制宜，因材施教，创新性地做学生的工作；时代在变化，社会在进步，社会对教育、对班主任提出的要求也会更高，要全面实施素质教育、创新教育，全面提升学生的素质，培养学生的创造性，这就要求班主任工作要有新思路，教育管理要有新方法。具有创新意识的班主任，总会使班级工作不断地创新，使学生总是处在新鲜感和新的追求之中，这无疑会产生极高的教育质量和良好的教育效果。

三、丰富的知识储备

优良的思想政治道德素质为班主任的工作提供了方向性的保障，科学的教育理念为班主任的工作提供了纲领性的指导，二者都属于需要不断提升的重要素质，班主任在实践中要取得成效，所凭借的基本依托是"通过学习和积累而具有的知识修养，以及由此而进一步形成的作为班主任所应具有的知识及相关的知识结构"[①]。可以说班主任丰富的知识储备正是其为人师的"学高"的基本表现。习近平总书记说："过去讲，要给学生一碗水，教师要有一桶水，现在看，这个要求已经不够了，应该是要有一潭水。"[②]从班主任的角色、身份出发，笔者认

① 王鹰. 班主任工作技能训练[M]. 北京：人民教育出版社，2001：27.
② 习近平：做党和人民满意的好老师——同北京师范大学师生代表座谈时的讲话[N]. 人民日报，2014-09-10.

为班主任的知识构成包含以下几个方面：

（一）本体性知识

本体性知识是我们通常所说的学科专业知识，即教师对所教科目的理解与掌握。术业有专攻是教师的基本条件，在本学科方面具有深厚的专业造诣应成为教师知识结构的核心。具体而言，班主任的本体性知识就是牢固掌握其所担任的课程教学的目标、性质、内容、方法等基础理论、基本知识，熟悉学科的历史发展脉络、现状和未来的发展趋势，辨清推动本学科发展的历史和现实因素，了解最新的前沿成果。

科学素养与人文素养都是班主任所应具有的，但相比较而言，班主任更需要的是人文素养。哲学、伦理、道德、历史、文学、艺术知识的相对不足，会影响班主任的审美素质和道德情操，制约了班主任的影响力和教育能力。实践证明，一个班主任是否具备一定的人文素养，不仅关系到其知识面宽不宽，而且是其增强影响力、提高教育能力的重要因素。因为人文素养有助于班主任加强对学生精神生活的理解和对学生复杂内心世界的把握。班主任要能够把提高学生的人文素养渗透到一切活动中，既能用深刻的哲理启迪学生的智慧，又能用动人的激情和美来感染和陶冶学生心灵，从而使教育更具有吸引力、说服力、感染力。班主任若懂得一些哲学、伦理、道德、心理、历史、文学、艺术等知识，并通过这些知识去认识社会，去思考人生价值，去把握真善美的真谛，人文知识就能转化为自己的人文修养。

（二）条件性知识

具有丰富的学科专业知识并不是成为一名好班主任的唯一条件，在本体性知识达到一定的水平之后，条件性知识和实践性知识就成为教师专业水平的决定性因素。这里的条件性知识是指教育理论知识。一般而言，班主任的条件性知识主要包括教育哲学、教育学、心理学、教育管理学、教育文化学、教育伦理学、教育社会学、教育法学等学科知识。掌握这些知识有助于班主任扩大眼界，打开思路，从多维视角审视和改善自己的工作。比如，懂得品德形成的发展规律，有效地对学生进行思想品德教育；能根据实践的需要，从学生的年龄特征和个性特征出发，运用灵活多样的方法进行教育；能够初步运用科学的方法，对学生的心理品质进行诊断和鉴定；能客观、公正地对学生进行评价，以正确地引导和激励学生不断进步。

不仅如此，如果班主任有某种专长，有某种特殊才能，不仅有利于培养学生的才能和便于组织指导学生活动，还多了一种同学生交流的共同语言，多了一条通向学生心灵深处的捷径，多了一个树立威信的筹码。如教师与学生共同参与一场球赛能消除师生之间的"森严壁垒"；一口流利的普通话能赢得学生的钦佩；晚会上一曲动人的歌，能把一群音乐爱好者吸引到自己身边。

四、高超的技能技巧

班主任教育、管理班级和学生的过程实际上就是灵活能动地使用自己的知识解决实际问题的过程，在这个过程中，班主任对相关知识的使用总是以某种技能、技巧的形式表现出来的。班主任为顺利完成班级教育教学及管理活动所必备的技能就是班主任的技能素质，其主要包括沟通技能、组织技能、教育技能、管理技能、科研技能五大方面。

班主任的沟通技能主要是指班主任与学生、科任教师、家长、社会的沟通能力。众所周知，教好学生不是一朝一夕单靠某个人就可以完成的，从宏观的角度讲，班主任需要将学校、家庭和社会的力量协调起来形成教育的合力；从微观的角度讲，班主任必须深入了解自己的班级和学生，和学生建立起深厚的感情，让学生信赖自己、尊重自己，这样他们才能更好地对学生进行有针对性的教育。

班主任的组织技能是指班主任组织班集体的能力，班集体对班主任而言是教育对象，对学生而言又是重要的教育影响源，是班主任工作中一个极其重要的因素。但班集体不是从来就有的，不是一群学生聚合在一起就能简单产生的，一个真正的班集体要具备明确的奋斗目标、健全的组织机构、科学的制度规范、强大的凝聚力和向心力，但这一切都不是自然生成的，而是需要借助外力尤其是班主任的科学组织才能建立健全，因此组织班集体的技能是一个合格的班主任不可或缺的。

班主任的教育技能既包括规范化的、系列化的正面教育技能，又包括班主任针对班集体或学生个体方面出现的不良倾向进行积极引导的技能。从教育对象的维度来看，班主任的教育技能主要包括教育学生个体和教育班集体两方面的技能，对学生个体的教育技能又可以细分为对绩优生、中等生、后进生的教育技能。从教育内容的维度来看，班主任的教育技能主要包括学习、思想道德、生活、心理健康等方面；从教育途径的维度来看，班主任的教育技能包括课内教育、课外教育、社会教育等。

班主任的管理技能是班主任在维持班集体正常运转的过程中必不可少的技能，从过程的维度看，班主任的管理技能包括计划、实施、检查、总结四大环节；从内容的维度看，班主任的管理技能主要包括教学常规、教学环境、生活卫生、假期生活、档案资料等方面技能。

班主任的科研技能是指班主任以自己的实践经验为基础，通过理性思维将这些宝贵经验进行理论升华和总结的能力。研究型教师是我国教育界普遍接纳的教育理念，也是班主任必须具备的素质能力，这不仅具有可能性而且具有必然性。从可能性的维度来看，班主任是与班级和学生接触最多、实践经验和感受最为丰富真切的教师，他们的实践者身份和丰富的实践经验为他们提供了大量的科研素材，同时也为他们开展教育实验、验证自己的理论假设提供了可靠的平台，因此班主任进行科学研究完全是可能的。从必然性的维度来看，对班级和学生的教育、管理是一项异常艰巨的工程，由于环境的复杂性以及不同年龄段学生的特点的多样性，班主任在实际工作中会遇到诸多预想不到的困难和问题，而且由于班级和学生的不同个性，这些问题往往没有现成的解决方案，照搬他人的理论和方法也不切实际，上述种种问题的解决需要班主任发挥自己的科研能力，能动地对这些问题进行艰苦的研究。

五、良好的心理素质

班主任的心理素质是"表现在班主任身上的那些经常的、稳定的、本质的心理特征，如情感、意志、兴趣、气质、性格等。"[①]它对班主任的其他素质起着重要的制约和调节作用，

---

① 王鹰. 班主任工作技能训练[M]. 北京：人民教育出版社，2001：28.

而且影响其他素质的形成和发展。

（一）成熟而稳定的情感

教育过程不同于生产过程的重要特点之一就在于它是一个师生情感交流的过程。教育对象是有血有肉、有独立思想与意识、具有不同思想感情的活的个体，因此，情感在教学过程中具有重要作用。班主任自身的情感是教育学生的起点和动力基础，是一种有力的教育因素，它直接影响学生的情感，影响学生的学习兴趣及智力活动的积极性与创造性，进而影响教育教学的效果。情感对于思维，犹如燃料之于发动机。两种不同的情感，对学习有着不同的影响。愉快的情感，能促使学生的感知、记忆和想象敏锐、牢固和活跃；苦恼、焦虑的情感，会使学生的感知、记忆和想象出现迟钝和受阻的现象。班主任保持良好的情绪，不仅能推动班主任积极工作，有所创造和成就，而且对学生起着直接的感染作用，能促进学生心情愉快地学习，促进师生关系协调发展，并使学生从中受到深刻教育。

20 世纪 90 年代以来，人们对于情绪、情感问题的研究有了新的进展。1990 年，"情感智力"概念被正式提出。1995 年，美国学者丹尼尔·戈尔曼的《情感智力——划时代的心智革命》一书出版。1996 年，"情商"一词开始在中国学术界传播，一些大企业公司以情商高低作为招聘人才的重要标准，施行以后获得成功……有的心理学家提出，在使人成功的因素中，智商的作用只占 20%，而情商的作用则为 80%。有的心理学家甚至提出，在人的成功因素中，"情感是唯一的变量"。这一切均说明，情绪、情感问题值得我们重新认识、重新评价。

教育工作的最大特点就是以情感人，因此对班主任的情感有着较高的要求，而班主任职业的特殊性又使教师的情感表现出成熟而稳定的特点。

成熟而稳定是班主任情感在形式上的特点。一个人情绪的成熟是通过社会化的过程完成的。个体在成长过程中，使自己能够按照社会的要求来调节与控制自己的情绪，达到这样的水平就是情绪成熟的表现。情感在很大程度上是人的行为自发形成的动力，因此它需要人们有目的、有意识地加以控制。

赫洛克（Hurlock. E）认为情绪成熟的标准有 4 个：

（1）能够合理地控制因疾病引起的不稳定情绪；

（2）能预料行动的结果，控制环境；

（3）不压抑自己的情绪表现，而是将情绪升华到社会性的高度来对待；

（4）能够洞察、分析各种刺激情境，谋求情绪的自我稳定。

霍林·奥斯（L. S. Holling Worth）认为，情绪成熟有 3 个具体表现：

（1）情绪反应能力的差异。情绪成熟的人能较好地控制反应与抑制情绪的外部表现。

（2）延缓情绪反应能力方面的差异。情绪成熟的人能够克制自己情绪的发作，抑制或延缓自己的情绪反应。

（3）自怜情绪反应的差异。情绪成熟的人在遇到类似的刺激而产生消极情绪时，能够以自己的意志力来加以控制，不会轻易求助。

人非草木，孰能无情，人们都会高兴、悲哀、兴奋、沮丧。人生就是在不同的情绪体验中度过的。班主任对于自身由各种影响因素而产生的不同内心体验，应该具有较强的调节与控制能力。

许多心理学家的调查研究表明，成熟而稳定的情绪是班主任顺利完成教育教学工作的重要条件。班主任特定的职业活动认定班主任需要有成熟而稳定的情绪，也就是要有较强的控制情绪的能力。英国教育学、心理学博士戴维·方塔纳（D. Fontana）认为，教师所应具备的重要品质之一就是教师的情感是成熟和比较稳定的。因为，班主任每天要和许多个性迥异的学生接触，在授课和教育活动中可能出现与活动进程要求不符的偶发事件，甚至是讽刺、挑衅。面对种种难堪的情境，如果班主任的情感不成熟、不稳定，缺乏情绪的控制能力，那么其就会不知所措，自我失控，急躁，盛怒而不能自制，甚至不分青红皂白，用惩罚的手段来对待学生，铸成一些不可挽回的错误，从而导致教育失败，班主任本人也会因此而情绪苦闷。所以，班主任无论在何种情况下，都要沉着镇静，能够控制情绪，对消极情绪有较强的控制力。

（二）坚忍自制的意志品质

意志总是表现在人们的实际行动之中。意志是人的心理即意识的能动性、积极性的集中体现。积极的意志品质如自觉性、果断性、坚忍性、恒心、毅力、自制力等，会促进个人认识能力的发展，增强人们控制和克服各种消极情绪对人的干扰的能力，使情绪服从于理智。

班主任的良好意志品质更是决定教育工作成败的主观因素之一，这是班主任动员自己的全部力量以克制工作困难的内部条件，也是班主任教育中直接影响学生的内在力量，同时也影响着学生良好意志品质的形成。

由于班主任的职业劳动具有周期长、见效慢、极复杂和艰巨的特点，在长期的职业活动中，班主任的意志品质常表现出以下特点：

第一，实现教育目的的自觉性与坚忍性。教育目的是培养人才的规格标准，班主任的一切工作都是为了实现教育目的。自觉性是指班主任对教育目的有深刻的理解和坚定的信念，任何情况下，都能支配自己的行动，使之符合教育目的。坚忍性是指班主任为实现教育的目的，顽强地克服困难的能力。班主任的自觉性与坚忍性主要表现为，无论做什么事都有明确的教育目的；以坚忍的毅力始终如一地坚持正确的目的，不受内外各种因素的干扰，在任何情况下都能百折不挠地奋斗；对每一个学生都表现出极大的耐心，循循善诱，诲人不倦，"百教不厌"；善于听取各种意见，能在众说纷纭中汲取符合客观规律的东西，既不独断专行，也不人云亦云。

第二，处理师生矛盾的自制性。自制性是指班主任善于自我调节和自我支配的能力。自制性是针对克服一个人的内心障碍而产生的，它主要是指一个人能控制自己的情绪，掌握自己的心境，约束自己的言行，能够忍耐克己。自制性是意志品质的一个非常重要的方面。苏联著名教育家马卡连柯指出："坚强的意志，这不但是想什么就获得什么的那种本事，也是迫使自己在必要时放弃什么的那种本事。……没有制动器就不可能有汽车，而没有克制也就不可能有任何意志。不能抑制自己的人，就是一台被损坏了的机器。"班主任的自制性是职业修养中不可缺少的心理品质，也是衡量教育技巧高低的尺度。

班主任的自制性主要表现在两个方面：一是善于促使自己去执行已经采取的决定，战胜妨碍决定执行的一切因素；二是善于在实际行动中抑制消极情绪和冲动行为，自觉地控制、调节自己的行为。

学生在成长的过程中，会出现这样或那样的问题，甚至无礼、不听规劝，损伤班主任的自尊，与班主任发生矛盾、冲突。班主任要从培养目的出发，充分认识班主任的地位与作用，充分考虑教育效果，发挥意志的自我控制机能，恰如其分地控制和调节自己的情感、言论与行为，避免感情用事。面对学生出现的各种问题不应暴跳如雷、火冒三丈，要有理智，采取耐心说服的方法，特别要注意控制消极的情绪和由此引起的冲动行为。班主任要给学生以良好的心理影响，从而在学生心目中树立威信。

此外，班主任本人在生活和工作过程中也并非总是一帆风顺的，例如，有时身体不舒服，或者工作不顺心，家庭生活出现变故，甚至遭受挫折。在这些情况下，班主任不要因自己的不快和痛苦而迁怒于学生，甚至批评、指责学生。班主任来到学校，走上讲台，就要全身心地投入到教育教学过程中去，要自制自控。

班主任的自制是顺利进行教育工作的必要品质，如果缺乏自制性就很难对学生进行正面教育，很难动之以情，晓之以理。因此，班主任必须加强培养自制性，在日常工作生活中自觉地对自己的行为进行自我评价，有意识地进行自我磨炼。

（三）良好的性格特征

爱因斯坦说过："优秀的性格和钢铁般的意志力比智慧和博学更为重要。"并说："智力上的成就在很大程度上依赖于性格的伟大，这点往往超出人们通常的认识。"美国心理学家罗伊（A. Roe）和麦金农（D. W. Mackinon）对创造性天才人物的调查研究表明，天才人物都具有相比一般人而言更热情、更有决心和更加勤奋的性格。俄罗斯著名的教育家乌申斯基有一句名言："只有个性才能作用于个性的形成和发展，只有性格才能养成性格。"据国外调查资料证明，班主任的性格特征和学生的性格特征有着许多类似的地方，如：精力旺盛，相关系数为 0.46；好交际，相关系数为 0.43；容忍，相关系数为 0.40；团结，相关系数为 0.34；固执，相关系数为 0.33。这说明班主任的性格对学生的影响是较大的。

有心理学家做过这样的试验，班主任的热情与教养是受实验条件控制而变化的。在其中的一个儿童游戏集团里，班主任是善于教育的、友好的；而在另一个游戏集团里，班主任是沉默寡言、干巴巴的。两组班主任都担任事先设计好的教育儿童同情和助人的课程。课程结束后，观察在自然情境下儿童的助人行为。那些由热情的班主任教过的儿童，比那些由冷漠的班主任教过的儿童更乐于助人。班主任的热情显然使他们成为更有效的班主任，成为同情和帮助人的榜样。

班主任有许多性格品质是学生喜欢的，也有一些性格是学生不喜欢的，很多调查证明了这一点。班主任在教育教学活动中应更多地表现出积极的性格特征。有专家认为，真诚、热情、豁达和富有同情心的班主任能满足儿童附属内驱力动机。这一点对小学生更为重要，因为他们把班主任看待得同父母一样，希望得到班主任的认可和赞扬，从而获得派生的地位。当儿童的年级和年龄升高，以自我提高和赢得地位为其学习的主要动机时，班主任的这种特征的作用则下降。热情的班主任易于同学生打成一片，建立良好的师生关系，产生与学生共同合作的学习气氛，这是学生取得良好成绩的重要因素之一。

性格反映一个人的生活历史，或者可以说一个人的历史就是他的性格。中国有句成语叫作"积行成习，积习成性，积性成命"，说的就是这个意思。一个人的性格特点是他生活经历的反映。性格是人在适应和改变环境的过程中不断得到塑造的结果。性格形成既有主观的因素，也有自然的、环境的与教育的因素。性格具有可塑性，也就是说人的性格是可以改变的。在人的整个生活过程中，人的性格总是在不断地变化发展。要培养良好的性格可以从以下几方面加以注意：一是建立正确的个性倾向系统，即树立正确的理想、信念、世界观与人生观。二是加强主观上的自我修养，自觉地抑制不利的环境影响，自我调节，积极协调社会生活中的重要影响，勇于剖析自己的性格，做出正确的自我评价。三是善于从杰出人物身上汲取陶冶性格的养料，把外部压力内化为自觉的自我意识，转变个人的不良性格特点。作为班主任，要绝对避免性格的畸形发展，避免形成偏执型人格。

第三节　现代班主任的特殊能力

从事任何一种职业都应具备这种职业所需要的能力要求，这就是特殊能力。那么，作为一名班主任必须具备的不同于其他职业的特殊能力又有哪些呢？对此，很多专家学者进行了研究。

国外的心理研究者认为，作为一名班主任，首先必须具备必要的知识和智力，在达到一定的知识和智力水平后，知识和智力就不再是影响教育的重要因素，而是班主任的专业教育能力（思维的条理性与逻辑性、口头表达能力、组织能力）会对教育效果产生重要影响。西方研究者诺尔·希勒及其同事所罗门（D. Solomon，1974 年）等指出，这些特殊能力与班主任的教育效果有较高的正相关。

耿申、魏强、江涛（2020 年）等研究了班主任专业素养，认为班主任专业素养由"基础素养"和"核心素养"构成。"基础素养"是班主任作为一般教师需要具备的基本素养，包括5 项：为人师表、教育责任感、关爱学生的能力、教育教学能力、专业发展；"核心素养"是班主任作为教师中的特殊岗位需要具备的重点素养，包括 3 项：班集体建设能力、学生发展指导能力、教育沟通协调能力[①]。

美国佛罗里达州为合格班主任规定的能力主要有四方面的能力：一是要求班主任具有促进儿童智力、情感和身体发展的教育能力。二是要求班主任具有运用信息的能力。三是要求班主任具有"临床实践的能力"。就是要求班主任善于从事各种教育教学活动，成为教育方面的"临床专家"，能够像医生那样进行"分析""诊断""假设"和"开处方"，具备解决学生学习中各种问题的能力。四是要求班主任具备研究教育问题的教学实验和教育实验的能力。

苏联学者彼得罗夫斯基提出，班主任必须具备的各种能力是教学能力、创造能力、知觉能力、表达能力、交际能力、组织能力等。他说，班主任的能力是在班主任个人的心理特征、态度和行为结构中表现、形成和发展起来的，它是个人智慧、情感和意志的诸多品质的综合。班主任的特殊能力与其职业的性质、劳动的特点有着密切联系。据此，我们认为班主任的特殊能力主要表现在五个方面，即观察能力、表达能力、组织管理能力、创新能力、教育机智。

一、敏锐的观察力

班主任在教育教学活动中首先是一个观察者，他的观察对象主要是学生，因此班主任必

---

① 耿申，魏强，江涛，等. 班主任的专业素养：基于实证研究的体系建构[J]. 中国教育学刊：2020（12）：94-98.

须具有观察学生的强烈意识。了解学生是教育学生的前提，班主任的观察力是洞察学生内心世界的变化与个性特征，发挥教育机智和因材施教的先决条件。因此，善于观察学生的能力是班主任教育能力结构的基础能力。班主任只有细致深入地全面了解学生，才有可能做好教育教学工作，敏锐、细致、深邃的观察力是班主任了解学生必不可少的技能。班主任只有长期系统周密地观察教育对象，才能获得丰富而有价值的材料，从而发现问题，找出事物的规律，进而进行正确的教育科学论证，并得出正确的结论。苏联著名教育家赞可夫曾说："对一个有观察力的教师来说，学生的乐观、兴奋、惊奇、疑惑、恐惧、受窘和其他内心活动的最细微的表现，都逃不出他的眼睛。一个教师如果对这些表现熟视无睹，他就很难成为学生的良师益友。"班主任敏锐的观察力表现在观察的客观性、敏锐性和精确性上。

第一，客观性。班主任观察的客观性是指在教育教学过程中，班主任要对每一个学生的认知能力、学习情况、思想、态度的变化进行观察。在观察的过程中，班主任要善于排除主观因素的干扰，例如，某些社会偏见、个人的情感、思维定式等的影响，应全面地、客观地、公正地、实事求是地看待学生的变化，保证观察的真实性和有效性。

第二，敏锐性。班主任观察的敏锐性是指班主任要善于从人们司空见惯、熟视无睹的现象中，快速准确地抓住学生的重要特征，善于捕捉转瞬即逝的现象和变化，能根据学生某一瞬间的面部表情、个别动作行为准确判断学生的情绪和愿望。敏锐的观察力是班主任最重要的一种心理品质，它使班主任及时预见到某些正要发生而尚未出现的现象，从而采取有效措施来影响教育的进程，既促使了积极现象的发生与发展，又避免了消极现象的蔓延。学生每时每刻都在发生变化，只有从这些细小的变化中及时抓住教育的契机，才能更好地做工作。

第三，精确性。班主任观察的精确性是指班主任在观察中，善于从笼统的事物特征中区分出细微而重要的特征的能力，即能洞察秋毫，能观察到现象之微末。班主任通过观察学生上课时注意力是否集中，以及学生的面部表情、眼神，就能知道学生的学习态度、学习方法、学习习惯及其变化，从而了解学生的内心活动及其思想变化，从而有针对性地对学生进行启发、引导与教育，以便长善救失，促使学生向正确的方向发展。

二、表达能力

班主任的表达能力是指班主任把自己的思想、知识、信念和感情，通过语言和表情动作向外表现的能力。班主任在教学过程中要和学生交流沟通，班主任的表达能力是班主任的一种特有的能力，它是班主任传授知识和教育学生的主要手段，也是班主任的心理品质之一，它包括语言表达能力、表情动作的表现能力两个方面。

第一，班主任的语言表达能力。

班主任的语言表达能力是班主任的"口才"，是其表达思想、交流感情、传授知识、塑造学生心灵的最基本工具，是班主任的基本功。班主任精彩的语言常常会给学生留下深刻的印象。即便是采用了现代化的教学手段，但启发、引导、讲解、说明等依然需要班主任的语言。同时，语言受时间、地点、空间、设备和其他条件的限制最小，应用最为广泛。因此，班主任的语言表达能力在班主任的特殊能力中占有重要地位，对班主任的语言表达能力也有着较高要求。

逻辑严密。在面对全班学生讲话或与学生交流谈心时，班主任如何通过语言将诸多的知识信息按照一定的顺序、层次、条理输送给学生，是十分重要的。要注意自己讲的每一句话，举的每一个例子都要经过仔细地、反复地推敲，词语要经过慎重选择，遣词造句要规范，力求做到准确地使用概念，科学地做出判断，合乎逻辑地进行推理。讲授要结构严密，思路清楚，层次分明，切忌言过其实，概念含混不清，判断模棱两可，推理自相矛盾。

简洁明白。说话简洁明白，使学生能听懂班主任讲的意思，是对班主任语言的起码要求。所罗门等人的研究表明，学生的知识学习同班主任表达的清晰度有显著的相关。希勒等人的研究也指出，班主任讲解得含糊不清与学生的学习成绩呈负相关。班主任的语言要做到简洁明白，必须具有针对性与可接受性。要从学生的实际情况出发，所采用的语言内容（说什么）以及语言表达方式（怎么说）要使学生容易接受。为此，班主任必须深刻理解教材和充分了解学生。班主任讲课要从学生的年龄特点、知识水平、接受能力、生活经验出发，用学生易于理解和喜欢的语言讲述。以平易之语解极难之法，用浅近之言达至深之理。能把深奥的事理形象化，把抽象的事物具体化，深入浅出。真正做到言简意赅，言不虚发，恰到好处，切忌颠三倒四、啰唆重复、废话、病句，以及令人生厌的口头禅。这些都容易造成学生误解，并使学生产生厌烦情绪。

情感真挚。语言情感真挚是指班主任要把对所讲内容的内心体验、感受表现出来，以声传情。当然，班主任语言的表现方式和情感成分还要注意适合所讲的内容，要力求为所讲述的内容创造适当的语言环境，表现出积极的情感色彩。班主任的语言富有感情，才能以情感人，使学生产生心灵上的共鸣，从而取得较好的效果。但情感真挚并非装腔作势，矫揉造作。班主任在讲话中切忌照本宣科、满口术语，苍白无力、枯燥无味。

语言和谐，富有节奏感。班主任语言的声音本身应当是美的。美国心理学家塞门斯说："在班主任的许多特性中，声调占着一个重要的地位。一方面一种不好听的或低沉的声调很可能阻碍班主任事业成功。有时班主任的失败，是由于他们声调太弱，学生听不清他的话，而他也不能用他的声调来控制学生的注意。另一方面，有些班主任的声调如粗糙的晨号声，听着就非常刺耳。"这说明班主任说话要有节奏感，要做到抑扬顿挫、快慢适度；关键地方，要有逻辑重点，重点地方应做必要重述；要给学生驰骋想象的空间，讲授速度不宜太快，适当的地方要留有短暂的间隙使学生能够回味、思索班主任所讲的内容，同时音量也不要过高。

第二，班主任的表情、动作的表现能力。

姿势和表情是非语言沟通的重要方式。人的面部表情、手势、体态，都可以传递信息，反映一个人的情绪。罗曼·罗兰说，面部的表情是经过很多世纪培养成功的语言，比嘴里讲的语言复杂千百倍。姿势既可表露也可掩盖人的情绪，班主任的姿势和表情的表达作用不可忽视。班主任在言语过程中伴以适当的表情动作，能够增加语言的生动性、形象性，提高语言的表达效果。有一位心理学家计算出这样一个公式：一个信息的表达=7%的语言+38%的声音+55%的面部表情。可见，表情、动作在信息表达中的重要地位。

三、组织管理能力

班主任的组织管理能力，是指班主任在任何情况下都能把学生有效地组织起来，使每个学生的力量和积极性充分发挥出来，善于通过教学、教育活动和集体生活，使每个学生的身心都得到健康发展，同时有助于学生获得良好的学习结果。

班主任的组织管理能力主要包括以下两点：

第一，组织管理好课堂教学。这是班主任应具备的最基本的组织能力。有关研究指出，班主任组织教学活动的能力与学生的学习质量密切相关。班主任要善于根据教学目的、教材内容和学生的认识水平，特别是学习时的心理状态和特点，组织策划课堂教学活动，对教学时间和教学内容的分配有较准确的估计，善于在科学知识与学生原有心理水平之间建立联系，使新知识在学生原有认识结构中找到联系点，从而内化为一种新的认知结构。教学是一种双边活动，班主任既要组织好自己的课堂教学行为，还要根据不同的课堂教学情境，组织管理好学生的学习活动，调动学生学习的积极性、主动性，从而取得预期的教学效果。

第二，组织管理学生集体的能力。班主任的组织管理能力还反映在班集体的形成之中。班主任要通过培养班级骨干，组织班集体核心，形成健康的集体舆论，提出切合实际的班级计划，正确分配班集体的职务，促使学生在平等的基础上开展积极的竞争，人人奋发向上，充分发挥学生的积极性与能动性，使学生的个性得到生动、和谐的发展，并养成自觉遵守纪律的习惯，善于与他人合作，组织好课外活动。协调团队工作也要求班主任具有良好的组织管理能力。

班主任的组织管理能力，是在掌握一定的深度和广度的专业基础知识和教育学、心理学知识基础上，经过教育实践而逐渐形成的，它对于贯彻执行教育方针，保证教育工作有条理、有系统地进行和建立良好的学生集体有着重要的作用。

四、创新能力

班主任的创新能力是由班主任的劳动特点及教育活动的创造性所决定的。班主任的劳动具有个性的特点，学校全部的教育教学工作主要是通过班主任的个体劳动来完成，班主任的独立性是搞好教育和教学工作的关键。教育工作具有复杂的多变性，教育条件不可能毫无差异地出现，也不会有两个完全相同的教育对象。很多专家认为教育是一门艺术，而艺术的生命就在于创造。因此，班主任工作的最大特点就在于创新。创新能力是班主任顺利完成教育和教学工作的必要条件。

班主任的创新能力主要表现在能因材施教，因时因地制宜，针对不同的学生采用不同的教育和教学方法，不断探索教育工作的新途径、新方法。辩证地对待自己或他人的教育、教学经验，既不盲从，也不一意孤行；对好的经验，虚心学习，提高自己，对缺点则吸取教训，引以为戒；善于独立思考和创造性地解决问题，能不断吸取信息，总结经验，有所创新。

班主任创新能力的基础是教育科研。班主任要由原来的"教书匠"转变为创造者、研究者，要从"经验型"人才转变为"科研性"人才。班主任不仅要"教书"，而且还要研究"教""学""管"。如果班主任具有教育科研能力，就能把自己积累的教育教学经验升华，上升为理论，总结出一些规律性的东西，就能开发自身的潜力，提高教育效果。

当前，在教育教学改革的过程中，有许多新的课题摆在班主任面前。例如，如何提高全面发展人才的质量，如何在传授知识的同时发展学生的智力、培养学生的能力，如何培养创造性、开拓性人才，如何减轻学生的学习负担，如何促进独生子女的社会化等。班主任身在教育教学第一线，积累了大量的第一手资料，对教育教学过程中出现的问题有切身的感受，最有发言权，也易于提出有意义的研究课题。因此，班主任要善于发现问题、提出问题、分析问题与解决问题。班主任还要熟悉科学研究的原理与方法，具备科研方面的一些基本知识和技能，以便确定研究课题，制订研究计划，搜集有关材料，统计和分析有关材料，更好地实施研究。班主任边工作边研究，不仅有利于提高教育教学质量，而且也有利于提高班主任自身的素质。

五、教育机智

班主任的教育对象是具有复杂心理活动的学生，班主任随时都可能遇到各种问题。例如，有的学生上课时出怪声，做怪相；有的学生回答问题时故意打"岔"，引起全班哄堂大笑；还有学生别出心裁地搞恶作剧，等等。面临种种窘境，如果班主任缺乏教育机智，不能灵活地处理问题，不知所措，自我失控，甚至大发雷霆，就会形成僵局，进而伤害学生并无恶意的单纯心灵，导致教育工作遭遇挫折与失败。所以，教育机智是班主任必须具备的心理品质，也是班主任工作要求具备的重要能力。

教育机智反映了班主任对学生活动的敏感性、理解性，也反映了班主任对偶发事件做出准确判断，及时采取恰当措施的能力。它是观察的敏锐性、思维的灵活性和意志的果断性三位一体的独特结合，它是班主任聪明才智和丰富经验的体现，它使教学进入艺术的境界。

班主任的教育机智表现在四个方面。

第一，班主任要巧妙地因势利导。班主任在遇到棘手的突发问题，处于窘境时，要能够审时度势，即按照学生的需求和实际水平利用并调动学生心理的积极因素，消除其消极因素，循循善诱，因势利导，从而使学生扬长避短、从善去恶，增长克服缺点的内在力量，自觉主动地提高学习效率，按照教育的要求发展良好品德。作为班主任，要善于把教育意图寓于友好和无拘束的气氛中，善于把学生的兴趣和爱好引向正确的道路，引导他们投身到学习上或有益的活动之中。

第二，班主任要能够灵活应变。教育机智发生在突变之机，表现了班主任高超的应变能力。例如，课堂上学生突然提出了一个新问题，这个问题也许是班主任以前未曾料到的；或者在课堂上突然出现喧哗现象，而班主任又不知道其发生的原因；或者在讲述中出现了悖论或问题，这些情况往往会干扰正常的教学秩序。这时，班主任要运用智慧，巧妙处理，灵活应变，及时地调节和消除矛盾，机敏地摆脱窘境，从而有效地影响学生。

第三，班主任要注意"对症下药"。能够敏感地、准确地判断问题所在，善于从学生的实际情况出发，采取灵活多样的教育方式和方法，有的放矢地进行教育。同一种教育方法未必对所有学生都适用，有时对一些学生可能还会起到反作用，具体结果如何，这在很大程度上取决于班主任是否考虑到学生的心理特点。同样是表扬或批评，有的学生能接受，有的学生也许不能接受。因此，班主任必须善于了解学生心理，并从学生的特点出发，采取有针对性的教育措施，用不同的处理方式，给学生以巧妙的回答，从而取得良好的教育效果。

第四，班主任要善于掌握教育分寸。掌握教育分寸就是讲究教育的科学性。即班主任在教育学生和处理问题时，能实事求是，通情达理，且说话适度、行为得体、方式适当，使学生口服心服。无论表扬还是批评，班主任都应该根据具体情形，全面考虑学生年龄、经验、认识水平以及性格脾气等的差异，选择恰如其分的方式，以最小的代价取得最佳的教育效果。

教育机智是在学习教育理论、总结经验、努力参加教育实践的过程中形成和发展的，它所依赖的主要心理品质是班主任所具备的高度的责任感，对学生的爱护、尊重和公平态度，冷静沉着的性格，以及对学生的深刻了解等。

第四节　现代班主任的威信

班主任是班集体的组织者和教育者。班主任工作是塑造学生灵魂的工作，班级是学生学习发展、走向美好未来的重要训练基地，一个班级管理的优劣，成绩的高低，与班主任的工作成败有着密切的关系。班主任对创设良好的班集体、全面提高学生素质、陶冶学生情操、培养全面发展的人才，具有举足轻重的地位和作用。经常见到有班主任老师用教鞭敲击桌子以使学生安静下来，久而久之，教鞭也不会那么灵验了。而有些教师走到教室门口，教室里立刻便会安静下来。这应该是一位在学生心目中有威信的班主任，才能在学生中迅速地产生影响力。作为一名班主任，要想自如地驾驭各种教育活动，只有充分利用威信效应才能取得各种教育活动的高效益。所以，班主任应该有意识地为自己树立威信，才能够成为班级的组织者、指挥者，成为班集体的核心。

一、班主任威信的含义

什么是威信？《现代汉语词典》解释为：威信是威望和信誉。

什么是班主任的威信？这可以说就是班主任在学生心目中的地位，就是学生对班主任的佩服及信任程度。

世界著名的教育艺术大师、苏联的马卡连柯曾经说过："威信本身的意义在于它不要求任何的论证，在于它是一种不可怀疑的长者的尊严、他的力量和价值。"班主任的威信是班主任与学生之间的一种积极的、肯定的相互关系。这种关系的基础，是班主任对学生的尊重与学生对班主任的爱戴。它排斥训斥与听命、支配与服从的封建君主专制式的"威信"，也排斥了为抬高自己的地位而人为地树立的那种虚假的权威。

二、班主任威信的树立

（一）以爱立威——真诚爱生

教育是人与人之间相互作用、相互影响的过程，关心和爱护学生是班主任建立威信的基础。

爱，是人类普遍具有的心理需要。每个学生都想要得到周围亲人、朋友和同学的关怀、信任、尊重和爱护，然而最使学生重视的还是班主任的爱。班主任应深入细致了解学生，真心实意地关心学生，对学生一视同仁，在充分尊重、信任学生的基础上严格要求学生。班主任要学会细致耐心地捕捉每个学生细微的闪光点和看到学生取得的哪怕是一点进步，及时进行肯定、表扬及鼓励，发现学生有错要真诚地对其进行教育，引导学生要有承认错误的勇气，帮助他树立改正错误的信心。只有当学生意识到老师事事处处为他们操心，是真心爱护他们，那么无论班主任是耐心帮助还是严厉地批评他们，甚至是必要的斥责，学生都会乐意接受。只有在建立和谐的师生关系下，用你的爱心换取学生的真心，班主任才是具有亲和力和感召力的，班主任的威信才能增强。

圣人云：亲其师，信其道。班主任只有在生活上无微不至地关怀学生，给予学生热情地帮助和支持；在学习上、思想品质方面，班主任只有严格要求学生，摒弃简单、粗暴，甚至讽刺、嘲笑、训斥、体罚的 "教育"方式，才能使学生从心底热爱自己，从而在学生的心中树立威信。

（二）以信立威——说话算数

威信中"威"是慑人的力量，但离开了"信"所包含的信任、信服、信誉等含义，再强大的慑人力量也起不了教育作用。

古人云：言必信，行必果。言必信就是说一定要讲信用，不食言，不说空话、大话。具体有以下四个方面：一是说话要承担责任，说了就要算数，信守诺言；二是对做不到的事情决不要许诺，如果许诺了就要兑现；三是对比较有把握的事，也不要说绝，应留有余地，以防万一；四是对学生要诚实、坦率，不当面一套，背后一套。行必果，就是行动一定要坚决果断、善始善终，不能说了不算，定了不办，虎头蛇尾，半途而废。一个班主任只有坚持"言必信，行必果"，才能获得学生的信任。最容易损害教师威信的，莫过于被人发现他欺骗、吹牛、不守诺言。

（三）以平立威——师生平等

教师要平等地对待每一个学生，做到真正理解学生、尊重学生，并公正地评价和对待学生。平等对待学生表现在以下三个方面：

一是对所有人的平等。无论男女，学习成绩好还是不好，毛病多还是毛病少，要把他们放到一个同等的位置去教育，尤其在违犯纪律时，我们要对事不对人，学生才会心服口服，从心里敬佩你。学生们最看重的、私下谈论最多的就是这一点。个别学校也经常搞问卷调查，学生多数反映的是希望老师一视同仁。尤其对于学习成绩差的学生，教师不仅要"锦上添花"，更应该"雪中送炭"。爱护、帮助后进生，这是我们的责任，我们经常感觉到落后学生毕业后反而对自己感情最深，这是为什么呢？就是因为他在最困难时，是你给了他信心，给了他帮助使他成功。

二是为每位学生提供平等的机会。比如安排座位、上课提问、布置班级事情，要给所有学生一个平等的机会，不要认为后进生就干不好，可能他们更认真、更能胜任一些工作，并在这一过程中找到自信，获得成功。例如，笔者所在班在排位时，我们采取多种方式，有几次就是从班里成绩最后一名开始依次挑位，让成绩好的同学和成绩差的同学结对子，很容易使同学平等相处。

三是在处理事情上的平等。对有关问题的处理，要按照同一个标准，不能显示出远近亲疏。班主任总是比较偏爱成绩好的学生，有时即使成绩好的学生犯了错误，老师也是睁一只眼闭一只眼，只是轻描淡写地批评一下。而对成绩差的学生就不一样了，同样的错误如果发生在成绩差的同学身上，就会大发雷霆或翻旧账。这样就会在这些同学心里形成巨大的心理障碍，反而不利于班级管理。因此，平等地处理同样的事情，更能使学生信服你，有利于班主任威信的建立。

（四）以身立威——身正为范

一位名人曾说过：一切彻底的成功都是做人的成功，一切彻底的失败都是做人的失败。一个成功的班主任必须能成功地做人。班主任要不断提高自身的修养，作学生的榜样和表率。当今的社会正处于社会的转型期，在某些方面，已变得越来越"世俗"和"物质化"，作为担负重要使命的班主任来说，究竟是应该把真善美的一面教给学生，还是把自认为深刻而实际肤浅无比的负面的东西教给学生呢？作为教师就应该是一个理想主义者，应该是真善美的传播者，更应弘扬正气，把自己塑造成学生学习的榜样，这也是教师最起码的职业道德。

（五）以才立威——学高为师

班主任较高的政治思想水平，对工作的强烈责任感，广泛的兴趣和爱好，广博的文化科学知识，扎实丰富的专业知识，高超的教育教学艺术及能力，是班主任在学生中树立崇高威信的重要因素。

因为学生常常把班主任看作他们的"头"，所以几乎所有的学生都希望自己的班主任比别人的班主任强，希望他有能力、有本事。对于一位肩负培养几十个学生的班主任，要特别注意建立自己的最佳知识结构体系，要博览群书，爱好广泛。有了合理的现代知识结构，才能理解现实，提高分析问题和解决问题的能力。一个称职的班主任不但要有扎实的专业基础知识，而且还应该有广泛的兴趣爱好。可以想象，一位班主任在球场上叱咤风云时，在场外他的学生会是多么自豪。

总之，班主任的威信是班主任自己树立的，没有理由怨天尤人，作为新时代的教师应该高举理想主义的大旗，理直气壮地做真善美的传播者，做一位现实主义的浪漫教师，去赢得家长的理解和学生的尊重。

第五节 现代班主任的专业发展

班主任是肩负特殊使命的教师，其角色地位决定了其工作有着与非班主任教师教学工作不同的特殊性，那么我们在笼统讨论教师专业化发展的同时就有必要对班主任的专业化进行专门研究。

班主任专业素养的形成发展与其职前所接受的教育培训和其在职业过程中的提升发展相关，所以这里将从职前、职中两个角度对其进行阐述。

一、职前——夯实基础，保证质量

（一）加强班主任相关学科和课程的建设

班主任的专业化发展主要是在其履行职业责任的过程中逐渐完成的，但是从过程的角度来看，班主任职中的专业化发展要以一定的知识、技能、理论素养为基础和铺垫，如果缺乏必备的基本素养是不可能或很难完成的，而此基础是班主任在就职前在大学所接受的正规师范教育。因此，师范教育类课程的教学质量是影响班主任专业发展的直接因素。

从历史发展角度来看，班主任的相关学科和课程的建设是比较薄弱的，目前虽然有了明显改观，但大量的问题依然存在。首先，师范院校对班主任课程建设和重视度还不够，开设相关课程的学校也为数不多，少数开设班主任技能课程的学校也多是将其列为公选课；其次，学科建设不够成熟，学生有关班主任工作的知识主要是从教育学、教育管理学等分支学科中引申、演绎出来的，缺乏系统性、科学性和完整性，班主任工作理论和技能方面的专业课程有待建设；最后，师范生在大学学习期间实际运用班主任工作技能的机会相对较少，只是在实习中运用到了班主任工作技能。

综上所述，我国师范院校在促进班主任专业化发展中的奠基作用还没有很好地发挥出来，为了改善这一状况，我们必须大力改革师范教育课程结构，从学科建设和实践锻炼两方面进行加强和改善。

（二）实行班主任资格证制度，提高班主任准入门槛

资格证是每个行业对本行业专业人员从业标准的一种认可考察的方式。1995年，我国建立了教师资格证书制度，国家以立法的形式制定了教师资格制度，体现了国家意志的权威性，确立了教师职业在社会诸多行业中的特殊地位，肯定了教师职业的专业性，并加强了教师的教育技能和艺术，提高了教育工作的专业性和教育工作者的地位及其素养。班主任是特殊教师群体，教师资格证在一定程度上有助于推动班主任工作向专业化方向发展，但班主任的工作毕竟有其不同于一般教育者的特殊性，教师资格证书制度只能保证班主任的一般教育素养，而不能照顾到班主任工作的特殊性。因此，在班主任工作日益受到重视的今天，国家应建立班主任资格证书制度，这样一方面肯定了班主任这一角色的特殊性和特殊地位，另一方面也给在校学习而未来可能担当班主任职责的学生施加适当的压力，使其提高对该领域的关注和重视。

二、职中——价值引导，平台保障

（一）班主任——挑战现状，激起发展愿望

班主任是自身专业化发展的主体，也是无人可以替代的，而与此同时，源于其自身的某些不良因素也是阻碍其专业化发展的重要阻力。有的班主任常常抱怨自身的角色负载和沉重的工作压力，抱怨自己太忙了，没有时间去读书或与别的教师交流，他们是真的没有时间吗？如果有充足的时间，他们会主动地学习以求自身的发展吗？不错，班主任的时间的确很紧，但这绝不是不能学习、不能与人交流以求进步的充分理由，关键还在于一些班主任没有发展的愿望，在沉重的工作压力面前，他们更愿意把时间用在一些看起来更加实际、更可能在短期取得成效的活动中。即使有充裕的时间，他们也可能更愿意把它用来处理一些实际工作，而不是去参加一些学校组织的学习、交流活动。在工作重压下，一些班主任失去了反思的精神，失去了对自己本身的工作目的、人生追求的反思，失去了对更加长远事物的思考和反思，他们更多地安于现状。归根结底，他们陷入了对现状的盲目而毫无反思的适应接受中，没有

反思和挑战现实的意识。因此，为了克服这些阻力和谋求自身的发展，首先就要让教师反思现状，反思自己现实的工作状况，并激起他们提升自我的愿望。

富兰曾经说过，为了具有更大的变革能力，需要四项基础的核心能力：个人目的的形成、探索能力、控制能力和协作能力，其中首要的就是个人目的的形成[①]。

个人目的的形成是很重要的，它为教师指明了前进的方向并促使教师为达到这个目的而努力。如果教师缺少个人目的，他们在领导的呼吁倡导下可能也会做出一些努力，但是这些努力充其量也只是为了迎合他人的意愿，是被动的、消极的，并非出自教师的内心。只有当教师们致力于实现某种他们深深关切的事物时，才会产生积极主动的努力。事实上，除非人们对他们真正想要实现的目的感到振奋，否则整个过程都将显得毫无意义。

班主任专业化发展的实践主体是班主任自身，如果不能把求发展、求进步作为个人的目的，更不清楚专业化发展的本质，那么真正的专业化发展就无从谈起。因此，我们必须使班主任从理智上认识到、从情感上体验到专业化发展的必要性。

那么在实际工作中班主任如何实现专业化发展呢？

首先，要广泛阅读。可以通过书报上的知识充实班主任的大脑，通过思想充实班主任的心灵，通过机智充实班主任的智慧，班主任接触新思想、新观点，从理智上认识到自己的不足和完善自我的必要性。因此，广泛阅读对于激发班主任的专业发展热情极为必要。学校在组织、引导班主任教师积极阅读的过程中，要有足够的耐心，要为班主任阅读创造条件，为教师购买一些可读性强并富有感染力的书籍，如《巴甫雷什中学》《班主任工作漫谈》《中国著名班主任德育思想录》《给教师的建议》等班主任专业经典书籍和教育经典书籍，同时学校还要组织发起灵活多样的，比如一周阅读一小时、一周一篇或一章这样的活动，组织班主任写读后感，引导他们反思，让他们在阅读以及相互交流读书感受的过程中加深对完善自我的理解与认同。

其次，要交流借鉴。校内外班主任之间的相互学习、交流、借鉴是班主任提高自身素质的有效途径。班级教育和管理是一项相对独立的个人化的工作，各班主任的学科背景、工作经验、教育理念各不相同，因此他们在引领班级、教导学生的过程中所采用的具体方式方法以及工作中的经验、教训也各不相同。俗话说，实践出真知，一个刚刚从事班级管理的班主任，如果在工作中注意与同事进行交流则可以不断汲取他们的成功经验，与老班主任之间进行交流也可以相互取长补短。通过良性的交流，一方面使班主任教师之间的关系日益密切，潜移默化地促进了学校良性教师文化的形成；另一方面，通过交流，班主任教师可以更加清醒地认识到自己的不足和他人的优势，有助于激发班主任教师充实自我、发展自我的欲望并使其积极而有针对性地进行学习。尤其是要注重学习优秀班主任的先进经验和先进事迹。优秀班主任的经验和事迹具有鲜明、生动、具体、感人的特点，易于模仿、借鉴；与优秀班主任讨论、交流，说经验、谈体会，畅所欲言、各抒己见，则能相互启发，引起对事物的更深入的思考，产生有创意的解决问题的方法。笔者认为在这方面，学校应积极地进行理念引领和平台架设。第一，学校要建立健全各年级班主任定期研讨制度；第二，学校建立班主任工作网站、论坛等网络交流平台，方便班主任教师共享资源和相互交流；第三，通过由行政强制过渡到自觉自主的途径，鼓励班主任教师建立个人教育博客，以教育博客为平台鼓励班主

---

① 迈克尔·富兰. 变革的力量——透视教育变革[M]. 北京：教育科学出版社，2004：19.

任教师抒发自己的教育感想并以相互留言的形式争鸣；第四，围绕班主任工作组织开展灵活多样的学术沙龙、专题讲座、读书交流、课题攻关等专业交流活动。

最后，要经常反思总结。自我反思是班主任专业发展的重要途径与方法。孔子曰："见贤思齐焉，见不贤而内自省也。"曾子曰："吾日三省吾身，为人谋而不忠乎？与朋友交而不信乎？传不习乎？"历代文人都把自省作为加强自身修养的重要方法。班主任要科学地做自我评价，经常解剖自己，一分为二地分析评价自己，既要看到自己的缺点和不足，又要从别人的意见和评价中更好地认识自己；要勇于开展批评与自我批评，对自己的人格品质定高标准，严格要求自己，勇于找到自己的问题和不足，以优秀班主任为榜样，向他们看齐，促使自己不断进步；要经常客观分析自己行为的所得所失，及时总结经验教训，改进工作方式，在反思总结中探寻班级管理和育人的规律性。

（二）校长——以身作则，价值引导

班主任个人的努力对于他们自身素养的改进和发展具有极为重要的作用，但是如果学校的领导和整体环境不具有支持性，那么班主任教师对自身专业化发展之重要性的关注，以及为此而付出的努力都将大打折扣。换句话说，班主任的状态、努力程度通常都是与学校直接相关的，糟糕的学校必然产生糟糕的教师。校长是学校中的决策者，决定奖惩，规定教师的行为准则。因此，在促进班主任专业化发展的过程中，校长的角色至关重要。因此，为了在学校中更好地促进班主任的专业化发展，学校校长必须要做到下面几点：

首先，正确理解班主任专业化发展的内涵和重要性。校长是指引学校发展方向的旗帜和方向标，他对班主任专业化发展的看法直接影响到这个工作的方方面面。因此，校长在引导班主任自觉关注自身专业化发展的同时，必须认识到学校的生命和信誉在于育人的质量，育人质量的高低取决于教师队伍的质量，而班主任是教师队伍中直接管理、组织、教育班级和学生的特殊教育者，是影响学校教育质量的关键因素中的关键。重视班主任自身素养的提高即班主任的专业化发展，是直接影响学校生存与发展的大问题。只有作为学校领头人的校长对于班主任专业化发展有了全面、深刻的了解和支持，才有可能带领全体班主任教师走上专业化发展之路。

其次，校长需要明确表达自己的价值倾向。校长要经常与班主任教师交流自己的价值信念，向他们展示自己对教师和学校未来的构想，让教师明白校长的价值倾向，明白校长是鼓励他们互相交流、相互学习、求发展、求上进的。同时由于校长在学校的权威地位，班主任教师在校长的影响下会有意识地向他们所希望的专业化发展的方向靠拢。

值得注意的是，校长表达自己的价值倾向通常通过对相关政策、目的的陈述和会议等方式来进行，这是一个有效的途径。校长与班主任交流、表达自己价值倾向的最好办法是通过其行为、榜样，通过自己的所作所为，通过自己每天的表现。通过校长的言传身教，教师就可以在工作、生活中逐渐感受到哪些行为、哪些表现为校长所特别关注和欣赏，哪些校长认为最有价值，哪些是校长的价值倾向的核心。这在班主任专业化发展的过程中尤为重要。

那么校长需要通过什么途径来很好地向教师传达自己关于合作的信念和导向呢？笔者认为可以有这样一些方式：在公开的场合如演讲、会议上夸奖某些班主任教师在专业发展方面的表现、成绩；为了表示对班主任在促进其他教师成长发展方面的某些努力的感谢，而以个人身份给他们写信；在平常的工作生活中，多深入教师中间，了解并积极帮助他们解决在专

业发展过程中遇到的问题，或及时地对他们取得的成果表示赞赏和祝贺；在遇到问题需要帮助的时候主动向班主任教师请教，尤其是在公开场合向他们请教，让他们明白一个人的素养总是有限的，每个人都需要通过多种方式充实自己。

（三）学校——创造条件，促进发展

1. 以科学的评价制度促进班主任的专业化发展

从系统的观点来看，班主任的专业化发展不仅涉及其自身的意愿和努力，而且还会受到学校、社会等诸多外部因素的制约，其中以学校因素更为重要。而学校的诸多影响因素中，科学的教师评价制度作为衡量教师的一个标尺和促进教师努力的一种导向，具有无可比拟的优越性。可以说科学的教师评价制度就是制约班主任专业化发展的指挥棒。因此，教师评价应义不容辞地承担促进班主任发展的重任。在当前的大教育背景下，学校应该承认教师的辛勤劳动，相信广大教师具有改进工作和提高教学水平的愿望，相信教师个人的发展潜力，支持教师个人的专业发展，建立教师与学校双向发展、双方互相信任、和谐气氛贯穿过程始终的发展性的教师评价制度。

2. 以完善的组织平台保障班主任的专业化发展

完善的组织平台是班主任教师专业化发展的保障，虽然学校在班主任个人思想建设、校长价值引导以及科学评价制度上为班主任发展提供了前提和保证，但任何发展都是离不开完善的组织建设的，没有班主任教师在一起共同合作交流的组织机构，没有为班主任教师提供专业培训的校内、校外机构，他们的专业化水平仍然是难以发展起来的。

在加强学校的组织建设的过程中必须着力做好两方面的建设，首先是对学校的正式组织的建设；其次是对学校的非正式组织的建设。这两个方面是学校组织建设中不可分割的两个方面，必须予以同等重视。

（1）学校要完善自身的正式组织。这些组织是学校中的显性组织。在具体的建设过程中，各个学校情况各异，他们所需要采取的具体措施也各不相同。笔者无意列出具体的条条框框，但就总的原则而言，学校不要试图通过大量的规则、僵化的条框和形式化的交流渠道对班主任的专业化发展过程进行事无巨细的限制。应当在少数几个关键要点和规则构成的框架下，建立一个以人为本的学习系统[①]。通过开展班主任专题学习、班级管理经验交流会、班级教育公开课、观摩研讨、学术沙龙、互动论坛、校内的班主任培训等活动，搭建学习交流的平台。

（2）非正式组织。上述对学校正式组织的建设在一定程度上有利于班主任的专业发展，然而学校中的非正式组织也有着其他任何组织不可替代的作用。所谓的非正式组织就是学校中非明文规定的，教师之间自发地为了联络感情、交流思想而形成的非官方的具有民间性质的隐性组织。非正式组织在学校中广泛存在，一般情况下学校当中具有一定影响力的教师周围总是存在一个小型的群体，这其实就是一个非正式的组织。这种非正式组织由于其非官方以及自由自愿的原则，教师之间的感情和思想的联络较之正式组织要紧密很多，同时这些教师之间的相互感染性也更强。如果说在正式组织中班主任的一些表现是迫于学校行政的压力而非自己内心愿望，那么班主任在非正式组织中的言行则更多地反映了他们内心的真实情况。

---

① 迈克尔·富兰. 变革的力量续集[M]. 北京：教育科学出版社，2004：33.

因此，学校在加强正式组织的建设过程中，必须充分认识到非正式组织对班主任专业发展的重要意义。

首先，学校要对那些有助于班主任专业发展的非正式组织予以大力支持。在学校当中以某个核心人物为中心，在工作中相互积极合作、互助的非正式组织或小团体是大量存在的，学校在大力宣传班主任专业发展的过程中可以适时地对这样的小群体进行表彰，一方面，对这些非正式组织中的班主任进行肯定，坚定了他们按现行状态工作的决心；另一方面，这一举措也增加了这些组织在学校教师群体中的权威性，可以吸引更多班主任的注意，有助于更多班主任参与到这样的组织当中。

其次，要对学校中的中性或消极的班主任非正式组织进行积极的引导。班主任既可以谋划专业发展，也可能谋划一些负面的东西，同时他们也可能什么也不做。由于非正式组织中各个成员之间的紧密联系及其相互之间的强大感染力，所以学校必须对那些不利于班主任专业发展的中性特别是消极的非正式组织进行引导和管束。正如瑞利所言，文化造就了人与人之间的差异。观念、知识、习俗、信仰和进入意识的偏好能够通过一个人到另一个人的直接感染而加以传递[①]。在具体的操作中，学校要从这些组织的核心人物入手。非正式组织都是以一个或几个核心人物为核心的，他们在这些非正式组织中往往拥有最高的权威和影响力，在转化这些非正式组织的过程中，学校往往很难从外部打开缺口，相对而言最为可行的就是对这些组织的核心人物进行说服教育，争取他们的思想转化，如果能够争取这些核心人物，那么这些非正式组织的转化就会容易许多。

3. 以学校文化孕育班主任的专业化发展

"教师文化是在一个特定的教师团体内，或者在更加广泛的教师社区之间，成员共享的实质性的态度、价值、信念、假设和处事方式。"[②]它对教师的发展具有很强的导向性，因为教师文化是一种特质文化，是贯穿育人取向过程中的主导文化，是教师的价值观念和行为方式的结晶，更多地折射出教师的精神品质，它融合了教师群体的价值观和职业精神，教师文化一旦形成就成为教师群体所认可并共同遵循的价值准则和行为规范。教师在自己的工作生活中必然自觉不自觉地以这种文化所投射出的精神来指导自己的行动，即教师文化成为教师达到自己目标的工具和手段，这时的教师文化影响教师的方方面面，教师的教育活动以及教师深层次的价值观、行为方式、道德准则、心理状态等也必然受他们所信仰的教师文化的引导和影响。我们要引导班主任教师的专业化发展，则必然需要为其专业发展创造一个适宜的文化氛围，在个人主义、派别主义和合作主义三大教师文化类别中，最能推动班主任专业发展的是合作主义的教师文化，它能为班主任教师的专业发展创造良好的氛围。

首先，多元开放的价值观。教师合作文化中，教师不再局限于自己的小天地，也不再固执地坚持自己的教学方法、理念、观点等，他们更多的是以开放积极的心态与其他教师进行交流。他人的经验、方法都有可能被自己吸收利用，而自己的经验也会与他人分享。同时，他人在教学过程中出现的一些错误和问题也为自己的教学提供启示。因为在合作文化中，正如 Nais 和他的同事所言，失败和不确定性是不被保护和遮掩的，而是以获得帮助与支持的角度与他人分享和讨论，教师不会花费时间和精力来遮掩他们的缺点。在这种合作文化中，经

① 迈克尔·富兰. 变革的力量续集[M]. 北京：教育科学出版社，2004：11.
② 冯生尧，李子建. 教师文化的表现、成因与意义[J]. 教育导刊，2002（7）：32.

验、成功、失败与错误都是开放的。

此外，和一般的看法不同，合作文化不是要所有的教师都形成同一种价值观，采用同样的行为方式，而是容忍分歧，并在一定程度上鼓励积极的分歧。这就意味着教师在价值观念上的多元性和开放性，一个封闭保守、不承认他人价值观念合理性的教师是无法与他人交流合作的，而合作的教师文化也不可能容忍这样的教师存在。

其次，积极的职业态度。按教师的整体精神风貌划分，可以把教师文化划分成以下几种类型：充满活力型教师文化、停滞不前型教师文化、按部就班型教师文化[①]。

教师合作文化本质上是属于第一种类型——充满活力型教师文化，这种教师共同的观念即重视教师群体组织，追求教育教学革新，有积极向前发展的目标和动力，教师之间和同事之间沟通良好，能自发地提出设想，相互之间合作愉快，工作态度认真且责任心强。班主任个体的专业化发展并不像我们想象得那么简单，它是需要班主任付出很大的努力的，班主任教师能积极地谋求专业发展其实就是教师的积极工作态度的表现，一个对本职工作毫无热情的班主任是不会满怀激情地求上进、求发展的，对他们来讲，工作仅仅是获得收入的手段，他们从根本上缺乏发展的内驱力。因此，教师合作文化意味着积极的职业态度。

第三，以互动互利为原则的行为方式。合作意味着班主任之间的相互作用，它是一种双向的活动。它是班主任之间就各种问题所进行的交流碰撞，是他们为了相同的目标而相互帮助、共同努力。优秀班主任拿出自己的经验与人分享，一般的班主任积极地向他人学习，共同分享经验、讨论问题，并就更深层次的教育问题进行交流。而这些在本质上就是一种互动。没有互动就没有信息的交流和传递，没有思想的碰撞，班主任原有的知识结构、价值观念、行为准则等也就不会有所改变，那么也就无所谓合作了。只要存在合作就必然存在互动，我们所讲的互动包括语言的、思想的、姿态等的互动，它既可以是有声的也可以是无声的，既可以是有形的也可以是无形的，凡是能达到交流、协作的双向活动我们都可称为互动。

另外，合作文化强调行为方式的互利性。在竞争的环境中，班主任之间的利益存在本质的冲突，他人的利益得到满足往往意味着自己利益的受损。但合作则不然，合作的进行是以利益的相关或相同为前提的，哈格里弗斯在论述他的合作文化中就使用了 Support 这个词，合作是一种相互之间的支持和鼓励，合作意味着人们为了某一个相同的目标去共同努力，其结果是每个人利益的实现。因此，合作文化必然体现为，行为者在行为上以互利为原则。

（四）经典——追求卓越，走向专业

中外教育专家和优秀班主任创作了不少有关班主任工作的经典名著。阅读经典名著是班主任由新手走向成熟、由胜任走向卓越的必由之路和便捷之径。以下是优秀班主任和专家推荐给班主任的经典书目。

（1）陶行知《陶行知全集》四川教育出版社；

（2）丁　榕《情感科学艺术——班主任工作手记》光明日报出版社；

（3）魏书生《班主任工作漫谈》漓江出版社；

（4）朱永新《中国著名班主任德育思想录》江苏教育出版社；

（5）李镇西《走进心灵——民主教育手记》四川少年儿童出版社；

[①] 陈永明. 教师教育研究[M]. 上海：华东师范大学出版社，2002：250-251.

（6）李镇西《爱心与教育——素质教育探索手记》四川少年儿童出版社；

（7）任小艾《新世纪班主任必读》高等教育出版社；

（8）任小艾《班主任专业化指南》高等教育出版社；

（9）班　华　高谦民《今天，我们怎样做班主任——优秀班主任成长之路》华东师范大学出版社；

（10）丁如许《魅力班会课》华东师范大学出版社；

（11）王立华《回归生命——一位班主任的生命教育实践》山东教育出版社；

（12）周　勇《跟孔子学当老师》华东师范大学出版社；

（13）赵福江《从平凡到卓越：25位优秀班主任的故事》中国人民大学出版社；

（14）苏霍姆林斯基《给教师的建议》教育科学出版社；

（15）亚米契斯《爱的教育》北京少年儿童出版社；

（16）艾斯奎斯《第56号教室的奇迹》中国城市出版社；

（17）黑柳彻子《窗边的小豆豆》南海出版社；

（18）史蒂芬森《非常教师：优质教学的精髓》中国轻工业出版社；

（19）卡耐基《人性的弱点》天津人民出版社。

第三章 班集体建设的理论与实践

"只有在集体中，个人才能获得全面发展其才能的手段。"[1]近现代学校教育的基本组织形式是班级授课制，学生在校的时间基本上都是在集体中度过的。马卡连柯曾说过，教育了集体，团结了集体，加强了集体，集体自身就成了很大的教育力量了。班集体既是教育的对象和目的，又是教育的力量和手段。良好的班集体是学生全面和谐发展的熔炉，对于培养学生集体主义思想，陶冶情操，形成优良道德品质，增强自我教育能力和发展个性心理品质都具有极其重要的意义。要深入了解班集体，需把握班集体的概念、教育价值、特征与形成发展阶段；建设好班集体，要掌握班集体建设的内容与方法；运用社会心理效应，可使班主任工作达到艺术的境界。

第一节 班集体概述

一、班集体的概念

班集体是一个有共同目标、一定组织结构、集体规范、有凝聚力的群体，是班级群体发展到高级阶段的表现形式。在班集体中，大家有共同的追求、共同的荣辱、共同的精神支柱、共同的心理依托；成员之间互相友爱，互相帮助，谁也离不开谁，每一个人都为集体的挫折感到真诚的难过与忧虑，每一个人都为别人的成绩感到由衷的欢喜与自豪。

二、班集体的教育价值

（一）班集体是个体社会化的基本环境

所谓社会化是指在特定的社会与文化环境中，个体形成适应该社会与文化的人格，掌握该社会所公认的行为方式，成为一个合格的社会成员的过程。人的社会化进程将持续一生。但中小学时期是人社会化的重要时期。儿童入学以后，在学校的大部分时间是在班集体生活中度过的，学校教育对学生的影响主要是通过班集体得以实现的，学生班集体是学生在校生活的"儿童社会"，也是社会影响学生个人和学生个人进入社会的通道之一。因此可以说，班集体是个体社会化的土壤。

班集体有优劣之分，有先进落后之分，对学生的理念、信念、价值观、行为方式将产生不同的影响，对个体社会化的影响也有强弱之分。班集体的影响还可能走向极端，出现"假集体主义倾向"[2]。

---

[1] 马克思，恩格斯. 马克思恩格斯全集[M]. 北京：人民教育出版社，1960：84.
[2] 李镇西. 走进心灵——民主教育手记[M]. 成都：四川少年儿童出版社，1999：63.

集体对个性的压抑。有的集体看起来纪律良好、团结一致，却是由压抑学生个性为代价换来的，学生在性格、兴趣、才能、思维等方面的个体差异都被集体强行统一起来了，学生的任何一点与众不同都在服从集体的名义下渐渐消失。过于强调服从和整齐划一，班集体就会失去生机与活力。

集体对教师的依赖。有的"优秀集体"，缺乏自我管理机制，它的形成、维持与发展都是班主任一手操控的，这样的班级一旦失去班主任的领导或守候，紧凑的集体便成为一盘散沙。

集体对虚荣的追求。有的集体过于看重和追求荣誉，甚至不惜弄虚作假，这样荣誉再多，也不足以证明集体主义教育的成功，相反，只会助长学生虚荣心的产生和发展。

集体对外界的排斥。有的集体为了本班的利益不但不顾全大局，而且还有意以各种方式损害兄弟班级的利益，盲目排外。

（二）班集体是发展个性的平台

所谓个性是指具有一定倾向性的心理特征的总和，是一个人在天赋、兴趣、能力、气质、性格等方面所表现出的或潜在的特点。班集体不仅是个体社会化的土壤，而且也为学生的个性发展提供了平台。班集体中丰富多彩的活动和学习资源，不仅使学生在学习领域显示自己的特长，而且使学生在文体活动、科技制作、小发明创造等方面展示自己的才能。要真正促进学生个性得到充分发展，最重要的前提就是班主任要尊重差异，尊重个性，善于营造一个鼓励标新立异的班级氛围。

（三）班集体对个人行为的影响

社会心理学者研究了团体对个人行为影响的现象，如社会助长作用、社会标准化倾向、从众行为倾向等，这些现象同样也在班集体中存在。

社会助长作用。班集体中，有其他成员在场，就会提高学习效率，这种现象称为社会助长作用。

社会标准化倾向。在班集体中，学生有意识地趋向同一标准或规范的心理行为倾向称为社会标准化倾向。

从众行为倾向。学生个人在班集体中，不知不觉地会感受到集体的压力，而在意见判断和行为上表现出与团体中大多数人相一致的现象，这种现象称为从众行为倾向。

三、班集体的特征

（一）有共同的奋斗目标

集体奋斗目标是指班集体成员共同具有的期望和追求，是班集体预期要达到的结果。

明确的奋斗目标能将人的需要变成动机，从而推动行为，它对行为具有导向作用、引发作用、调节作用、激励作用，给人以力量去克服困难，排除障碍，一步步地奔向目标。一个共同的奋斗目标能对群体的行为产生凝聚作用，增加集体向心力。由此可见，班级奋斗目标是班集体形成的基本条件，有了它，集体就有了前进的方向和动力。因此，不少有经验的班主任会在班级管理中实施目标管理，十分注重引导全班学生在正确的方向指导下，依据学生的年龄特征，提出既能反映时代要求又能被全班学生所接受的总体奋斗目标，还要为总体目标的实现，不失时机地提出阶段性奋斗目标。通过班主任工作，将总体目标和阶段性目标内化为班级每个成员的个体目标，从而形成整合一致的目标系统。

（二）有坚强的领导核心

有一定数量的、有威信的、工作能力强的班干部组成的坚强领导核心，并有一支积极分子队伍，形成坚强的骨干力量，是班集体形成和发展的基础。在一个优秀的班集体里，一定有一批团结在班主任周围的学习勤奋、作风正派、关心集体、团结同学、办事认真且愿为大家服务的积极分子。他们是班集体的核心力量，是班级共同奋斗目标的积极实践者，是全班学生的带动力量，是班主任的得力助手。

（三）有健全的制度和严格的纪律

"没有规矩，不成方圆"。健全制度、严格纪律是规范行为、统一行动、实现目标、健全班集体的重要保证。

健全的班级管理制度包括两大部分：一部分是学校有关的规章制度，这是班级管理制度的重要内容；另一部分是为了保证学校规章制度的贯彻，班主任需要从实际出发，结合校规校纪，在发动全班成员民主参与的基础上，制定更为具体的班级规章制度。

（四）有经常开展的班级活动

良好的班集体是通过开展丰富的班级活动逐步建立起来的，并通过这些活动得以巩固、发展的。因此，一个良好的班集体经常开展丰富多彩、生动有趣、寓教于乐的活动。学生在一场球赛或联欢会中获得的情感体验，是教师用任何美妙而空洞的说教都难以达到的。在各项活动中，全班同学充分交往，相互了解，建立了友谊，奠定了集体基础，形成了集体核心，激发了集体精神，学会了正确处理个人与个人、个人与集体的关系。丰富的班级活动使班级充满活力，表现为不仅班级成员人人踊跃参加活动，而且各个成员都自觉地在活动中把自己与班集体融为一体。在活动中，他们的情感得到陶冶，认识得到发展，行为规范、主人翁精神、集体荣誉感不断增强。在活动中，他们往往会表现出非凡的才干。

（五）有正确的集体舆论

集体舆论是指在集体中占优势的并被大多数人赞同的言论和意见，它以褒贬、议论形式肯定或否定班集体的动向和成员的言行。马卡连柯指出："学生集体里的舆论力量，完全是一种物质的实际可以感触到的教育因素。"正确的班级舆论是鼓舞、激励和约束学生言行的巨大精神力量，它对集体里每个成员的言行都能及时做出褒或贬、肯定或否定、倡导或抑制的评价，从而启迪道德认识，陶冶道德情感。

（六）有共同的心理感受

成员对班集体具有归属感、认同感。明确地意识到自己是属于某个集体，集体成员之间就会在心理上产生共鸣，彼此相容，具有相互认知与同属于一个集体的感受；对一些重大的事件，集体成员有一致的认识和评价，有认同感；关心集体在组织中的地位，力求为集体争光，有集体荣誉感。

四、班集体形成发展的阶段

陈安福教授研究了班集体形成发展的阶段，认为从刚刚编成的新班发展到优秀班集体，大致要经历以下四个阶段（见表 3.1）。

表 3.1　班集体形成发展的四个阶段

阶　段	共同活动的目的与任务	相互作用	组织结构	集体舆论
松散阶段（前期）	共同活动的目的与任务来自外部的教育要求（主要来自教师）	互相观望、探索，从好恶出发，个别学生开始接近	教师及其指定的学生助手依靠行政手段组织班级	表面上既无争论也无共同意见与态度
凝聚阶段（初期）	部分积极分子带头接受教育要求，并协助教师向其余大多数学生提出，有些学生开始提出符合部分学生愿望的个别目的与任务	在时空因素与个性因素的基础上形成小团体	学生的地位与作用开始分化，出现各种活动的带头者与追随者	对班级的个别问题开始出现争论
发展阶段（中期）	多数学生接受了教育要求，并向个别较差学生提出。学生开始自己提出符合大多数学生愿望的目的与任务	各小团体开始出现改组、扩大、联合的趋势	得到多数人拥护的领袖式的人物开始出现	多数学生对班级的基本问题开始形成一致的意见和态度
优化阶段（后期）	不要外来监督，自己能经常提出要求，自觉遵守，认真执行	大多数学生能团结友爱、平等互助、友好往来	领袖式人物与积极分子组成班级核心，形成既有集中又有民主的组织	形成强有力的集体舆论

（一）松散阶段（前期）

班主任根据这个阶段的特点，抓紧时间全面了解学生，寻找、选择积极分子并加以培养；向全班学生提出明确、切实可行的要求，让积极分子响应与支持；指导学生开展各种丰富多彩的活动，增加学生的交往频率，促进学生相互了解，逐步提高班集体的吸引力；班主任要注意发挥自己的威信和影响力的作用。

在此阶段，要让学生对新班集体产生良好的第一印象。暑假里给每位新生写一封热情洋溢的欢迎信；精心设计布置教室；开学第一天便在学生中进行"我心目中的班集体""我理想的班主任"等问卷调查；报名那天通过领新教材、搞教室卫生等让学生初步体会为集体服务的光荣；开学举行"答记者问——学生问班主任答""我的自画像——同学自我介绍"等主题班会，使师生之间、学生之间尽可能迅速地互相了解[①]。班主任在学生毫无思想准备的条件下，精心设

---

① 李镇西. 走进心灵——民主教育手记[M]. 成都：四川少年儿童出版社，1999：34.

计，充分准备，不露痕迹地对学生进行集体主义启蒙教育，通常能收到意想不到的效果。

（二）凝聚阶段（初期）

这个阶段，集体核心初步形成，班级的凝聚力较前一阶段增强，但班级的价值目标和行为规范尚未完全变成学生的自觉行为动机，教育要求仍多是外因起作用。班主任首先要加强对班干部的教育、指导，给他们提建议、教方法，逐步从直接插手、指挥班级活动中解脱出来，由班干部自己来组织开展班级工作，开展集体活动。其次，继续发现积极分子，帮助班干部把这些人团结到班委会周围，以扩大班级的骨干力量。再次，应加强集体精神的培养和学生人际关系的调整。

（三）发展阶段（中期）

这个阶段，班委会主动积极地开展各种活动，已成为坚强有力、能独立开展工作的领导核心，教师进一步放手让学生干部开展工作；班主任要为集体提出明确的奋斗目标，引导正确的集体舆论，培养集体荣誉感，并注意激励集体士气，使集体具有强大的凝聚力。

（四）优化阶段（后期）

在优化阶段，集体自身不断自我完善、提高层次，集体自身不断自我调整，以便更好地适应环境。班主任既要注意发挥其导向作用，如把关、定向、出主意，又要放手让学生自治，自己管理自己，自己教育自己，激发学生的主动性、自觉性和创造性，让他们独立完成各项集体活动和达到各种目标；同时，提出更高层次的奋斗目标，促进集体向优秀集体发展。

第二节　班集体建设的内容与方法

一、了解与研究学生

走入学生的心灵世界，就会发现那是一个广阔而又迷人的新天地。许多百思不得其解的教育难题，都会在那里找到答案。

（一）了解研究学生的意义

全面了解和研究学生是有效进行班主任工作的前提和基础。要教育管理好学生，首先就要了解学生，研究学生，认识学生，把握学生的心理特点和行为特点。当前德育工作存在"三个不适应"，即不适应青少年身心发展的特点；不适应社会生活的新变化；不适应推进素质教育的要求。如果脱离了青少年学生身心发展的特点及需要施教，就不受学生欢迎和接受，最终影响教育效果。研究、了解了学生就能做到从班级实际和学生的特点出发，就能恰当地确定教育的起点，从而确定有针对性的教育管理内容、策略和措施，最终增强班主任工作的可行性、有效性。正如苏霍姆林斯基所说："尽可能地深入了解每个孩子的精神世界——这是教师和校长的首条金科玉律。""教育——这首先就是人学——不了解他的智力发展、思维、兴趣、爱好、才能、禀赋、倾向，就谈不上教育。"他还在《帕夫雷什中学》讲道："十一岁的科利亚来到我们学校，这孩子的孤僻与凶狠使我们大家都十分吃惊。他觉得老师的真心好意和温柔不过是一种诡计和圈套。他总是喜欢一人独自待着，不愿跟同学们交往，不愿意劳动。我访问了科利亚父母生活的庄子，了解到一些令人吃惊的情况。原来，这孩子曾经生长在一个偏僻的、与人们隔绝的小天地，那是一个充满虚伪和犯罪行为的天地。"[1]在改革开放的新形势下，受多种社会信息、社会思潮的影响，当代青少年儿童在思想意识和行为上形成一些新的特点。班主任如果对学生缺乏分析了解，将失去开展工作的可靠基础和有利条件。让我们来听一听一位学生的内心话吧：

> "我已是年满 18 岁的热血男儿了。我有着极其复杂的内心世界。我梦寐以求的愿望就是上大学，尽管我并不完全相信自己的能力，但我每一分，每一秒，又何尝不在挪动自己的脚步朝理想奋斗呢？只不过我有时很任性，一玩起来就把一切给忘记了。一旦认识到这一点，我是多么后悔和内疚……静夜里，我望着一处发呆，良心的责备使我这个'男子汉'禁不住会流下几滴眼泪。"

像这样的内心世界，班主任如果不了解，将失去许多教育机会[2]。

（二）了解研究学生的内容

1. 了解研究学生成长的背景

这有助于班主任弄清学生个性和行为表现的成因，包括了解研究学生的家庭背景、人际背景和历史背景。

了解研究学生的家庭背景主要是弄清家长的政治情况、经济情况、职业情况、婚姻状况、文化程度、家庭教育氛围、对孩子的期望等，特别要注意了解研究那些行为有问题和家庭处境不利的学生的家庭背景，注重研究当今家庭环境变化如家庭不和、离异或再婚家庭、单亲家庭、隔代监护家庭给学生成长带来的新变化。由于离婚率持续上升，家庭结构发生了巨大变化，生活在单亲家庭、再婚家庭、混合家庭的孩子增多。在农村，父母外出打工，留守儿童增多，隔代监护的孩子多。

了解研究学生的人际背景，主要是指了解研究学生的人际交往和人际关系，包括了解研究他们的师生关系、同学关系、朋友关系、家庭的亲子关系等。要特别注意了解研究学生的朋友关系、同伴关系。心理学研究表明，儿童时期的个体在情感上最依恋父母，朋友处于相对次要的地位；而中学生情感依恋的重心则由父母逐步转向了朋友，中学生的同伴关系对每个成员的个性形成和发展都有重要的影响，不良的同伴关系可能导致他们辍学、犯罪等。班主任要把指导学生正确交友、交益友作为自己的重要工作。孔子曰："益者三友，损者三友。友直，友谅，友多闻，益矣；友便辟，友善柔，友便佞，损矣。"[3]要帮助学生分清友谊与"哥们义气"、友谊与爱情的本质区别，使他们能够建立起健康的同学关系、朋友关系。

了解研究学生背景，主要是了解学生前一学习阶段的学习状况、品德行为表现、兴趣特长、优势领域和主要的问题等。有助于班主任全面深入地认识学生和有针对性地开展工作，便于指导学生并确立恰当的目标。

---

① Б·А苏霍姆林斯基. 帕夫雷什中学[M]. 赵玮，等，译. 北京：教育科学出版社，1983：34-36.
② 钟型泰. 现代中小学班主任工作指南[M]. 成都：四川教育出版社，2000：98.
③ 史为昆. 论语·季氏篇[M]. 天津：天津人民美术出版社，2006：113.

2. 了解研究学生的年龄特征

正确了解和把握学生的年龄特征，研究当代学生的一般倾向和共性问题，有助于增强班主任工作的针对性、科学性和预见性。实践证明：教育的内容、方式方法和手段都必须随着学生的年龄特征而变化。班主任要认真学习儿童心理学，并善于将所学的理论知识运用于学生的年龄特征之中。

3. 了解研究学生的个性特征

了解研究学生的个性特征，有助于把握每个学生的个别差异，有助于因材施教，主要包括了解研究学生的兴趣爱好、愿望要求、特殊能力、性格特点、气质特点等。如果班主任了解了学生的兴趣爱好，可以引导学生将兴趣爱好发展成自己的特长，形成自己的优势领域。了解了学生的性格气质特点，在安排座位、划分学习小组时，让好动的、多血质的学生与安静的、黏液质的学生坐在一起，让内向的、不爱发言的与外向的、爱发言的学生在一个学习小组，这样可以使学生的性格气质互补，相互促进。

4. 了解研究学生的学习情况

学习是学生的主要任务，指导学生搞好学习是班主任的重要任务。了解研究学生的学习情况，主要包括学习目的、学习态度、学习方法、学习习惯、学习能力、各科学习成绩、作业完成情况等。这有助于对学生进行学习目的教育，指导学生的学习方法，培养学生的学习习惯，提高学生的学习成绩。

5. 了解研究学生的品德状况和行为特点

这有助于确定德育的目标，增强德育的针对性和实效性。主要包括了解研究学生的行为习惯、道德品质、人生理想、价值观念等。这样班主任就可以制订恰当的德育目标和德育计划，采取有效措施，提高学生的思想品德修养。

6. 了解研究学生的健康状况

良好的身体和心理素质是完成各种学习任务的基础和保证。班主任了解研究学生的健康状况，有助于提出恰当的健身目标和心理教育目标，提出力所能及的学习要求。世界卫生组织关于健康的定义为："健康不仅指一个人没有残缺和疾病，而且指一个人有良好的身体、精神和社会适应能力。"了解研究学生的健康状况，不仅包括学生的身体发育状况和体质，而且包括学生的心理健康状况。通过了解研究，班主任才能根据学生现有的身体状况，有目的、有计划地开展体育活动，安排好学生的作息制度，提高学生的身体素质；才能根据学生的心理健康状况，有针对性地开展心理健康教育，提高学生的心理素质，促进学生身心全面和谐地发展。

（三）了解研究学生的要求

1. 全面、深入，要有整体观

正如乌申斯基所说："如果教师想从各方面去教育一个人，那么，他就应当从各方面了解这个人，看他实际上究竟是怎样的人，了解他的一切优点和缺点，他平时的一切琐细的需要以及他的一切崇高的精神要求等。"①既要了解研究学生班集体，又要了解研究学生个体；既要了解研究学生年龄特征，又要了解研究学生的个性特征；既要了解研究学生的优点、长处，又要了解研究学生的缺点、问题；既要了解研究学生在校的表现，又要了解研究学生在家里和社会上的表现；既要了解研究学生的行为表现，又要了解研究学生行为的原因、动机和行为发生的情景。

2. 经常、及时，要有发展观

对学生的了解研究要具有持续性，要及时进行。因为学生正处于长身体、长知识的时期，生理、心理、思想、行为各方面的变化很迅速；社会环境也在不断地发生变化，也必然影响到中小学生，他们会因此而出现许多新的情况、新的问题。所以不能以固定不变的眼光看待学生，要用动态的、发展的眼光看待学生，对学生的了解研究不能刻舟求剑，一劳永逸，要及时了解研究出现的新情况、新问题。

3. 科学、准确，坚持客观性

首先，班主任要把学生放在特定的历史条件和社会背景下来了解研究。学生所处的时代不同，生长的环境不同，肩负的使命不同，就会有不同的时代特征。现在的学生，处于改革开放的时代，新观念、新事物不断出现，市场经济、新技术革命、全球网络、即时通信、多元信息来源，因而其具有鲜明的时代特征。其次，要采用科学的方法了解研究学生。要注意对学生的观察、调查，获取第一手资料，防止主观臆断。要经常与学生一起活动，在共同的活动中，建立起亲密的关系，进入学生的内心世界。要做到客观性，必须避免偏听偏信、道听途说，避免第一印象、晕轮效应、刻板印象等主观偏见。

（四）了解研究学生的常用方法

由于学生心理、行为表现的复杂性，决定了了解研究学生方法的多样性。实践表明，观察法、谈话法、调查法、书面材料研究法、个案研究法、测量法等被经常运用。下面就这四种方法做简要介绍。

1. 观察法

观察法是人们在自然条件下，有目的、有计划地对事物进行直接感知，获取资料的方法。这是了解研究学生的最基本方法。苏联著名教育家苏霍姆林斯基一生写了很多著作，大部分资料是依靠长期观察得来的。他先后为3 700名学生作了观察记录，他能详细说出25年间"最难教"的学生的情况。班主任要有效地运用观察法，需要做到以下几点：

（1）要有计划性、目的性。班主任要制订长期的观察计划，要有捕捉学生各种细微变化的意识，在各种活动中要有目的、有侧重地进行观察。如在课堂上重点观察学生的学习兴趣，注意其品质、思维、语言表达等状况；在各种课外活动中重点观察学生的集体意识、行为习惯、意志品质、组织能力、人际交往等。

（2）要利用一切时空条件，利用一切接触学生的机会进行观察。班主任要经常深入到学

① 张焕庭. 西方资产阶级教育论著选[M]. 北京：人民教育出版社，1979：502.

生的学习、生活、劳动、课外活动中去，与学生打成一片，以获取丰富的资料。

（3）要做到观察的真实性、客观性。观察应在自然状态下进行，观察者应不带任何偏见，不能把自己的主观推测当作客观事实。

（4）要有持续性。观察学生要长期坚持下去，因为相同的思想可以通过不同的言行表现出来，不同的思想又可以通过相同的言行表现出来，如果草率下结论，可能会误解学生的行为动机，得出不正确的判断。

（5）要做好观察记录，将随时观察到的现象记录在专门准备的记录本上。

2. 谈话法

谈话法是通过与学生进行面对面交谈来获取资料的方法。通过与学生交谈，可以深入学生的内心世界，了解他们的真实感受，获得多方面的真实可靠的信息。运用谈话法应注意以下几点：

（1）谈话前做好充分准备，要认真考虑谈话的时间、地点、内容、方式、目的等，做到心中有数。

（2）要创造自然和谐的谈话环境。谈话的气氛要轻松、舒适、和谐，教师的态度要亲切诚恳，取得学生的信任，使学生愿意向老师敞开心扉，这是能否了解真实情况，使谈话有效进行的重要因素。

（3）要学会聆听。如要少讲多听，要表示有谈话的兴趣，要控制情绪，要表现出对对方的理解和同情。

（4）要把了解学生和教育学生结合起来。一方面要注意倾听学生的意见，另一方面要针对学生的实际情况，启发引导学生，把了解学生的过程作为教育学生的过程。可以澄清学生的错误认识，也可以有意识地向学生提出某个问题，让学生谈出自己的看法，然后加以指导，做到边了解边教育。

3. 调查法

调查法是以提问的方式搜集资料间接了解学生的方法。调查的对象可以是学生本人，也可以是其他同学、科任教师、学生家长等。调查的常用方式主要有访问、开座谈会、问卷调查、填调查表等，班主任应根据调查的目的和内容选择调查方式。对调查所获得的资料，要及时整理保存，并进行分析研究。

问卷法是通过书面形式，以严格设计的问题或表格向调查对象收集资料的方法。它具有适用范围广、效率高、结果代表性高三个主要特点。

例：关于学生自主性情况的调查：

1. 我自己决定的事，别人很难让我改变主意。　　　①是　　②否
2. 我的行为不受班里舆论的影响。　　　①是　　②否
3. 学习上，我总有自己的目标和计划。　　　①是　　②否
4. 当我感觉事情不顺利时，我从不轻易放下。　　　①是　　②否
5. 我不愿别人提示而愿独出心裁。　　　①是　　②否
6. 我每天坚持记日记，从没有间断过。　　　①是　　②否
7. 生活上我能自理，从不要别人帮助。　　　①是　　②否
8. 学习中遇到挫折，我常常会半途而废。　　　①是　　②否

4. 书面材料研究法

书面材料研究法是指通过对现存的书面材料的分析来了解研究学生的一种方法。这是了解研究学生及学生集体的历史与现状的一种常用方法。分析研究的书面材料主要有两类：一类是现有的能反映学生情况的各种材料，如学生档案、学籍卡、成绩单、操行评语、获奖证书等；另一类是学生的作品，如学生的作业、试卷、日记、书信、命题作文、美术手工作品等。中学生心理的一大特点是"有针对性的闭锁性"，中学生通常对成人封闭，而对同龄朋友开放，因此通过分析他们的日记、书信，就是了解研究中学生心理的一种重要方法。运用这种方法，可以深入学生的内心世界，了解学生的真实思想情感。

（五）个性鉴定

个性鉴定指对学生的个性表现、形成发展过程及原因进行具体的描述、分析和鉴定。它是在对学生深入了解和深刻认识的基础上做出的，具有个案性质。个性鉴定的主要内容包括：

（1）一般情况，包括学生的姓名、性别、年龄、健康状况、学习成绩、行为表现、家庭情况、社会关系等。

（2）个性心理特点，如比较稳定的兴趣、能力、特长、性格和气质特点等。

（3）个性特点形成的原因分析，即学生已经形成的心理特点是在什么样的主客观条件下产生的，即阐明学生个性心理特点与其遗传素质、家庭、学校和社会生活环境等因素的关系。

（4）提出教育措施，即根据对学生个性特点及其形成原因的分析，确定具体的教育内容、方法和策略。

下面是对一苏联儿童的心理教育鉴定的范例[①]：

B·列纳，三年级学生。身材高而匀称，动作敏捷。坐在课堂上很不安静，经常东张西望，一会与邻座讲话，一会儿在座位上喊叫。课间奔来跑去，并和别的孩子打架，他往往第一个动手，又往往是自己哭。但他心胸宽阔，很快便忘记吵嘴，重新和欺负他的孩子一起玩。这一切都说明他有多血质的某些特征。

学习马虎。得了 2 分不会长时间地忧伤。学习功课粗心大意，能迅速地从一门学科转移到另一门学科，匆匆忙忙地准备完功课，就跑到街上去。心不在焉，经常在词里漏掉字母，把一个数字写成另一个数字等。对任何学科也没有表现出兴趣。在家里常常提出许多问题，但是缺乏责任感，只有在成年人催促下才开始做功课，否则会整天在街上乱跑而不学习。课本和练习簿放得杂乱无章，墨迹斑斑。

没有明显表现出什么校外兴趣。一种兴趣很快被另一种兴趣代替。爱上电影院，看过许多影片。

善于交往，但在班上却没有亲密朋友，在集体里没有威望，往往受主动精神较强的学生的影响。没有稳定的依恋，对父母和奶奶没有强烈的依恋心。

做事半途而废，不会一个人自己玩。缺乏自制力。爱吹嘘并不存在的成功和勇敢，尽管事实上并非如此，并怯懦。

列纳之所以形成这些个性特点，原因在于他的家庭教育的某些条件。六岁前他是独生子，家里物质条件好，很小就有许多玩具，玩腻了就常常要新的，父母总满足他的要求。但很快

---

① 李健民. 班主任工作心理学[M]. 北京：学苑出版社，1998：351-353.

他就对玩具失去兴趣，可是父母却没有使他养成制作的习惯，倘若他准备做点什么，父母都替他做好，或正好相反，置之不理。他没有把任何事情做到底的习惯。

他很早就开始进电影院看各式各样的影片，有的是与他年龄不相符的影片，而任何可以享受的消遣都没有促进他的兴趣形成，由此产生了在学习活动中表现出来的那种注意力分散。

他没上幼儿园，而家里又没有任何作息制度，想睡就睡，想起便起，这就导致他缺乏组织纪律性。

他在家不承担任何劳动责任。有时他也想帮奶奶做点事，可是什么也不允许他做。没有使他养成自己独立穿衣脱衣、收拾玩具、关心自己的衣服、玩具和书等习惯。他对物品漫不经心，不认真，缺乏独立性，没有学会尊重别人的劳动。

成年人对他的要求也不一致，同一件事，家里有的人禁止，有的人允许。使他对成年人的各种要求都报以消极反应，有时表现出执拗和固执。

由此可见，造成列纳主要的消极品质的原因是过去缺乏严格要求和没有相应的作息制度。

个别教育的基本任务在于：第一，经常与家庭保持联系，建议家庭建立严格的作息制度，规定经常性的家务劳动责任，限制看电影；第二，让列纳参加少先队组织的工作，最初给他不太复杂而又有趣的委托；第三，考虑到他的受暗示性和模仿性，促使他与学习好、能力强、有组织纪律性的学生建立友谊；第四，对他提出更高的要求，不放过任何一个违犯纪律和缺乏自制力的场合；第五，对他家庭作业进行监督，有点改善就加以鼓励。

二、确立班级奋斗目标

班集体奋斗目标的确定，要讲究方式方法。目标绝不是班主任的硬性规定，不是强加给学生的，它应该来自学生的一致愿望和要求，是班主任以民主的方式和学生协商，通过双向沟通的方式制定的。

（一）确立班级奋斗目标的方法

班主任引导学生确立集体目标的方法主要有：

（1）具体目标法。把学校的教育目标，具体化为班集体的目标，然后再将其分解为每个成员的目标。如体育达标活动的开展，很多班级就是这样来确定集体的具体化目标的。

（2）系列目标法。把一学年或学期所要奋斗的目标系列化，有远有近，有轻有重，有缓有急，根据实际情况做具体安排。随着近期目标、中期目标的不断实现，学生不断体验到成功的喜悦，远期目标又使学生永远处于不断的追求之中。

（3）问题目标法。某一时期，为重点解决某些重要问题而提出目标的方法，如某班存在的主要问题是纪律涣散、体育达标率低、英语成绩较差等。让学生认识到这些问题的严重性，从而提出解决这些问题的目标。

（4）直接目标法。这是直接以某一任务的实现为目标，如老师直接提出全班本期英语学习目标，组织学生讨论实现该目标的重要性，使学生接受这个目标。然后组织学生讨论实现目标的办法，交流学习的经验，表扬先进，借助全校的竞赛激发学生的责任感和荣誉感，促进目标的实现。

（5）间接目标法。这是指不直接提出目标，而是先开展一些学生乐于参加的、短期见效的集体活动，如布置教室、准备联欢会、举行班级体育比赛、从事公益劳动等，使学生体验到集体生活的欢乐，懂得团结协作战胜困难的道理，然后提出班集体的奋斗目标。

（二）目标激励

班主任要充分利用目标的递进上升的趋势，制订切实可行的奋斗目标，使班集体及成员有前进期望，以激发内心需要，激励成员的自尊心、上进心和自信心，引导全体成员努力地去实现奋斗目标。

（1）将集体目标转化为个人目标。指导全体学生根据集体目标设计符合自己特点的个人阶段努力目标，这样，有利于每一个学生都在原有的基础上起步，选择最佳发展方案，发展各自的优势，尽快得到提高，从而使集体的目标与个人的目标保持一致，使集体的努力与个人的努力相得益彰。

（2）创造环境气氛。可通过板报宣传、布置教室等方法，把体现班级目标要求的警示语和名人语录张贴在教室。如"从严、求实、勤学、争优""创名副其实的优秀班级，做全面发展的三好学生"等，为班级实现目标营造一种热烈的情境气氛。

（3）强化个人成就动机。由于学生处于生理、心理发育成长的阶段，一般来说他们有较明确的奋斗目标和较高的成长期望值，但并不稳定，常常表现为小有成绩就容易满足，稍受挫折又心灰意冷。因此要推动学生不断实现新的层次目标，班主任就必须随时掌握学生的思想动态，运用激励等手段强化个人成就动机，不断提高他们的抱负水平。

（4）注重角色影响。所谓角色影响，是指在一定的环境中，一个人所担任的角色对情感、志愿和抱负发生的影响。例如：当一个学生被选为班干部或被评为三好学生时，他的抱负水平往往就高于其他一般同学。有经验的班主任常常运用角色变换的方法来促进更多的学生向更高的目标努力，如实行班干部任期目标责任制和值周班长制。对个别差生，注意选择最佳时机，即选择那些最能显现他们的某些特长和优点的时机，如单项体育竞赛、文艺演出、校内外集体活动、第二课堂的突出表现、某次考试成绩的进步或拾金不昧等，或委以重任，或肯定赞扬，使他们显示力量，展现特长，增强自信心，提高认识，努力实现自己的目标。

三、选拔和培养班干部

班干部是班集体的骨干，班主任的得力助手。班主任应重视班干部的选拔和培养。

（一）班干部的选拔

在选拔之前要有个了解的过程，特别是接过新班时须通过各种渠道进行了解。可查阅学生的鉴定表，可走访家长和学生过去的教师，找学生谈话以及通过课外活动等进行考察。在了解班级学生基本情况的基础上，可以采取多种方式组建班委。

（1）任命制，即由班主任推荐和任命。这种形式在班级刚刚组建时比较多见。任命班干部能在一定程度上体现班主任的意图，由于学生干部的威望是外加的，所以往往缺乏学生的依赖，威信较低。

（2）自荐制，即学生在明确干部职责和自我分析的基础上，考虑自己的个性、特长，适合干哪项工作，"毛遂自荐"。自荐制能培养学生展示自己、推销自己的意识。

（3）自由竞争制，即在自由平等的气氛中，每一个学生都可以参与班干部的竞争。自由竞争制有助于优秀人才脱颖而出，也有助于培养学生的竞争意识、民主意识和主人翁精神。

（4）民主选举制，即通过投票选举产生学生干部。由这种方式产生的班干部众望所归，往往具有较高的威信。选举的候选人，可自荐，可同学推荐，可教师提名。民主选举制通常与自由竞争制结合起来，即自由竞争产生候选人，再经民主选举选出班干部。

（5）轮换制，即根据一定规则，轮流担任班干部。轮换制的优点在于使大多数学生得到了锻炼和展示才能的机会，当选的干部也会在自己的任期中发挥出各自的聪明才智。当然，老师还是有许多工作要做的。首先要做好教育工作，学生认识到这是公平竞争，是为搞好班级工作，这样就能使被换下的学生心情舒畅，并自觉做好参谋，以老带新。其次是有计划地轮换干部，确立好每届期限和责任。

在班级干部的选用方面，班主任应该以"人人有机会、个个能上榜"为原则，让全班每一个学生都有担任干部的机会，都可以从担任班干部中学习服务的精神。

（二）班干部的培养

（1）加强对班干部的思想教育。首先，班主任要教育班干部树立为同学服务的思想，使他们认识到担任班干部是光荣的、艰巨的，要做好工作应该任劳任怨，懂得班干部应该是同学的表率，要处处以身作则。其次班主任要对班干部进行团结友爱教育，班干部之间要互相支持，共同协作，彼此信任，齐心协力搞好工作，团结全体同学共同参与各项任务。

（2）注意使用与提高相结合。班干部是班主任完成班级目标管理的助手，班主任要依靠、使用他们协助自己开展工作，同时又要在使用中使其不断提高，二者的关系是相辅相成的。班主任应随时注意观察班干部的表现，有针对性地组织他们学习有关的文件和先进典型，帮助他们树立起为全班服务的思想。

（3）注意具体指导与放手工作相结合。班干部一般说来集体责任感比较强，"当家作主"的愿望较高，但其认识水平、工作能力、组织才干都处于学习、积累阶段，在工作中班主任要适时加以具体指导，教他们开展工作的方法，组织他们研究、制订活动计划，帮助他们分析、讨论班上的现实状况，确定解决的办法，一步步地提高他们认识问题、分析问题、解决问题的能力。让学生放手工作既是班主任的职责，也是实践的需要。只有将学生干部置身于纷繁复杂的人际关系中，切实充当一定的角色，才能使其体验集体的力量，认识自身在集体中的价值，同时培养学生的独立工作能力，最终促进班干部的全面发展。

（4）注意引导群众监督与自我要求相结合。充分而认真地开展批评与自我批评，使干部置于群众监督之下，发扬民主，调动全班学生的积极性，既锻炼了干部，又提高了学生群体的主人翁精神。班主任要注意培养班干部自觉接受群众监督与严于律己的思想作风，增强自我约束力，不断自我充实完善，力争当好班务工作的办事员和推动班级前进的"火车头"。只有这样，班集体的正确舆论才能形成，良好班风才能树立，班集体才可能坚强有力。

（5）帮助班干部处理好学习与工作的关系。教育班干部做抓紧时间的有心人，使他们既善于工作，又善于学习。对一些学习上确实存在困难的班干部，班主任要发挥班级科任教师的作用，对其进行个别辅导，使他们克服学习上的困难，坚定当好班干部的信心。

（6）要特别重视保护班干部的积极性。对他们为班级所做的有益工作，要及时给予充分肯定，对偶尔出现的问题和错误，班主任要主动出面予以解决，并为其承担责任。这样，班干部就不会因工作遇到困难和挫折而打退堂鼓。

总之，对班干部既要交给任务，又要教给方法；既要大胆使用，又要小心扶植；既要热情鼓励，又要严格要求；要在培养中使用，在使用中培养。

四、建立班级规范

建立完善的班级规范，由"人治"走向"法治"，这是班级管理一大趋势。班主任应该怎样建立班级规范呢？

（一）统一认识

在制定"班规"之前，要让学生认识到虽然国家已经制定了《中小学生守则》《中小学生日常行为规范》，学校也有各种规章制度。但守则、规范毕竟不可能包括一个班级的各种具体情况，而"班规"正是守则、规范中有关要求的具体化。"班规"由学生自己制定，自己监督执行，这样学生便觉得"这不是老师在约束我们，而是自己对自己的约束"。

（二）注意方向性和教育性

我们的教育目的是培养社会主义的建设者和接班人，我们的"班规"应围绕这一总体方向来制定，以培养出对国家对社会有用的人才。同时我们的管理对象是学生，虽然"班规"有其强制性的一面，但最重要、最根本的却在于它的教育性和引导性，在于把学生教育成既守纪律又能主动发展的个体。

（三）注意民主性

虽然班级学生是维护和执行"班规"的主体，但由于长期形成的传统管理方式，使我们学生的主人翁角色意识薄弱，认为制定"班规"应该是班主任或者班干部的事情，与自己没有关系。因此班主任要让学生认识到制定"班规"是每一个人的意愿，"班规"理所当然要由班上同学起草。所以在制定"班规"的时候，班主任要最大限度地体现民主，要以民主讨论为基础，让班级成员广泛参与，给他们充分发表意见的机会，这样才能加深学生对"班规"的理解、认可和支持。要让学生从一开始就意识到："班规"是我自己制定的，而不是老师强加给我的。更重要的是，学生自己草拟的"班规"，使他们一开始就不知不觉地进入了自我教育、自我管理的角色。

（四）注意可行性、广泛性和互制性

可行性包含两方面，一是提的要求、规定应符合实际，便于监督检查，不能提一些虽然合理但难以做到的要求；二是不仅要提出纪律要求，还应同时有相应的强制措施，明确"违反了又怎么办"。否则，班级法规就很可能成为一纸空文，无所谓可行性。广泛性，是说"班规"应尽可能地包含班级所有可能出现的违纪情况，老师同学都可以从中找到相应的惩罚措施，做到有"法"可依。如互制性，即"班规"不仅应体现出学生之间的互相制约，更应体现出师生之间的互相制约，特别是学生对班主任的合理制约。也就是说，"班规"不仅仅是对

学生的管理，同时对班主任也具有责任监督、权力监督的作用，而且应把这个监督权、限制权交给学生。学生监督老师的意义，不仅仅在于班主任以"严于律己"的高尚品德来博取学生的"崇拜"，或"以身作则"使"班规"能够顺利实施，而在于给学生树立一个观念：任何人都是有弱点的，因此任何人都需要制约。一切把班主任神圣化的认识都是危险的。

（五）严格执行规范与纪律

规范制订后若不能严格执行，便成了一纸空文。做到了"有法可依"还不够，还必须做到"执法必严"。在规范面前，人人平等。不管是学生干部、一般同学，还是班主任，都应自觉、认真、严格执行规范。谁违反规范，就应受到惩罚。对班主任来说，维护规范，便是维护自己的权威；对学生来说，维护规范，便是维护规范的尊严，而教师的权威和学生的尊严都已通过规范转化为集体的意志。

五、营造正确的集体舆论

正确的集体舆论，能够助长班级中健康、进步的因素，克服和纠正消极、错误的东西，从而引导和帮助学生明辨是非，激发他们的集体荣誉感和责任感。它是无形的教育因素，是衡量班集体是否形成的重要标志。

要形成正确的集体舆论，要注意以下几点：

（一）班主任要善于引导集体舆论

对于某一（某些）学生的某一（某些）行为，无论对错，班主任都要迅速做出判断，明确表明自己的态度，并巧妙地将自己的褒贬转化为集体舆论的褒贬。

（二）要充分发挥舆论阵地的作用

对一个班级而言，舆论阵地主要有班报、黑板报、墙报、班队会、班级日记以及广播和电视等。班主任应充分发挥这些舆论阵地的作用，使之成为弘扬正气和主旋律，抵制歪风邪气，不断提高学生辨别是非能力的主阵地。在内容、方式上应丰富多彩，比如有对好人好事的赞颂，也有对不良倾向的评论；有对班级工作的建议，也有对国内外新闻、科学知识的介绍；有通讯、报道、访问、心得，也有"半月大事谈"和学生中出现的共性问题的讨论。

（三）加强对学生的正面引导和正面教育

中小学生模仿性强，容易接受正确的东西，也容易受错误的影响，具有"先入为主"的心理特点，所以正面引导十分重要。正面教育工作应抓在前，否则让不健康的东西先入为主并形成消极的态度定势，这时再要克服就十分困难。班主任应抓紧时间把学校的教育要求、学生行为规范等通过说理、榜样示范等方式切实转变为全班学生的共识，为正确舆论的形成打下坚实的基础。要创造条件，使多数人的意见和观点能够有相互作用、逐渐汇集、最终趋同的机会，如组织讨论会、谈心会，使正确的言论得以充分表达，发挥其积极的影响作用，并成为一种巨大的、占优势的力量，使集体舆论真正形成。

（四）及时制止不良苗头

教师对个别学生的不良行为和错误的舆论倾向，要及时制止，把它扼杀在萌芽状态，防止其扩散。

六、形成优良的班风

（一）班风的含义

班风是班级的道德面貌、精神风貌和作风的集中表现。良好的班风对全班学生起着熏陶感染、潜移默化的作用，是一种巨大的教育力量，推动着班集体的形成、巩固和发展。

（二）班风的作用

（1）优良班风能将消极因素转化为积极因素。优良的班风，对班级的各种消极因素都会具有一种无形的同化力。有人做了这样的实验：被试是一些受过学校处分的有严重问题的学生。将被试转到一个有良好班风的班级之后，结果发现多数被试都能随大流，没有发生违纪行为，其中一部分学生有明显上进的表现。两周后的个别谈话表明，他们所以进步，是因为下列原因：

这个班同学好，没有人歧视我；

看到大家都守纪律，我也不敢捣乱；

老师要求严格，同学们对自己也严格；

谁不随大流，就孤立；

同学们都热情帮助我；

我喜欢这个班，想好好干。

这些学生的上述回答，真实地反映了这个班级团结友爱、积极向上、遵守纪律的良好班风。

（2）优良的班风能使积极因素不断强化。一个形成良好班风的班级，各种道德行为总能得到多数人的肯定、赞扬和支持，使积极因素得到强化。所谓"好人好事有人夸"，正是这种良好班风的生动写照。

（三）优良班风的形成

（1）集体构成要素的和谐发展。任何班风的树立都离不开班集体的建设，都是班集体的目标、机构、规范、舆论和人际关系相互作用的结果。

（2）创设有感染力的教育情境。集会时的严整队列、庄严的授奖仪式、有鼓动力的标语和板报、激动人心的主题班会等，都是建设良好班风的重要心理条件。

（3）及时运用各种强化手段。班风建设必须由严格要求的规范和严明的纪律来做保证，表扬与奖励、批评与惩戒等措施的正确运用是非常必要的。

（4）激发和培养集体荣誉感。集体荣誉感是优良班风的重要标志，而激发和培养集体荣誉感的过程，正是优良班风形成的过程。当学生在集体生活中讲规范、守纪律，在竞赛活动努力拼搏，班主任给予表扬、鼓励，将激发起全班学生的集体荣誉感。

（5）班主任教师要严于律己，做出表率。班主任处处严格要求自己，以身示范，能对学生产生示范引领作用和潜移默化的影响，引领和激发优良班风的形成。

第三节　运用社会心理效应建设班集体

一、利用模仿心理，发挥榜样作用

模仿是指个人受非控制的社会刺激引起的一种行为，其行为与社会上其他人的行为相类似，由仿效别人的言行举止而引起的与之相类似的行为活动。美国心理学家班杜拉（A. Bandura）等人对美国儿童进行了学习模仿的实验，提出了社会学习理论。认为人类特有的社会行为大多是通过观察和模仿他人的行为方式及其行为结果习得的。观察、模仿、榜样是社会学习理论的几个重要概念。模仿既可能是自觉地、无意识地实现的；也可能是有意地、自觉地进行的。模仿是人们彼此之间相互影响的重要方式之一，是实现个体行为社会化的基本历程之一。榜样是模仿发生的关键。最能引起儿童模仿的是些什么样的楷模人物？根据班杜拉的实验研究发现，以下五种人物是美国儿童们最喜欢或不喜欢模仿的（Bandura & Walter，1963）：

（1）儿童们最喜欢模仿他心目中最重要的人。所谓"最重要的人"是指对他生活影响最大的人。诸如家庭中父母关爱他、养育他，学校教师教育他、管束他，同辈中领袖支持他、保护他，这些都是儿童心目中最重要的人。

（2）儿童们最喜欢模仿与他同性别的人。在家庭中，女儿模仿母亲，儿子模仿父亲；在学校里，男女学童分别模仿男女教师。此种性别模仿，是儿童心理发展中性别认同的重要学习历程。

（3）儿童们最喜欢模仿曾获得荣誉（如参加比赛得冠军）、出身上层社会以及富有家庭儿童的行为。

（4）同一团体内，有独特行为甚至曾经受到惩罚的人，并不是一般儿童最喜欢模仿的对象。

（5）同年龄同社会阶层出身的儿童，彼此间较喜欢相互模仿①。

班杜拉的实验向我们展示了美国儿童的模仿偏好，也体现出了模仿在儿童成长中的重要性。从我国的教育实际出发，在利用模仿心理、发挥榜样作用方面，班主任需要注意以下几点：

（1）无论是自觉地或无意识地仿效，都不是通过外界的命令而强制发生，这淡化了教育的痕迹但能收到良好的效果。

（2）年龄越小的儿童，模仿性越大。

（3）模仿有积极与消极之分，应引导儿童正面积极模仿，防止反面消极模仿。

（4）注意在学生中树立起具体的、真实的、贴近的榜样。

二、利用暗示心理，润物细无声

暗示指用含蓄的、间接的方式对别人的心理和行为产生影响。其作用往往使别人会自觉

---

① 转引自张春兴. 教育心理学. 杭州[M]：浙江教育出版社，1998：196.

地按照一定的方式行动，或者不加批判地接受一定的意见或信念。要使人们的心理活动受到影响，能按照一定的方向去行动，最好尽量少用命令的形式提出要求，若能用巧妙的方式去引导，便能获得更好的效果。苏霍姆林斯基曾说："任何一种教育现象，孩子在其中越少感到教育意图，它的教育效果就越大。我们把这种规律看成是教育技巧的核心，是能够找到通向心灵之路的基础。"这是对暗示教育精辟的论述。

暗示者可以是群体，也可以是个人，可采用言语，也可用手势、表情或其他物理环境等方式进行。多数人的共同行为也会对人产生暗示作用。

暗示的效果取决于暗示者和暗示对象的特征及两者的关系。暗示者的信心、体力、身材、性别、年龄、知识、权力和地位等都将影响暗示效果；当暗示对象缺乏独立性、知识、经验等时，易受到暗示。

利用暗示心理，要注意以下几点：

（1）少用命令、强迫、威胁，多用暗示。

（2）充分利用好自己的年龄、知识、智慧、地位等因素。

（3）年龄越小、知识经验越缺乏，受暗示性越强。根据这个特点，巧用暗示，可促使社会标准化倾向产生，使学生集体出现一致行为。

（4）注意培养学生的独立思考能力，消除暗示性的影响。

暗示运用案例1：

在家里，陈鹤琴用暗示的方法来教育儿子。一鸣不喜欢刷牙，先生就在盥洗室贴一张彩色图画。画面上是三四个拿着水杯和牙刷的儿童，在欢天喜地刷牙，母亲在旁边笑嘻嘻地看着他们。每天，一鸣到盥洗室都能看见这张美丽祥和的图画，潜移默化地受到了影响。有一天，邻居小朋友来家里玩，先生知道她肯自己刷牙，就特意请她张开嘴，对一鸣说："你看她的牙齿多好看、多清洁。你若天天刷你的牙齿，也会像她这样整齐好看呢！"

暗示运用案例2：

眼神暗示：

星期一班会时，我正在总结上周工作，布置美育节活动任务。讲着讲着，小虎的双手搞起了小动作，在下面叠纸飞机。我一边继续安排工作，一边用眼睛紧盯着小虎的手。不一会，小虎"醒"了过来，双手安静了，开始认真听讲。一段"小插曲"就这样不知不觉过去了。

眼睛被誉为"心灵的窗户"。眼神是一种无声的语言，能比语言更细腻、更清晰地表达感情。眼神暗示就是用眼睛把要说的话、要表达的态度暗示出来。

表情暗示：

学校正在举行文艺汇演，强强高兴得忘乎所以。他一会儿站起来，一会儿坐下去；时而狂笑，时而尖叫，全然不顾周围同学的感受，连老师的眼神也视而不见。为了不影响会场气氛，我没有大声呵斥，而是悄悄地走到他面前，猛地皱起了眉头。这下，强强总算看到了，声音也低了不少。

表情比眼神表现得更明确。人的表情能传达多种信息，比如肯定、同意、否定、禁止等，形成刺激，使被暗示对象做出反应。学生做了好事，你给他赞许地点头；学生经过努力，解开了一道题，你给他会心地微笑，都是一种最好的激励。

言语暗示：

"学雷锋月"活动开展已经快一周了，别的班级都在轰轰烈烈地开展，我所带班级却没有一点动静。周末放学时，我把几名班委叫到办公室，向他们介绍了兄弟班级学雷锋活动的情况。班委们马上转过"弯"来，迅速制订方案，组织班上学生开展"为福利院老人送温暖"活动，受到群众好评。

既然是"暗示"，就不能用言语直接进行表扬或批评，而是采取一种迂回的方法，用讲故事、打比方、做比较等把自己的观点巧妙地"点"出来，让学生心领神会，在一种柔和的气氛中接受教育。用此类暗语暗示学生比直接用语言批评指责更容易使学生接受，也不会伤害学生的自尊心。

动作暗示：

教室里，我正在讲课，发现几个学生坐姿不正，有的趴在桌子上，有的斜靠在椅子上，没精打采。我面对学生做了几个挺胸的动作，学生接受了这个暗示，并立即做出反应，坐得端端正正，振作精神认真听我讲课。

动作暗示就是用体态语言把自己的想法表露出来，从而达到教育目的。一个示范性的体态语言比口头的批评更能触动学生的心灵深处。如果教师在口头上嘉许学生好行为的同时，配合以适当的体态语言，如点点头、拍拍肩，就能真诚地表达对学生的感情和鼓励，从而收到更好的教育效果。

情境暗示：

前段时间，班上涌现了一批"追星族"，他们本子上摘抄的是明星的生肖属相，课间谈论的是明星的性格爱好。为了改变这种状况，我买来祖冲之、周恩来、爱因斯坦等古今中外名人画像挂在教室里，书写名人名言贴在墙壁上，黑板报上也增添了名人惜时勤学的内容，还围绕名人开展讲故事、诗朗诵等活动。"追星热"终于降了温，取而代之的是同学们以名人为榜样，比学习比进步，精神面貌发生了可喜变化。

不同的情境能使人产生不同的心境，对学生具有微妙的暗示作用。教师要善于营造优美的育人环境，如制定切合实际的班训，悬挂名人画像，利用板报等形式提出本周或近期的奋斗目标等，使学生高尚的情操和良好的习惯在优美的育人情境中潜移默化地得到培养。

榜样暗示：

小倩有个坏习惯，喜欢随地乱扔果皮纸屑。一次上学时，他买了支冰棍吃，把包装纸扔在了操场上。我正好经过这里，便弯腰去捡，不料一阵风刮过来，纸被吹走了，我紧跑几步拾起地上的冰棍纸，然后把它放到了垃圾箱里。这一举动对小倩触动很大，她在作文中写道："李老师捡冰棍纸的一幕深深地印在我脑海中，我要讲究卫生，再也不乱丢乱扔了。"此后，她自觉地改掉了随地乱扔的坏习惯。

心理学的研究表明：教师的言行和优秀学生的示范、榜样作用可以提高学生对知识的接受程度。因此，教师必须严以律己，注意自己的一言一行，在学生中树立起良好形象和声望，才能使暗示教育获得良好效果。

认知暗示：

佳佳有许多不良习惯，如乱花零钱，上课迟到，拖交作业等。我没有直接批评她，而是要求她给自己远方的好朋友和家长写一封信，告诉他们自己开学以来养成了哪些好习惯、近期有什么打算。从此以后，佳佳果真克服了不少不良习惯，学习也有了明显进步。

这种意想不到的效果就在于学生在写信过程中进行了自我反省、自我认识，避免了心理对抗和厌烦。教师应抓住学生的思想状况，利用积极的认知暗示，促进学生良好习惯的养成。

自我暗示：

> 丽丽在全市英语大奖赛中脱颖而出，一举夺冠。她在班上介绍经验时说："开始，我有些心慌怯场。但我马上想到了老师教我们的自我暗示法。心想，我难别人也难，我相信自己的实力，相信自己平时的努力不会白费。这样一暗示，就镇静多了，信心倍增，终于过关斩将，取得了优异的成绩。"

坚信自己的力量和勇气，在面临挑战时，自我提醒、自我要求也是非常重要的。教师要引导学生面对困难、面对障碍、面对高度，进行自我暗示，增强信心，这对培养学生沉着、镇静、坚毅的品质有很大帮助[①]。

三、巧用竞争合作，激发潜在能力

竞争，是个体或群体力求超过对方成绩的对抗性行为。竞争条件下的心理状态有以下几个特点[②]：

（1）动机强烈。在竞争条件下，人们的自尊需要和自我实现的需要更为强烈，兴趣更浓厚，克服困难的意志更加坚定。

（2）提高活动的效率。在竞争条件下，人们受到竞争目标的鼓舞，获得优胜的愿望强烈，产生了一种积极的心理准备状态，大脑处于最适宜的优势兴奋状态，各种心理活动保持一定程度的紧张和高度的集中，因此提高了活动的独立性和创造性。

（3）肌肉产生紧张感，精力更加充沛。在竞争状态，由于人们产生了强烈的情绪体验，刺激着肾上腺体分泌激素，血糖升高，从而使全身肌肉产生了一种紧张感，使肌肉变得更加坚强有力。

生活经验和心理学研究表明，在竞争条件下最能发挥人的潜力。但如果经常遭受失败，会使人们产生挫折感、失败感和自卑感。

合作，是指两个或两个以上个人或群体为了达到某种目标，齐心协力，相互配合，相互促进，共同导向目标的行为。合作必须具备的条件与心理行为特征：合作者必须有共同的目标，而且合作的项目与目标，单个人或单个群体都难以实现，必须与其他人或群体配合达到；必须具备一定的物质基础（工作、活动等）；合作者之间能以共同或互相补偿的形式促使各自的需要、利益和兴趣得到满足；合作者之间必须具有一定知识、技术、能力的互补，以确保合作中项目的配合与目标的实现。

群体内的竞争与合作：

美国心理学家库克（Cock，1980）、约翰逊（D. Johnson）及其同事在1981年专门对班级中的竞争与合作进行了深入的研究，得到关于群体内竞争与合作的几点结论：

（1）群体成员都能独立完成所承担任务的全部程序，在这种情况下，个人竞争比合作有较高的效益。

---

① 引自张旭芳. 班主任应善用暗示[J]. 黑龙江教育，2005（4）.

② 时蓉华. 社会心理学[M]. 上海：上海人民出版社，1990，224-226.

（2）群体成员不能独立完成全部工作，只有协作才能完成任务，在这种情况下，群体合作的成绩优于个人竞争。

（3）群体成员的态度与感情属于群体定向而且又有明确目标时，群体合作优于个人竞争。

（4）如果群体成员的态度与感情属于自我定向，而且任务本身又缺乏内在兴趣，这时个体竞争要优于群体合作。

群体间的竞争与合作：

谢里夫（M. Sherif, 1961 年）进行了"群体的竞争与合作的实验"。将 22 名 12 岁的互不相识的男孩分两队隔地露营，一周后各自形成友善的群体；接着在两队间开展球赛，此时出现了两队彼此争吵和敌视等现象；最后，有意安排两队必须合作的多次活动，结果发现双方隔阂逐渐消除。这个实验告诉我们：一个群体内成员彼此合作，而与另一群体竞争，可以增进群体内成员之间的凝聚力。因此，要提倡开展群体之间的竞争，群体内的互相合作。

利用竞争与合作手段，要注意以下几点：

（1）在现代社会，从小培养学生的竞争与合作意识都是必要的，而合作意识、合作能力的培养更为重要。

（2）在班级内适当开展小组竞赛，并与其他班级竞赛，有利于形成你追我赶的竞争局面，激发学生的潜力。在班内竞赛时，要强调小组成员之间的团结协作；在班级之间竞赛时，要强调协作，形成合力，增强全班的凝聚力。

（3）要看到竞争的负面效应，竞赛活动不宜过多；竞赛内容要多样化，竞赛不能只限于语文、数学等学科竞赛，要开展唱歌、画画、讲故事、演讲、体育活动等多种活动，使学生都有展示自己的机会；要设置多种奖励，让更多的学生获奖，避免学生产生失败感。

四、利用人际心理，指导交往互动

在班集体中，常发生交往互动情形，每个人都通过语言、思维、感情、行为等影响他人，也受到他人影响。所谓人际关系，是指人与人之间相互交往、联系和影响的关系。人际关系是以需要满足程度为基础、以情感为联系纽带建立的，人际关系是团结和凝聚力的基础。霍尼（K. Horney）根据交往双方的相互关系状况将人际关系分为三种类型：一是亲近型。这种人喜欢交往，更关心他人对自己的评价；他不仅易于使自己适应和服从他人，还为他人着想。适合从事社会工作，如医务、教育工作。二是对抗型。这类人富有进取性，以支配控制他人为乐事。每当其同别人交往，首先关心的是对方力量的大小，或者他人对自己有什么用处。支配和控制的努力一旦受挫，他就会对别人产生仇视和对抗，适合从事商业、金融、法律工作。三是分离型。这种人乐于离群索居，经常想躲避他人的影响与干扰。性情内向，有耐性，尊重他人，有理想，易沉溺于幻想和思索之中，在交往时往往显得腼腆、羞怯，适合从事艺术和科研工作。

在人际交往中，一方表示的积极行为会引起另一方相应的积极行为，一方表示的消极行为会引起另一方相应的消极行为。美国社会心理学家李雷（T. F. Leary）从几千份人际关系的研究报告中，概括出了人际关系行为的 8 种模式：

（1）由一方发出的管理、指挥、指导、劝告、教育等行为，导致另一方的尊敬、服从等反应。

（2）由一方发出的帮助、支持、同情等行为，导致另一方的信任、接受等反应。

（3）由一方发出的同意、合作、友好等行为，导致另一方协助、温和等反应。

（4）由一方发出的尊敬、信任、赞扬、求援等行为，导致另一方的劝导、帮助等反应。

（5）由一方发出的害羞、礼貌、服从等行为，导致另一方的骄傲、控制等反应。

（6）由一方发出的反抗、怀疑等行为，导致另一方的惩罚或拒绝等反应。

（7）由一方发出的攻击、惩罚、不友好等行为，导致另一方的敌对、反抗等反应。

（8）由一方发出的激烈、拒绝、夸大、炫耀等行为，导致另一方不信任或自卑等反应。

利用人际心理，指导学生交往，形成良好的人际关系，班主任要注意以下几点：

（1）引导学生重视友伴关系的思想性。思想一致，价值观相近，是友伴关系的认识基础。友谊应建立在正确的思想基础之上，符合社会公认的道德规范。要防止社会上的不良风气，如"老好人""哥们义气"等错误思想的影响。

（2）帮助学生提高交往水平。友伴关系的发展有赖于交往频率与交往的深度。班集体应当创设条件，开展活动，增加同学之间交往的机会，引导大家互相关心、互相爱护、团结一致，彼此成为知心的朋友。

（3）引导学生重视性格因素。性格因素是影响人际关系的重要因素。研究表明，不尊重他人、以自我为中心、对人不真诚、妒忌心强、性情孤僻等都将阻碍良好人际关系的建立。班主任一方面要引导学生认识并克服自己的性格弱点，另一方面要引导学生注意性格的相容或相辅，在相互关系上，要互谅互让。

（4）调整学生相互关系的依赖性。需求一致或互补是影响人际关系的重要条件。一些同学关系密切，常常是因为他们有共同的需要，或者能相互满足对方的需要。要防止在交往中斤斤计较，导致友伴关系沦为庸俗的人际关系。

（5）适当调整学生的角色。在集体中，每个学生的角色各不相同。这种不同的角色必然会影响他们的人际关系。适当改变学生在集体中的角色，能够改善他们的人际关系，促进他们进步，加强班集体建设。

第四章 班级管理的理论与应用

一个班级所形成的良好班级秩序、班级文化、班级氛围等，不仅对顺利完成教学任务，促进学生发展具有举足轻重的意义，而且对学生的学习、人格发展、身心成长、行为习惯养成也有重大作用。班级管理既要遵循一般管理规律，也有特殊的意义、具体的内容和方法。本章在介绍班级过程管理的基础知识后，着重阐述班级常规管理、偶发事件处理、学生思想品德评定和学生自我管理能力培养。

第一节 班级管理概述

一、班级管理的概念及变化趋势

班级是中小学进行教育管理的基本单位。班级管理指班主任运用一定的手段和方法，建立一定的制度，极大地发挥人、事、物诸因素的作用，有效实现预定的班级教育目标的活动。林进材（2002 年）指出班级经营（Classroom Management）包括班级行政经营、班级环境经营、课程与教学经营、学生偏差行为的应对、班级常规经营、班级气氛、时间管理、信息的处理等[1]。

孙玉洁（2004 年）用"交往理论"对班级管理进行了新的诠释，也使班级管理进入一个全新的视野[2]。首先，赋予学生及班集体以主体地位，将发展的主动权交给学生。由此为尊重学生的个性和发展学生的主体性奠定了理论基础。其次，班主任和学生之间的相互沟通和交流是班级管理的核心要素，因此，建立一种民主平等、对话合作的师生关系，是班集体建设的重要条件。班主任通过与学生、班集体平等地对话与交流，相互走进彼此的内心世界，双方的精神在对话和理解中接受洗礼和启迪，从而使班主任从社会的"代言人"和真理的"拥有者"的神坛上走下来，成为班集体中"平等中的首席"，学生的"知音"。第三，强调形成一种全面交流的教育观、管理观。"交往理论"主张教育要延伸到学生的生活世界，使教育不仅限于课堂、学校，而且延伸到广阔而丰富多彩的日常生活中，使教育不仅只限于以书本为中心的知识教育，而拓展到人生更为本质的道德与人格教育。把生活作为教育的源泉，把教育作为生活本身，把学生的所有交往领域都纳入教育视野，从而形成一种全面、系统的教育观、管理观，使班主任能从多因素、多视角来认识学生、认识班集体，建设班集体。

焦春玲（2005 年）认为现代班级管理发展有以下趋势[3]：第一，知识经济时代的班级管理，应该是一种极具人性化的管理。人的因素成为班级管理活动的核心因素，那种"见物不见人"

---

① 林进材. 班级经营[M]. 上海：华东师范大学出版社，2006：4.

② 孙玉洁. 新课程对班级、班级管理概念的重建[J]. 辽宁教育研究，2004（10）.

③ 焦春玲. 现代班级管理发展的必然趋势[J]. 教学与管理，2005（3）.

的、专制式的、封闭式的管理模式必须有所改变。班级管理需要为学生个性的发展、创造力的发挥提供良好的精神氛围，以满足其作为人的各种需要。毋庸置疑，在高扬"以人为本"的班级管理理念的信息多元化时代，班级管理将不再是强力控制或命令式的，而是以服务性为主导，促进学生的全面发展。第二，在知识经济背景下，班主任在班级管理中应将其职能转变为在"以人为本"管理理念导向下的班级管理活动的共同参与者，即班主任在班级管理活动中注重学生个性的发展，民主、公正、公平地对待每一位学生，与学生共同成为班级管理的主体。第三，在班级管理中，班主任与学生是平等的管理主体，但因为学生还未成年，还不具有完全的理智与丰富的阅历来做班级管理工作最后的决定。因此，在制定及实现班级共同愿景的过程中，需要班主任加以督促与指导。从这个角度而言，班主任又是平等中的首席。在这种班级管理模式中，"服务性"表现为：班主任要尽可能为学生的发展创造一切条件，学生不再是班级管理者指令的被动接受者，学生既是班级管理的对象，也是班级管理的主体，班级管理的各项工作都为学生的积极性、主动性与创造性的发挥提供了广阔的空间。

从上述学者的论述，我们可以得出班级管理的变化趋势：

第一，学生既是被管理者，又是管理者，班级管理实际上是教师管理和学生自我管理的统一。

第二，班级管理是全面管理，是全程管理，是全时空管理与以常规管理为重点的统一。

第三，民主平等是班级管理的基本原则，相互沟通和交流是班级管理的重要手段，是走进心灵的艺术。

班级管理中不可忘记的五句话[①]：给学生树立一个目标，让他们主动去追求；为学生搭建一个舞台，让他们尽情去表演；给学生育人的方法，让他们自己去教育自己；给学生一缕阳光，让他们感到温暖；给学生树楷模，让他们去学习。

二、班级过程管理

陈红燕（2001 年）指出，有关班级管理的过程研究，涉及的是班级管理中"事"这一因素，它是班级管理中相对动态的一项研究。传统的管理总是把班级管理看成是由静态的职能所构成的，这样并不能反映出班级管理的实质，反而会造成在班级管理上由于缺乏科学理论的指导，使班级管理处于盲目的运作状态，而难于发挥应有的效果。根据系统的方法——霍尔的三维结构法来探讨和分析班级管理的科学运作过程时，可以从三个维度，即理论维、设计维、操作维展开，从根本上把握班级管理过程的运行规律。首先，从理论维看，班级管理过程是确立教育管理指导思想，形成正确教育管理观念的过程。这些教育管理观念包括全面发展观、教书育人观、管理育人观、学生主体观、系统整体观等。其次，从设计维看，班级管理过程是对班级进行系统分析、科学决策的过程。这一决策过程主要包括背景的分析、目标的确立、内容的确定、方法的比较以及形式的选择等。从操作维看，班级管理过程是班级管理方案的具体实施和调控过程。这一操作过程主要由以下环节构成：计划、实施、评价和总结[②]。

---

① 秦超杰. 班级管理工作中不可忘记的五句话[J]. 思想政治课教学，2007（7）.

② 陈红燕. 班级管理研究述评[J]. 教学与管理，2004（11）.

（一）计划（Plan）

1. 计划的含义

计划是一系列经过设计的行动，借以达到所要的目的[①]。计划是班级管理过程的起始环节。班级工作计划一般是分学期制定的，但要分解为周计划、月计划。有时为了搞好某项重要活动，需要制订专项活动计划。班主任在班级生活中应该养成凡事计划的习惯，有了完成的计划，就可以有效率地处理各种班级事务。

2. 制订计划的依据

第一，党的教育方针、培养目标、班主任工作任务。

第二，学校的工作计划。班主任必须了解学校本学期的各项要求及措施。

第三，本班学生的实际情况。应深入地了解本班学生的身心发展状况、学习成绩、学习能力、学习兴趣、特殊才能、经济文化背景等，这对制订班级工作计划是非常必要的。

3. 计划内容

第一，班级基本情况分析。主要是对本班学生特点和上期工作进行简略概括的分析，以便扬长避短；

第二，管理目标。班级管理目标是班级管理活动预期所要达到的结果，或预期要完成的具体任务，它是班级工作计划的核心，是班级管理活动的出发点和终点；

第三，任务与内容。将本期或本月的主要任务和活动内容详细地罗列出来；

第四，具体措施，即为完成管理目标而采取的办法、手段和行动步骤。

4. 制订计划的要求

要把所欲达到的结果，清楚地表达出来；目标合理可行；要把一系列行动的细节详尽地陈述出来；必须指定负责人，使整个计划能因此而推动、进行；充分利用现有资源；计划的每一阶段，均有时间表；要设立工作表现的标准，以衡量所欲达到的成效。

5. 制订计划的步骤

第一，谁来计划。计划主要由班主任制定，但班主任应尽量汲取科任教师、学生的意见。

第二，有什么问题。以目标为标准，分析本班存在的主要问题。

第三，收集整理事实资料。为了解决问题，达到目标，需要尽可能收集足够多的资料；收集资料时可使用观察、调查、书面材料分析等多种方法，对资料作归纳整理。

第四，想出多种方案，尽量创新。解决问题的方法通常不止一种，制订计划的人，必须在选出"最好的解决办法"之前，尽量多想出可供选择的方案，要多观察、多学习、多借鉴、多交流、多思考，尽量提出创新方案。

第五，优选方案，简要陈述。

（二）实施（Do）

班级管理的实施，是指班主任把班级资源组合起来，对计划进行贯彻的过程。只有计划，

---

① 卡内基管理群. 优质的领导[M]. 詹丽茹，译. 北京：中国友谊出版社，1998.

没有实施，计划等于一纸空文，因此，实施是将设想变现实，是实现管理目标的中心环节。实施环节主要抓好以下工作。

（1）做好动员，明确任务。组织实施要向学生做好思想动员，具体说明活动的任务、要求和意义，交代活动的原则和方法，统一认识，统一行动。

（2）合理组织，恰当分工。合理组织即建立健全班级组织机构，确定各个团队的作用和责任；善于调兵遣将，合理组织人力和分工，充分发挥他们的积极性；要科学地安排时间，做到活动有程序，工作有日程。

（3）搞好协调，互相配合。班主任要协调好三方面的关系：一是协调好班级各组织之间的关系，做到左右协调一致，上下互相衔接，以充分发挥整体效能；二是协调好学生之间、师生之间、家长学生之间的关系，做到密切配合，团结一致；三是协调好人与事、事与事之间的关系，使人与事之间力量组合相当，事与事之间进度相宜，步伐合拍。

（4）加强指导，正确激励。在工作上，班主任要对班级组织和学生进行指点和帮助，其目的是使被管理者干好工作，不偏离正确轨道。有效的指导，应该是指点而不是说教，帮助而不代替，批评而不压制。在实施阶段，要调动学生做好班级工作，完成预订计划，除建立必要的规章制度外，还需要采取各种鼓励和激励手段去激发学生的进取心，以调动全班学生的主动性和积极性。

（5）调整计划，符合实际。在实施过程中，由于各种原因，可能出现工作计划与实际情况不相适应的情况。这时，班主任在工作中要有一定的灵活性。如学校提出了新任务和新要求，对原计划就要进行补充；原计划有不符合实际的内容就要进行调整，使班级工作计划符合客观实际，做到实施不离计划，计划不脱离实际。

（三）检查（Check）

检查是对计划执行情况的监督、测量、评价的过程，是管理的中继环节，是实现班级计划的重要保证，是推进班级工作的重要措施。检查的结果，是总结评价的依据。从检查的方式看，班主任主要有迎接学校的检查、自我检查和对班委、团队的工作的检查。班级管理检查有以下基本要求：

（1）检查要以目标、计划规定为标准。检查的目的要求，检查的重点和内容，以及检查的对象和方法，都要按目标和计划的要求来确定，以便统一标准，掌握一个尺码。

（2）检查要全面、真实。在检查中要采取各种形式，做好调查研究，掌握第一手材料，掌握典型事例和必要的数据，获取大量的信息。

（3）检查要对工作结果和执行过程同时进行。在检查时，不能只看工作结果，还要考查执行计划的阶段。只有同时检查结果和执行过程，才能找到产生结果的真实原因，从而正确指导班级和学生进一步改进工作。

（4）检查要与指导相结合。班主任在检查班委、团队工作时要与指导相结合，分析存在的问题，提出改进的措施。

（5）注重资料的记录与收集。要迎接学校的检查，班主任需要提供事实依据，这就需要注重平时资料的记录与收集，形成收集资料的意识和习惯。

（四）处理（Action）

处理是对整个计划在执行、检查中得到的情况进行整理分析、概括与评价的过程，是班级管理过程的终结环节。处理有利于发扬成功的经验，吸取失败的教训，改进下一个周期的工作；处理有利于探索班级管理规律，提高班主任的管理水平。处理的内容主要包括：工作的主要内容、工作成效、存在的问题和经验教训、改进建议。处理要注意以下几点：

（1）平时积累资料；

（2）不能脱离计划；

（3）要突出重点与特色；

（4）要实事求是；

（5）观点和材料统一。

班级管理过程的四个环节是互相衔接、有机联系、不可分割的。计划是起始环节，统帅管理全过程；实施是中心环节，使计划付诸实行；检查是中继环节，是对实行的加强，也是对计划的检验；处理是终端环节，是对计划、实施、检查的总检验、总评价，也是为下一个周期提供依据。上述四个基本环节，是周而复始地循环运转的，从而构成了班级管理的全过程。这种 PDCA 的循环，不是简单的重复，而是阶梯式地螺旋上升，是不断前进和不断提高管理水平的活动过程。班级工作日复一日，年复一年，连续不断，总是在这样一个管理周期中不停地运转——这是班级管理过程的一般规律。

第二节　班级常规管理

班级常规管理是班主任以《中小学生守则》和《中小学生日常行为规范》的内容要求为依据，结合本班实际，进行思想、学习、纪律、劳动、生活等的日常管理。"学校无小事，事事皆育人"，要立足学生日常学习的言、行、心态，及时进行指导、规范、训练，以培养学生良好的行为习惯和基本的做人品质，进而形成良好的班级氛围。

一、班级常规管理的意义

（一）能为班级创造良好的学习生活环境

班级是学生在校学习、交往、生活的主要场所。抓好班级常规管理，形成科学的生活作息制度，形成良好的学习、交往、生活、锻炼、卫生习惯，能够为学生创造一个幽雅宁静、卫生整洁、人际和谐、积极上进的学习生活环境。班级常规管理是教学的先决条件，缺乏良好的班级常规，则教学活动的实施难以达到预期效果。

（二）班级常规管理是班主任工作的切入点

班主任工作千头万绪，从何切入呢？有经验的班主任告诉我们，"从常规管理切入"。常规管理是对班级生活最基本行为要素"衣、食、习、行"等的管理。在这些基本行为要素方面建立起基本的制度，形成基本的秩序，也就为班级创造了一个基本而又良好的环境，为学校各种教育活动开展建立起了一个平台。常规管理的内容多为学生的日常行为，小而具体，看得见，摸得着，一旦认真抓，容易出成效。

（三）有利于对学生进行养成教育

班级常规管理着眼于对班级日常学习和生活中学生的言、行的指导、规范、训练，有利于学生形成良好的习惯，与养成教育的目标一致，是学校实施养成教育的主要途径。

二、班级常规管理的特点

（一）琐碎性和反复性

常规管理涉及的往往是一些琐碎事情，而这些事情又都是经常发生、反复出现的，如要求学生按时作息，讲文明礼貌，养成良好的卫生习惯和学习习惯等，几乎是天天都要抓的。有些工作还具有周而复始的特点，如新生入学教育、毕业生教育、重要节日的教育等。

（二）繁杂性和指向性

班级常规管理涉及学生的"衣、食、习、行"，渗透到教务、人事、后勤等各个职能部门之中，头绪繁多，内容庞杂，但是条条措施都指向"育人"这个中心培养目标。其根本目的都是优化育人环境，全面提高学生素质。

（三）扎实性和持久性

对学生常规管理的每一项工作都必须扎扎实实去抓，对学生的每一个良好行为和习惯的养成，都必须坚持认真和长期的训练，才能内化为学生的素质。

（四）规范性和强制性

常规管理是根据社会对中小学生的学习、生活、品德、行为等的要求，制定规范并运用规范进行管理，进而形成常规的一种管理活动。首先要求学生必须严格执行规范，接受常规训练，将社会和学校共同的规范要求转化为自身的行为规范，这一步具有强制性，进而要求自觉运用规范，约束自己的行为，实现从"他律"向"自律"的转化。

三、班级常规管理的基本内容

班级常规管理工作可分为程序性工作和经常性工作。程序性工作主要包括：学期初，班主任要根据学校政教处工作计划的要求，写好班级的工作计划；学期末，班主任要认真写好班级工作总结，完成三好学生的评定工作，写好学生的操行评语，安排假期活动等。经常性工作主要包括：建立和培养班级组织（建立强有力的领导班子）；制定和监督执行合理的班级制度；定期开好班会，与任课教师、家长及团组织保持广泛的经常的联系；认真组织班级开展和参与学校组织的各项活动；积累有关学生方面的信息、档案和资料；经常对班级学生进行思想政治道德教育、学习教育、纪律教育，与个别学生谈话，处理好班级的日常工作等。

根据《中小学生守则》和《中小学生日常行为规范》，可以将班级常规管理的基本内容分为 9 个部分：

（1）基本道德行为常规管理。遵守国家法律，遵守交通法规，遵守公共秩序，爱护公用设施，遵守网络道德和安全规定，珍爱生命等。

（2）纪律常规管理。指到校出勤纪律、课堂学习纪律、自习纪律、课间两操纪律、晨会纪律（包括升旗仪式纪律）、住宿生食宿纪律等。

（3）学习常规管理。课堂学习常规：上课专心听讲，勤于思考，积极参加讨论，勇于发表见解；课外学习常规：认真预习、复习，主动学习，按时完成作业；考试常规：做好迎考准备，考试不作弊等。

（4）交往常规管理。与同学、教职工、父母及其他人交往方面的常规。

（5）生活常规管理。穿戴整洁，举止文明，情趣健康，爱惜粮食，节约水电，生活节俭，学会料理个人生活，生活有规律，按时作息，珍惜时间，合理安排课余生活，坚持锻炼身体等。

（6）环境卫生常规管理。指个人卫生、周围公共卫生、生态环境常规。

（7）安全常规管理。指防火灾、防溺水、防触电、防盗、防中毒等。

（8）班级文档与史志管理。指学生成绩报告单、操行评语、"三好"学生和各项积极分子评选、黑板报、周记、班级日志、班史、学生档案、班级总结。

（9）班级校外、假期管理。指学生假期生活、假期作业、校外学习小组、校外辅导员、学生联络网。

四、班级常规的制定和执行要领

（一）班级常规的制定要领

（1）班级常规应适宜。班级常规的项目不宜过多，项目数量要适宜，学生和教师比较容易记牢，在执行中比较简化。

（2）条文内容易于实践。班级常规内容的制定应该适合学生的身心发展阶段，符合学生的年纪和能力，并能附上一些具体的行为规范，则学生容易明白班级常规的意义，并有具体的范例可遵循。

（3）班级常规叙述应该是正面的。班级常规内容的叙述，文字应该是清楚的、正面的、概括的、适合各种情境的，班主任在讨论班级规则时，应该尽量从正面的立场向学生说明，让学生参与讨论，做补充说明解释。例如，与其要求学生不可以在教室喧哗，宁可要求学生在教室中保持安静。

（4）结合学习和人际相处。班级常规的制定应该至少包括两类：学习上和与人相处所需要的规矩。因为在班级生活中，学生生活是相当重要的，教师必须让学生了解学习方面的规则以及人际相处方面的规则，才能在班级生活中顺心如意。

（5）班级常规应该易于了解。开学三天内，应该将班级常规制定出来，和学生沟通，以便让学生清楚每项规则所代表的行为期望。

（6）班级常规和校规应该一致。班级常规的制定要配合校规，不可以和校规有任何抵触。

（二）班级常规的执行要领

（1）遵守公平原则。班级常规的制定必须遵守公平原则，不可因人设事，对每个学生的行为都应该采取公平原则，不能因不同的学生犯错而采取不同的标准，否则容易引起学生对班级常规的质疑，使班规的执行受阻。

（2）建立班规权威。班级常规建立之后，班主任应该指导全体学生共同遵守，如果学生触犯班级常规就必须彻底执行，不可以有例外，这样才能建立班级常规的权威性。

（3）立即处理。当学生出现违反班规行为时，应该立即给予应有的处理。例如，学生上课迟到，不交作业，上课不专心，出现打架行为等，就应该了解行为的缘由，立即按班规进行处理。

（4）运用自治规范。运用团体制约的力量对班级常规的处理与要求是相当有效的，班主任在执行班规时，应该运用班长、班委委员及各小组组长等班级干部，对违反班规的学生给予劝阻，如果劝阻无效再由班主任公开处理。

（5）掌握教育时机。班级常规的执行，教育时机是相当重要的，尤其在学生犯错违规时，班主任必须针对学生的行为，技巧地运用各种策略，立即辅导与矫正。学生如果有优异的表现也应该利用机会公开表扬，才能起到社会学习示范的效果。

（6）运用个别辅导。班主任必须针对犯错的学生，给予个别指导与辅导，针对学生的偏差行为给予劝导，并指导学生如何面对错误并改正不良行为。对于经常犯错的学生，班主任可以运用个别辅导的策略，情节严重者依规定通知家长，请家长配合学校的规定。

（7）运用团体压力。当学生出现不良行为时，会感受到一种来自团体的被孤立、遭排斥的心理压力，学生就会自觉约束自己的不良行为。班主任要注意营造这样一种团体压力。

马希良（2005年）提出的"热炉法则"[①]简洁地阐释了班级常规的执行要领：每个单位都有自己的"天条"及规章制度，任何人触犯了都要受到惩罚。"热炉法则"形象地阐述了惩处的原则：①热炉火红，不用手去摸也知道炉子是热的，会灼伤人的——警告性原则。班主任要经常对学生进行规章制度教育，以警示和告诫学生不要触犯规章制度，否则就会受到惩处。②每当你碰到热炉，都必定会被灼伤。③当你碰到热炉时，立即就会被灼伤——及时性原则。惩处必须在错误行为发生后立即进行，决不能拖泥带水。④不管谁碰到热炉，都会被灼伤——公平性原则。

"一粒瓜子壳1 000字说明书"[②]案例说明了严格执行规范的重要性。

> 对于同学吃零食有没有利，通过全班同学的讨论，认为从总体而言，是弊大于利，因此大家一致通过在校内尤其是在教室里不吃零食的决定。并推选最爱吃零食的卢建具体负责，又通过讨论，以"扔在地上一粒瓜子壳就要写1 000字说明书"为惩罚。卢建同学上任以后，为了获得说别人的权利，他先从自己做起，有意识地控制自己不去吃零食。他控制住了，别人也开始控制自己。通过决定后的5天内，大家都忍住了，卢建注意观察，也没能发现该挨罚的人。第六天中午，带饭的同学在教室吃饭，并热烈地交谈，一位同学忘乎所以，平时他极爱吃零食，此时以为班级放松了对这件事情的管理，终于控制不住，剥开一粒瓜子吃，并下意识地将瓜子皮

---

① 马希良. 班级管理法则浅议[J]. 中小学管理，2005（2）.
② 魏书生. 班主任工作漫谈[M]. 桂林：漓江出版社，2000：197-199.

扔到了地上。卢建立即上前，当场让那位同学捡起，并问："还记得班规吗？""忘了。""那好，找法律顾问吧！"找到管理班规的同学，查到卫生部分，明白了："要写1000字的说明书，还要看衣服口袋里有没有，若有，每粒再加100字的说明书。"卢建又从那位同学衣袋里翻出16粒瓜子，两者相加，便是2600字的说明书。"好了，开始写吧，放学后交给我。"一届又一届的最爱吃零食的同学跟我说："刚开始，不吃瓜子，不吃羊肉串，糖葫芦什么的不习惯，见了就馋，就想，吃起来，耽误事。有时上课，学习时还惦念着上哪去买，怎么吃，班级管得紧，过了几个月，也就习惯了，现在感到利确实大于弊，不只节约了钱，更重要的是学习心静了，节省了精力，节省了时间。"这不意味着一律禁止，旅游时，过年开联欢会时，还是提倡大家吃。

五、班级常规管理的基本要求

（1）一贯性。在整个班级常规管理中各种规范的执行要一以贯之，长期坚持，不能朝令夕改。

（2）自治性。重视发挥管理对象的主观能动性，让学生参与规范的制定，自己执行，自己检讨、奖惩，这不仅有利于培养学生的自律能力，也能锻炼学生的管理能力。

（3）创新性。班级常规管理的突出特点之一就是反复性，这就要求班主任在每学期的常规管理中，对于重复性的工作要赋予它新的生命、新的内容、新的要求，采用新的方法和新的途径，讲究工作艺术。只有这样，才能避免"老生常谈"，给学生新鲜感、生动感，使学生受到新的启迪。

（4）示范性。要求学生做到的，教师首先自己要做到，教师要时刻用自己的言行为学生做出表率。

向长征（2004年）在《班主任工作琐记》中告诉我们，班主任工作仅仅靠规范还不行，还要讲究工作艺术。

此时无声胜有声：

班主任处理问题一定要注意方法和策略。人都有惰性，加上现在的孩子"个人"思想比较突出，更要正确引导。今年"十一"长假返校，我下午到各寝室去了解同学们的返校情况，寝室满地是花生、瓜子壳和一些水果皮及垃圾袋，有的学生躺在床上看书，有的坐在床上吃东西。我进去后，首先和同学们一一打招呼，再说你们寝室真脏啊，是不是太累了。我拿起扫帚扫起来，同学们愣愣地看着我，几秒钟后有一位同学从我手中夺过扫帚扫起来，我检查其他寝室后再返回时，寝室已是干干净净。也许我责怪他们没有什么效果，"我去做"比"我说"更有教育的力度。

小小的祝福暖人心：

学生从进入我班开始，我便详细地登记他们的家庭情况、住址、出生年月日、家长联系方式等，以备后用。例如我每天第一件事就是看今天是哪几个学生的生日，然后便悄悄准备贺卡，写上祝福，送给学生，他们开心，我也开心。收到贺卡的那些学生脸上荡漾着幸福，不能不说是人生的一大乐事。

鼓励是一片阳光：

学生期待老师的关注，正如下级期待上级的承认一样，这是人之常情。学生请教你的时候，别忘了去关心问候他。和学生走到一起的时候，拍拍学生的肩膀，表示亲切，说说我非常器重你，你很优秀，你的字写得真好，你很有能力，你有很强的管理才能等，鼓励他们，使他们自信、自强。用显微镜看学生的优点，让学生充满阳光。在学生的作文中我就发现他们说老师的鼓励让他感动，从而奋发努力，取得了很大的进步。老师动动嘴，鼓励的力量的确是无穷的。

班级管理 10 忌[①]：

忌集体活动中，排斥后进；忌讽刺挖苦，伤害自尊；忌以优比劣，刺激后进生；忌亲疏有别，有失公正；忌简单粗暴，缺乏耐心；忌家访告状，专门揭短；忌言行不一，有失诚信；忌无的放矢，唠唠叨叨；忌拖泥带水，虎头蛇尾；忌道貌岸然，盛气凌人。

第三节　班级偶发事件的处理

班级偶发事件的出现，常使班主任束手无策。班主任在日常班级管理中，应该具备各种危机处理的基本常识，防微杜渐，减少并妥善处理班级偶发事件。因此，班主任必须具备处理各种偶发事件的专业智慧。

一、偶发事件的含义

偶发事件是指在教育教学活动或学生的日常生活当中突然发生的、严重影响学生个体或班集体的利益，扰乱正常秩序或危及学生安全的事件，如学生的出走、打架斗殴、意外伤亡等。这些事件主要具有发生的突然性、破坏的严重性、处理的紧急性和潜在的教育性等特点。

遇到偶发事件，班主任可能出现以下问题：

（1）情绪冲动。面对偶发事件，班主任最容易出现的问题就是情绪冲动，其表现是急躁、易怒、感情用事，处理事情简单粗暴。这样往往会把事情搞得一团糟，导致事态复杂、恶化、升级。

（2）盲目行动。这是班主任容易犯的错误，其表现是不能针对偶发事件做必要的调查了解，在没有把握事件的态势与性质之前，就仅凭主观愿望进行处理，结果事与愿违。

（3）听之任之或推卸责任。极少数缺乏责任感的班主任，往往认为某些偶发事件与己无关，便高高挂起，听之任之。或者当偶发事件出现时，他们想到的不是最大限度地保护班集体和学生的利益，妥善地教育和引导学生健康成长，而是想方设法地推卸自己的责任，保全自己的利益。

二、处理班级偶发事件的策略[②]

（一）严格控制自身情绪

面对偶发事件，班主任必须严格控制自己的情绪，做到冷静、理智、果断和谨慎。日常

① 郭晓华. 班级管理十忌[J]. 教学与管理. 2004（11）.

② 钟型泰. 现代中小学班主任工作指出[M]. 成都：四川教育出版社，2000：124-130.

工作中，不少偶发事件常常使班主任感到自己的尊严受到挑战，威信受到损失，劳动白费。有的班主任觉得这是跟自己"找麻烦""添乱子"和"唱对台戏"。面对这样的事件，他们难以控制自己的情绪，有时可能会采取居高临下、强制压服，或者简单粗暴、以牙还牙的方式对待学生。恶劣的情绪是处理偶发事件的大敌，班主任肩负着崇高的育人使命和庄严的社会职责，以上述方式对待学生是绝对不可取的。这方面的正反例子很多。

某校高二学生卢某，误认为班主任侯老师在评选优秀班干部的过程中做得不公平，便闯进办公室，在众目睽睽之下对侯老师进行责骂。面对突如其来的伤害，侯老师首先想到的是在学生面前要控制情绪，要尊重学生的人格，要变被动为主动。于是他微笑着站起来，请学生坐下慢慢讲，叮嘱他不要着急、不要发怒。这样，侯老师在冷静的情绪状态中发挥出了惊人的教育机智，用爱心和责任心为学生营造出温馨的宽容空间，使偶发事件的处理具备了良好的开端。与这件事完全相反的是：有位老师在对无意踢坏学校橱窗玻璃的一个所谓顽皮学生大发雷霆、严厉责骂之后，这个学生不但没有主动承认错误，担负起赔偿损失的责任，还在一气之下砸坏了学校的一排橱窗，这件事给学生、班集体和班主任老师的形象与利益都带来了严重损害。

课间，两位学生在教室里的走廊上打起架，班干部连忙喊来了班主任。班主任发现这两位学生正你揪着我的头发，我揪着你的衣领，仍然保持着"战时"姿态。他们已意识到班主任站在身边，但谁也不愿意放下手，仿佛谁先放手就是理亏的一方。见此，班主任用平静的口气道："怎么能打架呢？都把手放下来。"两位学生几乎在同一时间放开对方。班主任把他们带进办公室，两个学生眉宇间都透着怒气，有一触即发之势。这位班主任把学生从现场带进办公室，始终一言未发，只是亲手搬来两张方凳示意他们面对面坐着。片刻，班主任用十分平静的语气说："我现在急于改作业，请稍等一会，你们俩先各自想一想，看自己有哪些不对的地方，"他把"自己"二字强调很重，说完，便煞有介事地改起本子来。起初，两个学生一个仰面注视天花板，一个扭头望窗外，互不相视，过了一会儿，他们都偷偷看班主任的作业本，情绪缓和了一些。良久，当两个学生都意识到班主任似乎不问他们的事，而是忙于改作业时，都低下头沉思起来。又过了一会儿，两个学生都好想看看对方的表情，正当两人的视线碰在一起时，几乎禁不住一齐"扑哧"一声笑了起来。此时，班主任觉得冷却的时机已经成熟，火候正好，这才放下笔，将身子侧向学生，不无幽默地说："你们本来是一对要好的朋友，一定是为了点鸡毛蒜皮的小事才爆发了战争。我看一个巴掌拍不响嘛，是不是……"没等班主任把话讲完，两人便争先恐后地检讨了自己的错误，主动向对方表示道歉，并保证今后再也不打架了。几分钟前还是剑拔弩张，几分钟后，当事人之间又重新和好，一场恶性打架事件，就这样通过班主任的"冷处理"艺术地解决了。

班主任以"冷"对"热"、以"静"制"动"，化干戈为玉帛，体现出了班主任冷静沉着的教育机智。

（二）准确判断，迅速把握事件性质

迅速准确地判断偶发事件的性质与发展态势，可以为事件的妥善处理赢得时间，提供依据，所以班主任必须具备敏锐的观察力、准确的判断力，必须能够从偶发事件的发生原因、变化情况、涉及的人数和事件所处的场景等方面入手，迅速把握事件的局势和相关情况。

某小学六·三班女生冯某，1999 年 10 月初的一个早上没来上学，父母双双找到了学校。该班班主任肖老师意识到了情况的紧急与严重，马上就向该生父母了解情况。开始，学生的父母似有难言之隐，只吞吞吐吐、支吾其词地说了一些原因。肖老师感觉到情况有些不对劲，就进一步询问。后来，学生家长才说出了事情的真相：前一天中午，该生父亲突然返家，发现女儿的玩具、图书满地都是，女儿的神态也有些异常。后来到了上学时间，女儿同班的一位男生黄某从衣柜里钻了出来。父亲责问了女儿几句，便让他们去上学了。晚上放学时，冯某迟迟不归。家长为了保全女儿在老师和学校面前的所谓面子，就独自到亲戚、朋友和女儿的同学家里寻找。在没有找到的情况下，家长又指望女儿第二天能够来上学……根据这些情况，肖老师马上做出判断：冯某属于离家出走，需要立即寻找，否则后果不堪设想。在向学校、公安机关提出协助寻找的请求之后，肖老师又尽自己所能，找到男生黄某及其家长了解情况，同时在全班学生当中进行调查，进一步了解事情的来龙去脉。结果，事发当天，肖老师就帮助家长找到了冯某……

学生因为各种原因离家出走这类偶发事件在小学高年级出现的可能性较大，在中学阶段出现得更多。对此，班主任必须根据学生的一贯表现和出走原因，迅速准确地掌握事态，立即采取行动。当然，有的事件比这类事件更为紧急，需要班主任在更短的时间内做出判断，采取行动。

某校高中一位班主任秦老师就经历了一次这样的考验。那天他下班回家，发现自己班上的两个男生与一群同龄青年挤在一个僻静的小院里吵吵闹闹，里边还有几个社会上不三不四的人。再仔细看，他发现在场的所有人都带着短棒、石头、匕首等武器。从这紧张的气氛，秦老师马上凭直觉判断：这是一起严重的校际学生斗殴事件，需要立即请求公安机关出面制止事态发展。于是，他马上掏出手机，拨通了110；然后，他挤进人群，向自己的两个学生走去……

分析以上两个事例，我们可以看出，肖老师和秦老师面对偶发事件都极其迅速、全面地掌握了情况，对其性质进行了准确判断和把握，这样，才为事件的妥善处理提供了可靠的保障。

（三）弄清情况，果断采取有效措施

果断采取有效措施是处理偶发事件的关键。前文所谈到的几个例子当中，侯老师为学生让座、肖老师请求有关部门协助寻找学生、秦老师向 110 报案和勇敢地走进斗殴人群，都是果断处理偶发事件的有效措施。这些措施的采取，不仅在于班主任对自身情绪的严格控制和对事件性质的准确把握，更重要的在于他们头脑冷静、机智，具有丰富的专业知识和高度的责任感，有时甚至需要其有崇高的献身精神。

某校初一年级一场拔河比赛之后，一班两位好胜心过强的学生不服输，谩骂二班是肥猪，惹来了二班两位同学的"反攻"。双方相持不下时，两班又各有几名同学卷入争吵，使矛盾逐渐升级。在这剑拔弩张的时候，一班的班主任王老师迅速赶到了现场，他严肃地说："你们都很关心自己班集体的荣誉，这种精神值得肯定，但是，你们这样做，还评得上精神文明队吗？这样两个班的纪律红旗不是全泡汤了吗？为了集体的荣誉，请各自回教室。"学生回教室之后，王老师表扬了他们听劝阻、爱集

体。接着，他让同学们围绕这件事，讨论如何热爱集体、如何对待输赢、如何广泛团结同学等问题。学生纷纷各抒己见。王老师则相机引导，巧妙地把学生那种痛苦与不满的情绪转化成了他们发展自我、建设集体的动力。

　　某小学五·二班在春游的途中，一个女同学不小心掉进了路边一个很深的池塘里。学生队伍顿时乱成一团：胆小的女生惊慌失措、哇哇乱叫，勇敢的男生则欲舍身施救，要脱鞋下水。在这千钧一发的时刻，班主任周老师果断命令学生不许拥挤、不许下水，只能去向其他老师和周围的农民告急求救。然后，他纵身跃入了水中……后来，在闻讯赶来的其他几位老师的帮助下，周老师终于把落水学生救了上来。紧接着，他又对孩子进行了人工呼吸，使孩子脱离了危险。事后，有人问周老师："当时情况那么危急，如果你起不来怎么办？"周老师坦诚地说："当时的确没有想那么多，是本能吧。我想，当时不管是哪个老师，都会想尽办法去救学生，因为只有这样，学生才会多一点生还的希望，也只有这样，我们才无愧于人民教师的光荣称号。"
这一事例反映了一个人民教师高度的责任感与崇高的献身精神，这是一个优秀的班主任在紧急情况下采取果断措施的原动力。

（四）妥善解决遗留问题

　　不少偶发事件，在现场进行处理之后，往往还有一些遗留问题需要解决。对此，班主任要注意以下三点。

　　首先，解决遗留问题要注意根除诱发偶发事件的主观因素，以便杜绝类似事件再度发生。如面对两个学生之间的严重斗殴事件，班主任除现场进行果断制止之外，还必须与双方家长合作，对学生动之以情、晓之以理、导之以行，引导他们主动认识各自的错误，自觉承担各自的责任，激励他们积极采取行动改正错误，防止他们及其他学生再次斗殴。

　　当然，在这方面，班主任不能仅仅停留在就事论事，把事情处理得"风平浪静"这个层次上面。偶发事件得到初步处理后，班主任还要从促进学生发展的角度出发，借助其遗留问题的处理来培养学生的独立性、主动性和创造性，全面提高学生的自我教育能力和主体性发展水平，从根本上杜绝或最大限度地减少偶发事件的发生。

　　为此，班主任可以根据实际情况，把处理遗留问题的主动权最大限度地交给学生。有位初二年级的班主任在这方面就做得比较好。

　　一次，班上有两个男生模仿黑社会的行为对一个四年级小学生实施了"抢劫"。这位老师在引导学生认识错误和危害之后，又启发他们用创造性的办法弥补过失，改正错误。后来，两个学生在家长、老师和同学的协助下，充分发挥自己的聪明才智，创办了一份题为《我与法》的文摘性小报。这份小报每月编一期，每期印一百份。编印出来之后，两位学生还把报纸张贴到附近中小学和街道的读报栏中，对广大青少年学生进行普法教育。

苏霍姆林斯基说："只有激发学生进行自我教育的教育才是真正的教育。"这位老师对学生实施的正是这样的教育，因为他根据学生的具体情况，激励学生进行了有效的自我教育，创造性地促进了学生主体意识和主体能力的发展。这样的教育，也正是班主任在处理偶发事件时应该追求和实施的教育。

　　其次，遗留问题的处理还要周密考虑诱发偶发事件的客观因素。

1999 年 1 月 12 日早晨，某重点小学正准备进行期末考试，二年级某班主任让学生赶快去上厕所，要求五分钟内回教室。但是，此时全校大部分学生都在同一时间做着同一件事，于是悲剧发生了：这位老师班上的一位学生在厕所门外的楼梯上当场被踩成重伤。事后，全校班主任和学校领导认真研究了诱发这一严重事件的各种原因，然后提出了处理遗留问题的方案，其中针对客观原因的有两条：①立即扩宽厕所门前的楼梯通道，扩宽之前，派专人在学生上厕所集中的时间执勤；②重大活动或集会前后，全校学生不得自行上厕所，而要听从班主任根据学校广播通知的时间进行统一安排。

该校领导和班主任这样做的目的显而易见。这给我们带来的启发是：班主任时时、处处都要留心学生生活、学习的室内外环境和其他可能诱发偶发事件的因素，发现问题，就要及时处理。当然，这种处理最好安排在偶发事件发生之前，不过，像上面所举的那所小学那样亡羊补牢也尚不为晚。

第三，解决遗留问题必须具有高度的法律意识。我们的社会是法治社会，偶发事件某些遗留问题的处理离不开法律手段的介入。因此，班主任解决遗留问题必须具有法律意识。这种意识主要体现在要借助法律来保护学生、学校、家长、自己和有关当事人的利益。体现在行动上，就是班主任要自觉守法，严格按照法律办事。同时，班主任还要注意保护某些偶发事件的现场及与此相关的证据。

某重点中学一女生跳楼自杀，同学在收拾她的遗物时发现了一封能够反映该生自杀原因的遗书。班主任当即把遗书送到学校妥善保管起来，为事件遗留问题的妥善处理提供了强有力的证据。后来，根据这封遗书，有关部门和家长认定学校、老师和同学没有任何责任。

由此可见，法律意识的树立和有关证据的妥善保存对于解决某些偶发事件的遗留问题是至关重要的。对此，必须引起班主任的高度重视。

第四节　学生思想品德评价

品德评价是教育者依据一定的道德标准对学生的品德形成和发展的状况进行评价的过程。对学生的思想品德评价既是班主任的本职工作，又是班主任的基本功之一。

一、学生思想品德评价所面临的困难与问题

思想品德评价的困难由其特征所决定。学生的思想品德受年龄、认知水平、学校、家庭等诸多因素影响而不断变化发展，具有以下特征。

（1）隐蔽性。学生的思想品德直接体现在学生的言行上，但在某种功利意识的驱使下，学生的品德行为有时会被假象掩盖，不能真实地体现出个人的思想品德。

（2）发展性。学生处于学习成长时期，从小学到中学随着知识的增长，社会阅历日渐丰富，思想品德行为的变化发展非常明显。

（3）个体性。思想品德作为道德行为在学生身上的表现具有鲜明的个别性，不同的学生会有不同的表现。

由于以上特征的存在，在学生的思想品德评价上就呈现出一些困难，如评价学生的道德认识难求确定性，评价学生的品德行为难求全面性，对学生思想品德评价在方法上难求简化。

过去对学生思想品德评价存在不少问题。孟丽波、姚恩全（2007年）指出学生品德评价存在四大困境："品德标准模糊、品德评价的定位误区、品德评价的方法单一、多元环境的挑战"[①]。孙爱莲（2006年）以操行评定为例对酒泉市城关学区小学品德评价采用访谈法及作品分析法进行了调查，发现存在一系列问题[②]：

（1）品德评价内容的确定缺乏科学全面的依据，无规范的评价标准；

（2）重量性评价轻质性评价，定性、定量方法不能合理地结合；

（3）重行为评价，品德评价内容单一片面，评价缺乏个性；

（4）品德评价主体错位，以教师评价为主，自评、他评、互评不能合理结合；

（5）品德评价周期长，不能做到经常性评价和阶段性评价相结合。

这些不足使教师对学生的思想品德评价不太全面、不太准确，难以达到通过评价有效地促进学生健康成长的目的。

二、学生思想品德评价方法

孙爱莲（2007年）根据评价功能目的的不同，总结出学生思想品德评价方法五种方法[③]：测试法、行为规范得分评价法、操行等级评价法、评语评价法、成长记录袋评价法等。

（1）测试法：通过编制一定量的测试题，测试受教育者对某种道德知识的掌握情况，也可以运用于道德情感的评价。

（2）行为规范得分评价法：是从现实生活的具体情境中的品德行为去评价学生品德的方法。它是先将德育目标或规范要求具体化为一些操作行为，并用具体项目表示。每个项目定出分数值及评分要求，开学向学生公布，然后定期进行测评，期末累加起来，即得到某一时期的品德分数。这种方法是建立在有目的、有计划的观察基础上的评价，比较客观、准确，便于横向比较。

（3）操行等级评价法：即按照一定标准对被评价者的品德水平和状况予以总括性的等级评价，以显示学生品德发展水平的差异。这种评价方法改变了评语评价比较笼统，不便于横向比较的缺陷，又弥补了量化评价方法烦琐、结果意义不明确的缺点。等级可以是三级制，如好、中、差；也可以是四级制，如优、良、中、差或优、良、及格、不及格；也可以是五级制，如优、良、中、可、劣。

（4）评语评价法：这种方法是在学生评价等级或分数的基础上，对学生的思想和行为的某些显著变化和个性特点用文字作概括性说明。这种方法是对非评语评价法评出一个分数与等级之后的说明与补充，以解释分数和等级的意义或补充他们无法说明的品德个性特点。

如何运用好评语评价方法？

对学生操行下评语的目的是不断加强学生自身修养，促进学生高尚思想道德情操和良好品格的形成。操行评语还可以使家长了解学生在学校的表现，协同学校进行教育，并且对高

① 孟丽波，姚恩全. 论学生品德评价的困境[J]. 教学研究，2007（5）.

② 孙爱莲. 学生品德评价存在问题成因思考[J]. 和田师范专科学校学报（汉文综合版），2008（1）.

③ 孙爱莲. 建国以来我国小学生品德评价研究综述[J]. 河西学院学报，2007（1）.

一级学校起着教育纽带的作用，为高一级学校教师了解学生、教育学生提供一定的依据。

怎样给学生写操行评语呢？除了我们班主任平时多观察、多记载、多了解、多积累之外，更重要的是要落实在班主任的"笔头"上。学生的操行评语应体现出班主任的教育思想和教育艺术。

为适应素质教育的需要，很多优秀班主任在对学生下操行评语的工作中做了不少改进。要使评语真正体现个性、充满人情味，必须突破以下几点：①少写"观念"，多写"行为"。②不求全面，只求特点。③态度平易，用语亲切。形式上散文化，表意委婉并富有哲理，在人称上采用第二人称；语气上深情、亲昵、轻柔、舒缓。④基本模式是"肯定"加"提示"，也就是找到学生身上的"闪光点"加以肯定，同时鼓励他们纠正不足。

下面是一位班主任对一位小学三年级学生下的操行评语[①]：

> 你是一位勇敢的小男孩。班上有同学表现不好，你敢于制止；学习上遇到困难，你主动请教老师，战胜困难；运动会上，你积极参加 800 米的长跑比赛，还夺得冠军。你还是一位热情懂礼的好孩子。教室有垃圾主动清扫；见到老师主动问好；同学有困难主动帮助。不过，你要多和同学们在一起玩耍，这样同学们会更加喜欢你。如果"粗心"的毛病被你克服掉，老师将更加高兴。努力吧，你一定会成为一名真正的小男子汉。

这位班主任的评语有许多值得我们学习的地方：①语言亲切。用第二人称"你"的形式下评语，直接和学生对话，使学生强烈地感受到老师的温馨关爱，在情感上学生很容易接受。②鼓励性强。对学生优点做了充分的肯定，有利于学生更好地发扬优点；对缺点的委婉指出，会使学生更信服地接受老师的批评，改正不足，不断进步。③尊重学生。以学生的主体意识、实际的个体行为为出发点，用发展的眼光评价学生，真正体现出学生是教育主体的教育思想。④个性鲜明。从评语中一眼就可看出，这是一位活泼、可爱，热心为集体服务和帮助他人的小男孩。这种评语避免了千篇一律的现象发生。⑤缩短了师生间的距离。该评语注重语言的艺术性，采用与学生亲切谈话的风格形式，适合学生心理，也缩短了师生间的心理距离，融洽了师生关系。

给学生下评语还应考虑学生的年龄特点和认知水平。针对小学低、中、高段的学生，初中生、高中生，不同年龄的学生，班主任操行评语的风格和评价深度应有所不同。对初中和高中学生的评语，应渗透一些世界观、人生观和价值观的思想，在鼓励中多一些哲理性的东西，引发学生较深层次的思考，达到教育的实效性。

对毕业班学生的操行评语，由于要随学生个人档案进入高一级学校，因而要特别慎重，应更加细心、准确地给予评定，要做到：①去粗取精。去掉评语的粗轮廓，语言明快、清晰。②去伪存真。应实事求是地评价学生，不能人人评语皆优秀，这样会增加高一级学校教师教育的难度，失去操行评语的教育功能。③用发展的眼光评价学生，不能把学生评价得无可救药，要尽量捕捉学生的闪光点，给予正确评价，鼓励学生不断进步。

给学生操行下评语，是班主任的工作职责。做好这项工作，能体现出班主任工作的育人魅力。

北京实验中学张大伟老师给学生的评语：

> "气质美如兰，才华馥比仙。"用这句诗形容你真是再合适不过了。你纯洁典雅，

---

① 彭智能，钟型泰. 现代中小学班主任工作指南[M]. 成都：四川教育出版社，2000：115.

满腹经纶，出口成章，是班上公认的小才女。你是李老师的得意门生，更是李老师的诗词好友。让我们共同珍惜一起走过的朝朝暮暮，留一份期待，滋润我们重逢的欣喜。

"这次作文在语言上很活泼、流畅，看得出思路很奔放；但由于是边想边写，因而结构太散，有些虎头蛇尾；内容虽不少，可因没组织好，中心就显得模糊了；建议以后写作时列个提纲，这和盖房子要搭个架子一样。古人云，写作要有章法，即此意，望考虑。另，书写有较大进步，希保持。"

"×××，你在本单元的乒乓球项目学习中，学习热情很高，进步很快，各项基本技能掌握得很好，尤其是你的攻击能力使我和其他同学感到惊讶。我认为你的发球变化还不够丰富，不能根据对手的情况做出调整，可能因为你不能根据胶皮的特性而发出有威胁的球。另外，你在落后的时候所表现出的急躁与沮丧引起了我的注意，这甚至可能影响了你和同学之间的关系。我们可以一起分析原因并找出对策。"

（5）成长记录袋评价法："成长记录袋评价法是根据教育教学目标，有意识地把学生的相关作品和其他有关资料收集起来，通过合理地分析与解释反映学生学习与发展过程中的优势与不足，反映学生在达到目标过程中付出的努力与进步，通过学生的反思与改进，取得更高的成就。"[1]一些学校与研究部门对成长记录评价法又进行了深入的研究与实验，对成长记录袋使用过程中应注意的问题进行了梳理[2]。提出成长记录袋的主要成分是学生的作品，不能将其望文生义地理解为学生发展的评价记录，如各门课程的学习状况评价表、成绩记录、期末素质教育报告单等；鼓励学生使用不同的成长记录袋，体现出学生的个体差异，充分发挥学生的主体性；要有明确的使用目的，能够清晰地反映学生在一段时期内的成长轨迹和发展变化；不能为收集而收集，要及时对收集的作品、活动记录、评价记录等信息进行合理的分析与解释，给学生提供有针对性的发展与改进建议；在使用过程中，不能将学生的自我评价与反思流于形式或过于空泛。应通过自我评价促使学生认识自我，提高自我监控能力。

此外，重庆市教育科学研究院提出了代表性品德行为整体测评法。它是重庆市教育科学研究所承担的国家教育科学研究"八五"规划重点课程《普通教育评价的理论与实践》子课题《中小学德育评价》研究成果之一。运用这种方法的关键是确定学生代表性的品德行为。根据重庆市教科所的实验研究，认为中小学生具有代表性的品德行为有三类：

第一，习惯性行为。中小学生的品德行为大量的是日常行为，如文明礼貌、待人接物的态度等，这些行为只有形成习惯，成为动力定型时才具有更大的价值意义。形成了习惯的行为，是具有代表性的。

第二，关键性行为。社会主义道德的核心是集体主义，在处理个人与国家、与社会、与集体、与他人的关系的关键时刻最能体现社会主义道德，因此在处理上述关系时的态度和行为就是关键性行为。关键性行为次数虽少，可能只有一次，却是高尚品德的表现，因此关键性行为具有很强的代表性。

第三，角色性行为。角色性行为指学生的行为与其社会角色相一致的行为。学生在社会生活中起码具有三种角色：在学校是学生，在家中是孩子，在社会上是儿童、青少年。与学生角色相一致的行为是好好学习，天天向上，遵守校规校纪，尊师爱友，不断进步；与孩子

① 钟启泉. 新课程师资培训精要[M]. 北京：北京大学出版社，2002：172.
② 赵德成. 新课程实施中的成长记录袋评价[J]. 中小学管理，2003（12）.

角色相一致的行为是敬爱父母、长辈，爱护幼小，积极参加力所能及的家务劳动；与儿童、青少年相一致的行为是遵守国家法律，维护公共秩序，遵守社会公德，保护环境，尊长爱幼等。

代表性品德行为整体测评法能较好解决评价内容和指标难以确定的难题，使品德行为评价更具有可操作性，值得推广应用。

三、评价指标与标准

（一）评价指标

评价指标的确定必须依照《中小学德育大纲》《中小学日常行为规范》和《中小学生手册》等。同时，要注意学生的年龄特点，具有层次性，不搞一刀切。运用评价指标时既要注意普遍性，又要注意特殊性。也就是说，既要体现每个学年段学生行为养成的共同要求，又要体现不同学生品德行为养成的不同要求，可采取建立共性评价指标和个性评价指标的方法。共性指标是指该学年段学生普遍要求形成的行为，个性指标是针对不同学生行为的差异性而设立的指标。评价指标拟定后要让学生认真领会其内涵，学生才能按指标的要求去做，并正确地对自己和别人进行评价。

（二）评价标准

评价标准是衡量学生品德行为各项指标达到要求的程度，是在数量和质量方面进行价值判断的准则和尺度。可将学生的品德行为分为优、良、中、差四个水平层次。

优：达到这种行为等次的学生对道德行为规范认识深刻，形成了良好行为习惯，无须别人监督，自我教育水平较高，行为的理智性和坚持性是其代表性特征。达到这一行为等次的称为自觉性行为。

良：达到这一行为等次的学生有实现道德规范的需要，并能力争达到道德行为规范，在大多数情况下不需要别人监督，有一定的辨别力、自控力，虽有失误行为，但并非主流。达到这一行为等次的称为遵从性行为。

中：具有这种行为等次的学生实施道德行为规范的动力不足，自主性差，常要人提醒、检查、督促，经常处于被动地位，遇到困难时，良好行为就坚持不了，但在强制力量下能达到规定的行为要求。达到这一行为等次的称为被动性行为。

差：具有这种行为的学生具体表现是对道德行为规范缺乏认识，在外界力量督促下也不愿付诸行动，违反规范的行为和坏习惯较多，经教育后即使短时间内好转也不稳定，辨别是非能力弱，逆反心理较强，有时明知故犯，盲目反抗，其特征是自我控制能力很差，基本上达不到道德行为规范的要求。达到这一行为等次的被称为不良行为。

四、学生思想品德评价的要求[①]

（1）要树立"教育是目的，评价是手段"的思想认识。要重视把激发学生的行为动机作

---

① 钟型泰. 现代中小学班主任工作指南[M]. 成都：四川教育出版社，2000：113-114.

为学生行为评价活动中的一项重要工作，让学生懂得每一行为对自己、对他人、对社会的影响。班主任、各科教师、家长要注意用自己的行为去给学生示范，使学生行有标准，学有榜样。

（2）要防止为评而评的形式主义。如果班主任和家长在进行评价时，只是为了走过场，完成学校布置的任务，而不注意评价的教育性、激励性、趣味性、实效性，那么势必会削弱评价的功能，久而久之还会带来副作用。因此，在评价中一定要防止为评而评的现象，要努力发挥评价的最佳教育功能，使评价真正成为一种科学的教育培养手段。

（3）评价过程要具有生动性。要努力让评价的过程成为学生生动活泼的受教育过程，使学生在评价活动中感到愉快和受到教育。

（4）要注意发挥学生的主体作用。让学生在评价中能畅所欲言，大胆表达自己的见解，积极参与评价指标的确定，使学生对评价内容产生赞同和理解的心理倾向，这样他们就可以主动合作、积极参与。

（5）要运用好激励机制。每次评价要运用各种表彰形式对学生进行激励，如掌声、眼色、形象、实物等。激励的物质形态要不断地变换，如红花、金星、火箭、飞机等。要注意后进生的点点滴滴进步，对其闪光点给以肯定并进行奖励。

（6）要坚持正面教育。学生们在评价中有一个普遍的心理倾向，就是常常看同学的短处，而看不到同学的长处，因而，往往会出现小组内同学评价时相互揭短。因此，我们要引导学生去发现同学的长处，把"记过本"变为"记优本"，让学生学会发现同学的进步和长处。

第五节　学生自我管理能力培养

一、自我管理能力的含义

自我管理能力是指学生自己确立目标，自己进行行为控制的能力。自我管理问题表现为两类，一类是未能表现出期望行为，如守纪、礼貌、利他等；一类是非希望行为过剩，如贪食、吸烟、酗酒、赌博等。自我管理就是行为者使用控制行为去影响被控制将来行为的出现[①]。自我管理是建立在对学生充分信任、充分尊重，主体性充分发挥的基础上的，是从他律走向自律、从被动走向主动的必然，是班级管理的最高境界和理想状态。培养学生自我管理能力，对学生终身的可持续发展具有重要的意义。

二、培养自我管理能力的策略

魏书生通过培养学生的责任心、建立监督检查系统、发展自我控制能力等方法来培养学生的自我管理能力，是值得学习、借鉴和运用的。除此之外，让学生掌握自我管理方法也是培养学生自我管理能力的行之有效的策略。

（一）培养学生的责任心

魏书生在班级自动化管理实验中，逐步建立了"班级的事，事事有人做；班级的人，人人有事做"的责任心培养机制。在魏书生的班级里，只要班规中有了一项较重要的规定，便

---

① Raymond G. Miltenberger. 行为矫正原理与方法[M]. 石林，等，译. 北京：中国轻工业出版社，2004.

要确定一位同学具体负责，做到无论大事小事，事事均有人负责；无论强者弱者，人人皆承担事务。他的班级设立了岗位责任制，做到了无论常务班长、团支部委员、班委会委员、值周班长、值日班长、科代表还是专项任务承包者与公用物品承包者，人人都有明确的职责；班级制定的各种规章，如一日常规、一周常规、每月常规、学期常规、学年常规，事事皆有人落实。可以想象，学生在这样一个需要每个人都尽职尽责努力的教育环境中生活，其价值感、责任心与自我控制力自然会得到提高。

（二）建立监督检查系统

针对中学生因不成熟而存在自我控制力弱的问题，魏书生科学地构建了班级自动化管理监督检查系统的五道关口。

第一关：良心关。他相信学生是积极向上的，相信大部分学生有一定的自我控制能力。他力求引导学生忠实于自己，凭良心做事、学习，发现自己的问题，自主改进，对自己和他人负责，对班级负责。

第二关：互查关。同学之间的互查，既可督促有惰性的学生、偶有疏忽的学生，又有利于学生之间互相反馈、相互促进。

第三关：承包者关、责任者关。每一项工作的落实，都要经过该项工作的承包者、责任人的验收。这不仅可以保证任务完成的整体质量，而且可以堵塞互查中的敷衍行为以及可能存在的人情因素对任务完成数量、质量的影响。

第四关：集体舆论关。对一些缺乏自觉性的学生，还要调动集体舆论的力量，使之产生心理压力，进而产生改进的动力。

第五关：管理者本人的抽查关。无论前面的监督情况如何，班级管理者依然需要了解班级自动化管理执行的第一手情况，班主任亲自抽查也表明了其对此项工作的重视、负责，有利于实现对班级自动化管理的调控。

正是因为有了这五道监督关，班级的每项工作都能落到实处，教育的效果也就自然凸显出来了。

（三）发展自我控制能力

通过外部监督提高学生的控制能力固然是教育不可或缺的方面，但是管理的最高境界是实现学生的自我管理、自我控制。魏书生是如何有效地发展学生的自我控制力的呢？

（1）加强意志力训练。首先，体育锻炼是进行意志力培养的重要途径。一方面，体育锻炼可以增强人的体质，促进青少年神经系统的发育，从而提高神经系统的稳定性；另一方面，伴随着挑战体力极限的过程，人的耐受性增强，心理素质特别是意志力可以获得较好发展。魏书生要求学生每天做 100 个俯卧撑、100 个仰卧起坐、5 000 米长跑。持之以恒的训练，不仅有效促进了学生意志力的发展，还保障了学生有充沛的学习精力，师生同练也增强了学生练习的兴致和恒心。其次，采取引导学生写日记的方法——谓之"坚持道德长跑"，来提高学生的自控力。在魏书生的教育引导下，他的学生每天都坚持写日记。写日记不仅促使学生不断进行自我反思，有利于学生发展自我意识、完善自己，而且磨炼了学生的意志，有利于其自我控制力的发展。

（2）不断变换教育内容与形式。学生在自我教育过程中通常会出现心理疲劳。为了增强学生自我教育的兴趣，魏书生与学生商定，在每个学期安排若干星期围绕若干个重点问题展开教育，以掀起学生心中的波澜。于是，在他们的自我教育中，有了"高效学习周""控制闲话周""增强注意力周""治病救人周"等。

（3）树立正确的苦乐观。魏书生是一个心态十分积极的人，他也努力地用这种心态去感染、影响自己周围的人。他认为："一位班主任积极乐观，笑对人生，容易使学生受到感染，容易使学生性格开朗。"他善于联系具体事例，教育、引导学生认识"胸怀比天空更广阔""决不能让自己的胸怀像马蹄坑一样狭小"。他在全国各地讲学时，最喜欢对学生说的一句话就是"人是一个广阔的世界"。他认为每次思考这句话，"都能把自己内心深处狭隘、自卑、牢骚、愤怒的情绪，驱赶得少些，再少些"。魏书生还认为"趋乐避苦乃人之天性"，苦与乐是相对的，"人生要各得其乐"。他努力引导学生在学习中发现快乐。魏书生常用让学生写日记的方法，引导学生树立正确的苦乐观。在魏书生的教育、引导下，学生在面对困难时，总能看见事物积极的一面，从而以享受的心态去学习、工作、尽责、助人，以一种超然的态度面对人生的得与失。

（4）人性化的教育惩罚。没有惩罚的教育是不完整的教育。教育的惩罚是为了让学生更好地反思自己的不良行为，更好地对自己的行为负责。在魏书生的教育实践中，惩罚犯错误学生的手段是很别具一格、富有人性化的。例如：学生犯了错误，魏老师就让其通过"写说明书""写心理病历""唱歌""做好事"等方式去认识错误。魏书生对待犯错误的学生采取的是就事论事的做法，从不与学生算旧账，也不对学生进行人格上的贬低。他采取的处罚方法柔中带刚，特别注意对学生进行心理方面的积极引导，做到既触动学生又能启发学生内省，又保护学生自尊和尊重学生人格，还引导学生向善。

（四）让学生掌握自我管理方法

（1）自立目标，自我监督。每学期开学，班主任要让学生确立可以达到的目标，并写下期望的目标及目标行为的程度标准以及它出现的时间范围。同时要求学生每天、每周对照目标进行自我检查，记录目标的实现情况，这将有助于学生评价自己在实现目标的过程中的进步。自我监督对正在进行的目标行为有促进作用。

（2）自定契约，自我约束。让学生自己签写行为契约，规定要达到的目标行为及达到目标行为的程度标准，设计未达到目标所应受到的处罚和达到目标所应得到的奖励。契约实施的监督和强化，可以由学生自己来完成，也可以让学生请一个他亲近的重要他人（父母、老师、同学等）来监督和实施奖惩。

（3）自我暗示，自我鼓励。让学生复诵自我指令，暗示期望行为，以此来影响自己的行为。如，"坚持听英语，再耐心一点，就一定能听懂""课堂上不能随意说话，要克制""无论如何，我不能动手打人"等，一旦做到了这些暗示的行为，就要对自己说："很好，我做到了"。通过自我暗示和自我鼓励，良好的行为将不断重复，不良行为将逐渐减少或不再出现。

（4）加入支持群体，获得社会支持。当一个不爱运动的学生经常与一些体育爱好者一起活动时，即加入支持群体时，便得到了社会支持。如果要使学生戒掉"网瘾"，让学生离开经常在一起的"网友"，而加入一些诸如体育运动、读书活动等兴趣活动小组中去，则是有效的方法。

第五章　班级沟通的理论与技巧

> 做好与学生、家长、科任教师和社区的沟通工作，发挥校内外各方面的教育影响作用，形成教育合力，是班主任工作的重要内容，也是班主任的重要职责之一。将情感智力理论和"来访者中心"理论运用于班级沟通，能增强沟通的科学性和有效性。

第一节　班主任与学生沟通的理论与运用

在我国的中小学中，班主任是学生成长中的重要他人，与学生的关系如何主要取决于沟通是否卓有成效。情感智力理论和"来访者中心"理论的运用，能有效改善师生的人际关系，把握沟通中的绝妙之处。正视沟通障碍，掌握并熟练运用沟通策略，能有效地增进班主任与学生的相互了解、相互理解和师生情谊。

一、班主任与学生沟通的意义

沟通是指人们交流信息、观点、意见、情感和态度，以达到相互了解与理解的过程。班主任与学生沟通包括班主任与学生个体、学生群体的沟通。班主任与学生个体的沟通是最重要的沟通，具有特殊的意义。

（1）班主任与学生沟通有助于改善人际关系。师生之间的有效沟通，能增进和加深师生之间的了解，建立起相互理解、信任、尊重、彼此接纳的师生关系。良好师生关系是成功教育的关键，"亲其师，信其道"道出了其真谛。反之，师生之间缺乏沟通，或沟通不充分，就可能产生误会、隔阂、矛盾、冲突，使师生关系紧张。

（2）班主任与学生沟通可以满足双方的心理需要。师生沟通不仅传递信息，满足双方求知的需要，而且可以满足交往需要、情感需要，能解除人内心的烦恼、孤独、压抑与紧张，使人心情舒畅，有利于身心健康。

（3）班主任与学生沟通可以改变双方的态度和行为。由于师生双方的年龄、知识、角色、需求的差异和教师的爱生性与学生的向师性，师生沟通对学生的态度、思想、行为的影响是巨大的、深远的。教师通过沟通了解学生的真实想法、感受、态度，也能促使自己转变态度，改变行为。

班主任的角色和职责决定了他与学生接触频率高、时间多，与学生沟通也最为频繁，因而往往与学生建立起深厚的师生情谊，学生毕业多年后记得的往往都是班主任。正如魏书生所说："公式可能淡漠，定理可能忘记，而师生之间培养起来的真挚感情，却常常经年累月不仅不淡忘，甚至会越积越深。有许多毕业十几年甚至几十年的同学不是相约重到母校聚会，去表达自己对老师的感激之情吗？"[1]

---

[1] 魏书生. 教学工作漫谈[M]. 桂林：漓江出版社，2000：43.

二、班主任与学生沟通的主要障碍

某老师对所带高一年级的 52 名学生进行了"你与教师相处是否有困扰"的调查。有 54% 的学生认为"老师很少与他倾心交谈"；有 48% 的学生认为老师不能了解他的忧虑与不安；有 40% 的学生认为"找不到一位能倾诉内心隐私的老师"；有 38% 的学生认为"老师常让他感到紧张与不安"[①]。学生有心里话跟谁说，从学生问卷调查结果显示，63% 的学生选择自己的同学，22% 的学生选择父母，只有 3% 的学生选择教师。为什么有些学生宁可把心里话写进日记，或到网络上向陌生人倾诉，也不愿意告诉教师或班主任呢？那么，师生沟通中究竟存在着哪些障碍呢？

（一）语言表达障碍

在人际交往中，一方表示的消极行为会引起另一方相应的消极行为，若班主任在与学生沟通中使用了不恰当的语言，就会导致沟通障碍。唐思群、屠荣生（2001 年）总结了师生沟通中的 9 种语言表达障碍。

1. 命令、控制、指挥

这种信息会给学生造成一种印象：他的感受、需求或问题并不重要，他必须顺从老师的感受与需要。例如："不许你谈恋爱，去把学习抓好！"这也就是在告诉学生，他此刻不能被接受，这使学生内心产生了对教师权力的害怕和引发了自己内心的软弱感。例如："你上课为什么大声讲话？给我闭嘴！"因为没有顾及学生的感受，只是教师单方面发出信息，学生在没有得到尊重的状况下，有可能对教师产生怨恨、恼怒和敌对情绪，如顶撞、抗拒，故意考验教师，甚至大发脾气。

2. 警告、威胁

这种信息与命令、控制、指挥很相似，只是再加上不服从的效果。例如："如果你再这样下去，我要对你采取一系列措施了！"它们可能使学生感到恐惧和屈从。例如："如果你再不改，我就打电话给你的家长，叫家长来见我！"警告与威胁也可能引起学生的敌意，学生有时甚至可能对此做出老师不希望的反应："好啊，我不在乎！"或者即使老师叫来了家长，学生的态度也是完全消极的或保持沉默，干脆不与之交流。

3. 训诫、说教，说"应该"和"必须"

这种信息的表达，预先设立了立场，使学生感受到与老师之间地位的不平等，感受到老师在运用权威，导致学生容易对老师产生戒备心理。教师运用这些沟通模式时，常会使用这些短语："你将会……""你应该……""如果你听从我的劝告，你就会……""你必须……"等。这类训诫的信息在向学生表达老师不信任对方的判断，并认为对方应该最好接受别人所认为对的判断。对于年级越高的学生而言，"应该"和"必须"的信息越容易引起抗拒心理，并更容易激起他们强烈地维护自己的立场。

[①] 王雪. 沟通·理解·发展——谈谈如何构建新型师生关系[J]. 北京教育（普教版），2002（4）.

4. 过度忠告或建议

这样的信息是在向学生证明老师不信任他们自身解决问题的能力。过度忠告或建议有时可能使学生变得对教师产生依赖心理，不再自己思考，每到紧要关头便向外界权威求助。这种信息的传递，会不断削弱学生独立判断的能力和创造力，养成"人云亦云"的心态。

5. 中 伤

"你以为你很聪明吗？不要自以为懂得很多了！""你怎么这么贪玩，一点也不像快要考试的人！""我就知道你不行！"这样的语言都是属于中伤类的。它的后果是让学生感到自尊心受到伤害，随之出现反击心态。

6. 给予泛泛之词

当我们做出对另一个人的肯定或否定的判断时，如果这种评价总是粗浅之辞，如："你是一个好孩子""你真让我失望""你对待同学太没有礼貌""你需要改正缺点"等，这种一般性的泛泛而谈的评价对学生的成长是无益的。当我们要去安慰一个痛苦中的人时，泛泛之辞同样起着隔靴搔痒的效果，如："不要难过！""不要着急"等，都是一些没有意义的安慰。

7. 不愿积极地聆听

这种沟通方式是不管学生内心的真实感受，教师在与学生的对话中，把主要的注意力放在说服学生，而不是先听学生说上面，只是在单向输送信息给学生，如："今天找你来是要与你讨论你这次考试失误的事情。你存在的问题是粗心，记住：下次考试要专心！"等。老师找学生来谈话，目的是帮助他找到失误的原因，但老师单方面地只说自己的意见，没有聆听学生的想法，从而导致谈话无效。

8. 强加于人

这是一种微妙的命令，但它可以更巧妙地隐藏在貌似很有礼貌的、富于逻辑的陈述中，讲话的一方只有一个心态："我要对方接受我的观点。"因此，不给对方发表自己意见的机会，而使谈话非常简洁迅速。如："昨天晚上你有没有照我的话去做功课？你知道如何来安排时间吗？让我来告诉你……"这种交流的目的是为了影响学生，但这种交流的方式所产生的后果是学生并不理解，有时反倒引起学生的防卫和抵触。

9. 随意指责和批评

随意指责学生是教师常犯的一个沟通错误。很多教师认为批评学生是为了帮助学生，但是过多随意的指责批评会导致相反的结果。学生对自身的评价大多是汇集父母、教师以及生活上具有影响力的人对他们的评价所形成的。教师轻易地指责批评较其他信息更令学生感到自卑、不安和愚笨。在学校中最常得不到学生尊重的老师是经常对学生施以否定评价的老师。面对这样信息的时候，学生会出于自尊心维护自己的形象，也会因为这种批评导致学生以后在老师面前掩饰自己的感情，不愿将内心世界向老师敞开。

（二）代沟障碍

师生沟通的障碍还来自两代人之间的心理距离——代沟。

　　"代沟"概念最早是由美国人类学家 M·米德提出的，她认为不同辈分的人（狭义上指家庭成员中的父母和子女，广义上则指社会上的年长一代和年轻一代）由于历史时代、社会环境和生活经历的不同，他们在价值观、思想认识、心理状态、生活态度、行为方式以及兴趣爱好等方面存在差异，并且容易引起分歧和冲突。姚月红（2002 年）指出，师生代沟是指由于年龄、角色、地位、立场、成长背景和生活经历等方面的不同，教师与学生之间在思想观念、价值取向、思维方式、行为方式等方面出现差异和分歧的一种社会现象[①]。李红丽（2007年）研究了两代人之间差异的表现及形成原因，指出两代人之间的差异表现在以下几个方面：思想方面，上一代比较求实、保守，下一代主张自由、创新；行为方面，上一代遵循传统，处事较谨慎、冷静、稳重，下一代喜欢冒险的活动，敢作敢为，比较大胆，认为各人应按自己的意见行事，不必顾及别人的看法，不应有太多的约束；生活方面，上一代着重实际，生活俭朴；下一代则多幻想，比较重视享受[②]。

　　综合学者们的研究，"代沟"形成的原因主要有以下几方面：

1. 两代人成长环境不同形成差异

　　人们的基本行为方式和态度是自幼年时期逐渐形成的。两代人的幼年环境在时间上一般相隔 20 年左右，这 20 年的社会政治、经济、文化条件有很大的变化，生活方式也改变不少。因此，两代人之间在心理上自然形成了差异。生活环境的变迁和不可逆转，决定了两代人之间的心理差异不可避免。

2. 发展过程中的差异

　　儿童进入青少年期后，独立生活能力有很大增强，自我意识飞速发展。青少年逐步发现自己，认识自己，形成自己的观点，逐步摆脱成年人的约束与指导，这是必经的发展道路。同时，青少年期身体发育和智力都已接近高峰，学习也进入了最高效率的阶段，因此青少年具有充沛的体力与智力去从事多方面的活动，他们乐于探索世界，爱好活动，不畏艰难。而成年人的身心发展则处于生命过程的另一个阶段。由于经验的积累，他们的若干观念和态度已经成熟且趋于固定，已经形成若干行为模式，而不希望轻易改变，由此与下一代青少年之间产生差异。

3. 社会地位和责任不同产生差异

　　两代人的社会地位不同，社会对他们的要求和他们所承担的责任也不同。例如，父母要负担全家人的生活费用，不仅要完成工作任务，而且要抚育好子女，承担的责任很重。因此他们必须兢兢业业，需考虑多方面的情况，而他们的子女则不同。青少年正处于朝气蓬勃、精力充沛的时期，他们需要勤奋学习，锻炼身体，逐步形成正确的世界观和人生观。

　　两代人在社会上扮演的角色不同，造成两代人在行为和态度方面的差异。有了差异，双方交往的机会就减少了。例如，下一代认为上一代过于保守，无法了解现代生活方式的变化，也无法体会青少年人的思想情感和兴趣爱好，因此不愿意和父辈多交谈；而成年人也由于看不惯青少年的某些言行而减少了和他们的交往。这更加拉大了双方的距离。客观上的这种情况，对搞好青少年的教育是不利的。

[①] 姚月红. "姚月红师生代沟"与青少年德育工作[J]. 教育评论，2002（4）.
[②] 李红丽. "代沟"刍议[J]. 教育艺术，2007（1）.

4. 两代人对待时代影响的态度差异

现代社会，科学技术的迅速发展和在生产生活中的广泛运用，导致了生产力的迅速发展和社会文化的急剧变化，也引起了人们生活方式、消费方式、思维方式、价值观念等的变化。对于这种变化，两代人所持的态度以及接纳程度、受影响程度都是不同的。如对时尚和流行文化、生活样式，青少年一般热衷追求，年长的教师则往往消极观望、否定和抵制。这种对时代影响的不同态度，更扩大了两代人的心理距离。

三、心理学理论在班主任与学生沟通中的运用

（一）情感智力理论及其应用

情感智力（Emotional Intelligence）理论最早由彼得·萨洛维（Peter Salovey）与约翰·梅耶（John Mayer）提出，丹尼尔·戈尔曼（Daniel Goleman）于1995年出版专著《情感智商》，将情感智力扩展为5个主要方面[①]：

（1）了解自我。自我觉知——当某种情绪刚一出现时便能察觉——乃情感智力的核心。这是一种感受自我情绪的能力。这种能力是情绪智力的最根本基础，否则，就不可能有情绪的自我控制乃至其他能力的发展。

（2）管理自我。调控自我的情绪，使之适时适度。生活中人的情绪难免有好有坏，但关键要看如何保持情绪的平衡，而不是压制情绪。控制情绪的能力就是指有效地摆脱焦虑、沮丧、激怒、烦恼等消极情绪侵袭的能力。

（3）自我激励。指服从于某目标而调动、指挥情绪的能力。较强的动机、热情、愉快、乐观、抱有希望、自信心，甚至适度的焦虑情绪都能激励我们进取，鞭策我们努力完成工作。情感决定着我们智力的发挥程度，决定着我们人生的成就。具备这种自我激励能力的人，无论从事什么行业都会更有效率、更富有成效。

（4）识别他人情绪。移情是一种觉察、辨认、理解他人情感的能力，是在情绪的自我觉知的基础上发展起来的又一种能力，是最基本的人际关系能力。具有移情能力的人能通过细微的社会信号，敏锐地感受他人的需求与欲望。这一能力更能满足如照料、教育、销售或管理职业类的要求。识别他人感受的关键在于能够破译非言语信息（体态语），包括声调、手势、面部表情等。科学家对美国和其他18个国家的7 000多人进行过测试，发现那些更擅长于通过非言语线索破译情绪的人，往往更善于调节情绪，人缘更好，开朗而敏感。

（5）处理人际关系。能够控制他人的情绪是人际关系技巧的核心。调控他人情绪的能力主要表现为：一是善于表达自我的情感。怎样娴熟地运用社会认可的、约定俗成的表情规则，并且能适时适地适度运用，正是情感智力的一个方面。二是富于表现力和情绪感染力。每次交往，我们都发出情绪信息以感染影响对方。社会技能越娴熟高妙，对信息传递的控制越能随机应变。那些"人缘好"或"有魅力"，我们喜欢与之交往的人，就由于他们的情绪技能使我们感到舒适自在。高超的人际交往技能可以使人在交往中，把握、激励、驱动对方，培育亲密的关系，劝说、影响对方而又让对方怡然自得。

---

① 丹尼尔·戈尔曼. 情感智商[M]. 耿文秀，查波，译. 上海：上海科学技术出版社，1997：47-48.

魏书生老师处理两位学生打架的案例[①]，可以作为情感智力理论成功运用的经典案例。

有一次，两位学生打架，魏书生老师采取了"同感三部曲"的处理方式：第一，与学生进行情感交流。面对打架的学生，魏老师第一步不是采取许多老师惯用的冷处理、批评教育、刨根问底等处理方式，而是另辟蹊径，先与学生进行情感沟通。他对打架的学生说道："老师帮你们看看哪儿伤了？""现在还疼不疼呀？需要不需要上医院看看？"这一举动表明，魏老师关注的首先是活生生的人，关注的是学生的伤情。这样做也容易给学生带来温暖，有利于师生之间的情感交融。第二，努力发现学生做错事时的积极心理。面对打架的学生，魏老师肯定地说道："我知道你们本来不想打。"的确，对于绝大部分学生来说，他们并不愿意打架，通常只是因为情绪冲动、自我控制力弱，才动起手来。魏老师能够意识到这一点，不仅有利于问题学生产生提高自身形象的需求，也容易使学生产生遇见"知音"的感觉，进而愿意亲近老师、承认错误、接受教育。第三，在建立起良好师生关系的基础上，魏老师对问题学生进行了积极有效地教育引导。魏老师引导他们"分析为什么打架""找出自己不愿意打架的理由""寻找办法控制自己的情绪不打架"。

魏老师的教育艺术之所以高明，就在于：第一，他善于感知他人，理解他人，容易赢得他人的信任与尊重，增强自身的影响力。魏书生在日记中写道："教师要理解学生，顺应学生，最后要有能力改变学生，最重要的是改变学生的欲望。""理解、顺应是手段，改变才是目的"。魏书生在教育学生时，总能设身处地从学生的角度着想，用心体会学生出现问题后的心理状态，努力从真、善、美的角度考虑学生行为的动机。他认为："不管学生多气人，多淘气，当他站在你的面前时，你都要坚信，他的内心深处渴望你的帮助。"事实上，学生出现问题以后，最需要的就是教师的理解、关心、安慰与帮助。第二，他善于通过有效的情感表达方式传递自己对学生的理解和爱。

（二）"来访者中心"理论运用

罗杰斯认为，人基本上是诚实、善良，可以依赖的，这些特性与生俱来，而那些"恶的特性则是由于恐惧和防御的结果而非出于本性"。他认为每个人都可以自己做出自己的决定，每个人都有自我实现的趋向。若能有一个适宜的环境，一个人将有能力指导自己，提高自己的能力，控制自己的行动，从而达到良好的主观选择。基于此，罗杰斯创立了"来访者中心疗法"。他认为，治疗关系有效与否，首先取决于治疗者的感受和态度，而理论倾向、程序和技术相对而言是不重要的。他曾说："当一个为许多困难而苦恼的人来找我时，最有价值的办法是，建立一个使他感到安全、自由的关系，目的在于理解他内在的感情，接受他本来的面目，制造一个自由的气氛，使他的思想、感情和存在沿着他要去的方向发展……"在咨询关系中具备真诚一致、无条件地积极关注、同感这三个条件时，来访者人格改变就易发生。

耿柳娜等（2006年）将"来访者中心"理论应用于师生沟通[②]。"来访者中心"理论的核心是同感，又称为共情、共感、移情等。同感就是能体会来访者的内心世界，即能设身处地地体会来访者的内心感受，对来访者的境况心领意会。由于同感，来访者感到自己被理解和接纳，这样有助于建立良好的咨询关系，使咨询者了解更多有关来访者的情况，以达到最终

---

① 王勇. 魏书生班级自动化管理思想的精髓[J]. 中国德育，2006（11）.
② 耿柳娜，张艳琼，辛自强. 架起师生心灵沟通的桥梁——"来访者中心"理论的应用[J]. 天津教育，2006（3）.

促进来访者成长的目的。罗杰斯把"来访者中心"理论运用到教育过程中，提出"以学生为中心"进行师生之间的沟通和交流。与学生谈话，是教师工作的"法宝"之一。通过气氛和谐的谈话和沟通，教师不但能够深入了解学生，而且能提高师生之间情感的和谐度。当学生意识到自己被人爱、被人理解和尊重时，他们的积极性便容易被激发出来。

（1）同感（共情）。同感指教师能够与学生进行有效的沟通，并设身处地从学生的角度考虑问题，认识他们的内心世界。同感是通过沟通来理解、认识学生，了解学生感受，以及这种感受下的体验和行为是什么。这还不够，同感还意味着对那些隐含的、未完成的表达做出准确的反应。同感有助于帮助学生建立良好的关系，获得咨询所需要的信息和资料，并对有关问题加以澄清。同感包含下列步骤[①]：①咨询者从来访者内心的参照体出发，设身处地体验来访者的内心世界；②用言语准确地表达对来访者内心体验的理解；③引导来访者对其感受做进一步思考。

（2）接纳。无条件地接纳对方，把对方作为一个完整的个人来对待，而不是仅仅接纳他的（符合咨询者自己的态度的）哪一部分。

（3）无条件地关注。尽力向学生传递对他的无条件的关注，不戴专家、权威的面具，没有"我帮助你"这种疏离态度，像两个平等的朋友那样，关心对方、喜爱对方。

（4）真诚。教师在师生交往中应该坦诚相待，意味着教师能够如实地表达自己的观点、想法、感情，但不强加于学生。

耿柳娜、张艳琼、辛自强（2006）在下面这个案例中介绍了如何将"来访者中心"理论应用于师生心灵沟通。

案例介绍：

> 小 A 是一名高三男生，在班里学习成绩中等。小 A 学习时精力常常不能集中，手里拿着书心里却想着别的事。他感觉学习上有压力，在直接工作和考大学两种选择之间犹豫不决。
>
> 针对小 A 的问题，班主任 C 老师和他进行了单独谈话。C 老师先询问了他的学习情况。小 A 说："我觉得很郁闷。一拿起书就为是工作还是考大学而烦恼。我想，上大学也不是唯一出路，有些人没上大学也能有出息，再说凭我的成绩也很难考上大学。因此，我决定毕业后直接工作算了。我把自己的想法告诉爸妈，可是我还没说完，他们就骂了我一顿，非让我考大学不可。一回家妈妈就唠叨，嫌我不求上进；爸爸也已经好几天不理我了。"
>
> C 老师说："父母都是为你好啊，现在社会竞争这么激烈，不上大学凭什么找工作呢？即使现在毕业后就能找到工作，恐怕结果也不会令人满意。老师也是为人父母的，知道父母的苦心，我们绝对不会害你的，你说是不是？"
>
> 小 A 听了 C 老师的话，说："可我觉得凭自己的本事能干一番事业的，不一定非要上大学啊！爸妈想让我将来有出息，但不上大学也一样可以有出息，为什么他们那么固执呢？"小 A 话音刚落，C 老师已抑制不住气愤，说："怎么我说的话你一句也没听进去，你不上大学能找到什么好工作？让我怎么说你好啊？你还挺有主意的。你以为工作轻松吗？知不知道社会上有多复杂？上学多好，多少人羡慕你能上

---

① EganG. 高明的心理助人者[M]. 郑维廉，译. 上海：上海教育出版社，1999：150.

学呢！"

　　小 A："……（沉默）"，C 老师接着说："没话说了吧，回去好好想想吧。另外，跟父母道个歉，别再让他们伤心了。好好学习吧！从现在开始努力还来得及，再耽搁下去就太迟了。"

　　可是，经过这次谈话后，小 A 上课时精力还是不能集中，学习也没有明显进步，甚至还有些退步了。C 老师为此很苦恼，觉得自己以关心学生为出发点，没有过多地批评，还鼓励他好好学习，并表示了自己的信任和期望。那为什么如此苦口婆心地劝说，却没有达到预期的效果呢？

案例分析：

根据"来访者中心"理论，我们对小 A 的案例进行具体分析，并找出相应的解决办法。

1. C 老师的误区

　　（1）成为小 A 眼中的"父母同盟者"。C 老师听小 A 谈了自己的情况后，马上就说"父母都是为你好啊"。其实，一开始，C 老师就无形中和小 A 的父母站在了一起。虽然 C 老师说得有道理，但是这样容易让小 A 理解为 C 老师和家长一样，也是来训斥他的。于是，小 A 在心理上和 C 老师拉开了距离，不能把他当成"自己人"，因而也就很难对他"知无不言"了。

　　（2）泛泛的道理，浅浅的效果。当 C 老师听小 A 谈到在考学和工作间犹豫不决时，只从上大学好，高中毕业就直接工作没有前途的一般意义上给小 A 讲道理。这仍是从教师的角度考虑问题，即一开始 C 老师就想让小 A 接受自己的道理，而很少站在小 A 的立场上思考，也没有继续探究小 A 想毕业后直接工作的原因。其实，C 老师讲的道理小 A 本人都明白，所以他觉得收获很少，也就很难在思想和行动上有什么改变。

　　（3）"大人"与"孩子"的谈话方式。在小 A 坚持说要毕业后直接工作时，C 老师把小 A 看成是懵懂幼稚的小孩子，并站在"大人"的角度上说："你还挺有主意的。"处于青春期的高中生叛逆心理强，不再愿意被当作小孩看待，因此，这样的话语更容易激起小 A 的逆反心理。

　　（4）迷惑更深。C 老师在谈话中提到了"从现在开始努力还来得及，再耽搁下去就太迟了"，当时小 A 的内心本来就很矛盾：想工作但又拗不过父母，不知道何去何从。教师在这个关口提醒他时间不多了，这无形中又加重了小 A 的苦闷和心理负担。

　　（5）误把"沉默抵抗"当作"默认"。最后，当小 A 不再说话时，C 老师误以为小 A 认同了自己的观点，认为小 A 觉得没理可讲而哑口无言。事实上，是小 A 觉得自己得不到理解，所以也就不再多说了，这是一种沉默抵抗的表现。

　　那么，该怎样解决这个问题呢？我们根据"来访者中心"理论，对另一名教师 E 进行了相关培训。E 老师以"来访者中心"理论为依托，再次和小 A 面谈。以下是谈话的具体过程。

2. 心灵沟通之路

了解基本情况：

　　E 老师请小 A 先坐，小 A 一开始并不坐下，只是低着头，有些局促地来回搓手。E 老师微笑着说："没关系，先坐吧，老师就是和你谈谈心，不用紧张。"小 A 便坐了下来，但依然低着头。E 老师说："看来你还是有些紧张，不必在意的。如果现在有感到困惑的问题，就跟我讲讲是怎么回事吧。"小 A 想了想说："这些天，什么也做不了，头脑发呆。我想毕了业就直接工作，觉得不一定非要上大学才会有出息，凭我自己的努力，会有一番成就的，再说以我的学习成绩也很难考上大学。可爸妈就是不同意我毕业后直接工作。现在一回到家里，他们就唠叨……最近，我和他们很少说话。我也不知该怎么办，真是难受极了……（叹气）"

首先了解小 A 的真实想法。E 老师不是一开始就讲道理和说教，而是通过提问的方式帮小 A 整理自己的"想法碎片"，理清思路。在此过程中，教师也通过对小 A 言语和非言语的关注，与其建立起良好的信赖关系。

准确反馈：

E 老师问："你觉得以自己的成绩考上大学很难，于是，想高中毕业以后凭自己的能力找工作。可是你把这个想法告诉父母后，得到的回答是非考大学不可，但自己实在有些不甘心，所以内心很矛盾，是这样吗？"小 A 有些惊诧，猛地抬起头，连声说："对呀对呀，我觉得很苦恼，不知该怎么办……"

无论在表面还是深入的同感理解方面，教师的做法都很准确。在了解事实的基础上，不但能体察到小 A 心烦、难过这些表面的感受，而且能够理解小 A 深层次的情感，如"不甘心和矛盾"等，并把自己的感受准确地传达给小 A。

困惑背后：

E 老师接着问道："父母反对你高中毕业就工作，这让你很心烦吗？"小 A 回答说："他们天天训我，总说花钱供我上学，我学习不好就是对不起他们。现在我说不考大学了，他们又说太丢人，坚决不同意我毕业了直接工作。如果我不继续上学就不需要用他们的钱了，我还能自己挣钱呢！"

个体在某些方面出现心理不适时，往往与其家庭教育环境有着非常密切的关系。教师通过进一步收集谈话信息，引出了小 A 想毕业后工作的另一深层次原因：父母吝惜花钱供他上学，而自己工作后就可以不再花父母的钱了。可见，小 A 父母平时过于强调钱的言行成为影响小 A 选择的一个重要因素。

聚焦问题：

E 老师进一步分析："对你的选择来说，是'学习成绩'还是'自己想独立的想法'起决定作用呢？"小 A 回答说："想独立。"

小 A"想独立"的想法在与 C 老师的谈话中并没有流露出来。E 老师经过进一步的确认性提问，发现"想独立而独立不得"是小 A 最大的困惑。教师在与学生谈话的过程中，经常会发现学生有许多感到困惑的问题。这时，就需要聚焦，抓住主要问题。否则，只在细枝末节的问题上徘徊，是很难逼近问题的实质的。

合作要求：

E 老师接着对小 A 说："那么，让我们一起来想想办法吧，我们或许可以听听父母的想法。你愿意和我们大家一起来讨论吗？"小 A 表示下周可以和妈妈一起来。于是 E 老师约定下周同一时间与小 A 及他的妈妈见面。

到了这个阶段，双方的沟通很顺畅，彼此之间也有了良好的信任度。所以，教师不失时机地向学生表明自己的期望，并提出合作的要求。小 A 对教师要求的认可，有"承诺"的作用，这也增加了他与父母沟通的主动性与有效性。

真诚面对面：

按照约定时间，小 A 和他的妈妈来到学校。E 老师首先向小 A 的妈妈作了自我介绍，并请她谈谈自己的想法。小 A 的妈妈说："这孩子太难管了。他初中时挺懂事的，现在竟然不想考大学，也听不进去我们说的话，真是急死人了！"E 老师说："您是说，您不能理解小 A 不考大学的想法，并为此而担忧吗？"妈妈说："是啊，太让人发愁了！"E 老师回答说："好的，那我们来听听小 A 的想法吧。小 A，你了解妈妈的担忧吗？"小 A 点点头，E 老师说："那么，谈谈你怎么看待父母的担忧吧。"

小 A 面向妈妈说："你们平时总说上学花费多，要我好好学习。这些我都知道，我也在尽力好好学。可是你们说得越多，我就越觉得烦。我的学习成绩一般，如果考不上大学的话，那就又浪费钱了。索性我不考了，直接找份工作也挺好。那样我也轻松了，咱们都轻松了。"小 A 的妈妈惊讶得半天说不上话来："……天啊！你怎么会这么想呢，儿子？我和你爸怎么可能嫌你花钱多呢？家里就你一个孩子啊！我……"

E 老师在母子之间穿针引线，让他们各自作为主角来谈自己的想法。值得一提的是，在教师、家长及学生的三方关系中，E 老师充当了中立者的角色，为双方提供支持。这有利于 E 老师与母子之间建立与维持良好的关系，从而推进问题解决的进程。

解除误会，豁然开朗：

沉默了几秒钟以后，小 A 的妈妈稍稍平静了下来。这时，E 老师对小 A 的妈妈说："看来你们平时的谈话使小 A 产生了逆反心理。"小 A 的妈妈叹了口气，说："想想还真是这样。我们确实经常提到现在挣钱不容易，上学花销又大，让孩子要好好学习……可那都是为了激励孩子，没想到这反而成了他的负担了。"

E 老师接着对小 A 说："小 A，你能理解妈妈吗？"小 A 抬头看着妈妈，妈妈走过来抱住小 A 说："傻孩子，为了你有出息，爸妈付出多少都愿意。哪会心疼钱呢？妈妈向你道歉，爸妈错了，别怪我们好吗？"小 A 伏在妈妈的怀抱里，使劲点了点头。这时，E 老师没有马上说话，而是静静地看着母子二人。看到小 A 的神情渐渐明朗了，E 老师才说："小 A，你现在能体会妈妈的心情了吗？"小 A 回答说："是的，爸妈都是为了我好，他们对我是无私的。我以后一定要好好学习，不再让他们担心难过了。"

小 A 知道了父母的想法，明白了父母对自己的期望；妈妈也了解了小 A 的想法。母子之间的误会解除了，主要问题也就迎刃而解了。E 老师在母子交流的过程中，言语并不多，目的是给他们更多的时间彼此吐露心声。但 E 老师几句关键的提示话语，却起到了催化剂的作用，促使主要问题得到了最终解决。

从教师前后两种不同的应对方式和实际效果可以看出，"来访者中心"理论对师生之间的心灵沟通具有积极的促进作用。在没有良好沟通的前提下，教师武断地批评说教，不但会让学生"闭锁"心扉，而且会令其产生厌烦心理。在这种情况下，即使教师有再好的期望与心愿，也会失去信息传导和输送的途径。要与学生有效沟通，就要放下教师的"架子"，与学生平等交流，给学生说话的机会，站在学生的角度考虑问题，用共感的态度理解和尊重学生。这样才能拉近师生之间的心理距离，消除隔阂与鸿沟。学生感到教师可亲可信，才会向教师敞开心扉，从而架起师生心灵沟通的桥梁，使师生之间的心灵沟通之路畅通无阻。

四、班主任与学生沟通的策略

（一）运用言语交流艺术

所谓言语交流是指人们运用语言工具进行思想感情传递和交往的过程。它有两种形式，即口头言语交流和书面言语交流。在言语交流过程中，双方都要遵守交谈的准则，主要有：

可接受性原则。双方均需了解对方对已有知识的认识水平和心理状态，考虑对方能否听懂和看懂。

互相合作原则。交谈者互为听众、互为发言者。交谈的双方既要有诚意，平等相处，又要有耐心和虚心，尽量使自己的话语表达准确、明了、易懂。

情境性原则。交谈者应针对当时的情境，充分利用表情、动作、声调来表达自己的意思。

班主任在与学生交流时，不仅要懂得并运用上述原则，还要善于运用口语技巧。屠荣生（2001 年）介绍了几种教师常用口语技巧[①]。

1. 幽 默

恩格斯认为，幽默是"具有智慧、教养和道德上的优越的表现"。可见，幽默其实是一个人的人格特征中的重要积极因素。一些调查证明，在学生列举的他们所喜欢的教师的特征中，幽默一直名列前茅。

幽默是人际关系中必不可少的"润滑剂"，人们都喜欢幽默的交谈者，喜欢听幽默的话语。具有幽默感的教师一走进学生中间，学生们就会感到快乐，沟通也就顺畅了。

> 一位教师走进教室，看见地面很脏，说："我们班真是物产丰富啊，五彩斑斓的纸屑撒满地面，还有瓜子壳点缀其间，我们生产了这么多垃圾，总得想办法出口啊！"几个带褒义色彩的词用于描述脏乱现象使之成为笑话，同学们很乐意地接受了这种批评。

2. 委 婉

心理学的研究表明，人们的认识和情感有时并不完全一致。因此，在师生沟通中，教师的有些话虽然完全正确，但学生却因碍于情感而觉得难以接受，这时，直言不讳的效果一般就不太好。如果你把话语磨去些"棱角"，变得软化一些，使对方在听话时仍感到自己是被人尊重的，他也许既能从理智上、又在情感上接受你的意见，这就是委婉的妙用。例如，在使用否定词时，把"我认为你这种说法绝对错了"改为"我不认为你这种说法是对的"；把"我觉得这样不好"改为"我并不觉得这样好"，就能把同样的意思表达得不那么咄咄逼人。

3. 含 蓄

师生沟通中有时因某种原因不便把某一信息表达得太清晰直露，而要靠对方从自己的话语中揣摩、体会里面所蕴含着的真正意思，这种"只需意会，不必言传"的手段可称为含蓄。含蓄是教师高雅、有修养的表现，也经常表示出一种对学生的尊重。学生的年龄越大，文化程度越高，教师使用含蓄语的频率也会越高。

---

4. 反　语

中国古话说："将欲取之，必先予之。"太极拳理论讲究的是"欲进先退、欲前先后"。在师生沟通中，教师有时为了更好地达到目的，口头说出的意思和自己的真实意图恰恰相反，却反而能成功。这就是反语的妙处所在。

班上有不少男生最近开始迷上了抽烟。在一次班会上，班主任并不点吸烟学生的名，只是说了这样一席话："今天我给大家讲讲吸烟的好处。"一句妙语开场，如石击水，反响鲜明。教师讲道："第一大好处是吸烟引起咳嗽，夜半尤剧，可以吓退小偷；第二大好处是咳嗽导致驼背，可以节省布料……"这种诙谐的反语暗示了吸烟的害处，使学生在笑声中感受和理解了教师的用意。

5. 模　糊

在师生沟通中，有时会因某种原因不便或不愿把自己的一些意见明确地表达出来，这时，教师就可以采用模糊的口语技巧，把输出的信息"模糊化"。模糊的说法有时是为了使沟通留有余地。当教师对学生的一些事情的真相未了解清楚，特别是对突发事件的结局尚不明朗时，运用模糊语能使教师掌握主动性和灵活性。例如，有学生反映班上一对男女学生像是在"早恋"，教师在没有彻底弄清情况前，没有急于做出反应，只是对反映的学生说："我也注意到了一些反映，不知是否真是这样。请你们不要再谈论此事，不管怎样，我会按照我一贯的原则来处理好的。"教师表面上的轻描淡写和模糊说法，避免了把事态再扩大，有利于今后谨慎、正确地处理此事。模糊有时也是为了照顾对方的自尊。如，学生问："教师，您是不是最喜欢我们班的某学生？"教师答："是好学生教师都喜欢。"

6. 沉　默

在师生沟通中，教师有意识地适当保持沉默，也是一种重要的口语技巧。

在师生面对面的交谈中，如果学生注意力不集中，教师的沉默能起到一种提醒、集中学生注意力，迫使他们认真参与谈话的作用。

在带有说服性质的谈话中，教师的适时沉默会体现出一种自信心和力量感。因为沉默能迫使对方说话，而缺乏自信、心虚的人往往害怕沉默，要靠喋喋不休的讲话来掩饰内心的忐忑不安。

教师有意识地沉默也是一种有效的批评办法。沉默时表情要严肃，眼神要专注，使学生在沉静、严肃的气氛中感觉到教师的不满和责备，产生一种心理压力，并在自我反省中检查领悟自己的不足或过错，从而达到"无声胜有声"的效果。

加拿大教育心理学家林格伦等曾在一部教育心理学著作中认为，许多教师都患有一种"唠叨病"，而越是资深的教师还越感觉不到这种病症，其主要症状是喜欢事无巨细、不分场合地指责学生。因此，反省一下自己讲话的数量、质量的"效率比"，确实是一项教师经常该做的"思想体操"。

（二）克服代沟障碍

在师生代际关系调整中，班主任居于支配地位，是主要调节者，要发挥主导作用，可以从以下几个方面克服代沟障碍。

跟上时代，缩小差距。班主任要适应社会发展形势，跟上时代变革潮流，不断更新观念，乐于接受新事物，用新的思维、新的标准来看待新的事物和新的一代，努力缩小与青少年的思想差距，与学生共成长，与时代共进步。

承认差异，加深理解。师生的代际距离是客观存在的，班主任不要否定差异，要看到青少年心理的时代特点，不要按照自己的理想设计去进行教育教学活动，要求同存异，不要强求一律，甚至硬性代替，应多作心理换位，理解并宽容青少年。要特别理解他们心理发展中的独立性与依赖性的矛盾，要宽容他们因知识经验不足所犯的过失，或因幼稚而出现的荒诞行为。

平等相待，正面引导。班主任不要以权威自居，要放下架子，在民主平等的基础上与学生交流、讨论。针对青少年的问题，要把握特点，加强正面引导，使他们接受正确的思想观念和价值体系，同时注重采用学生能接受的方法，如鼓励参与，变干涉为协商，变支配为说服，变监护为鼓励等。

相互学习，严于律己。从文化的传递方式方面，米德将文化划分为三种类型：后喻文化（Postfigurative），即晚辈主要向长辈学习；互喻文化（Cofigurative），即晚辈和长辈互相学习；前喻文化（Prefigurative），即长辈反过来向晚辈学习。按照米德的说法，在当下这个急速发展的时代，成人应当自觉地向青少年学习，要学习年轻人的优点和长处，承认他们对某些新事物所具有的敏感性和适应性[1]。班主任要成为学生在事业、道德、生活、学习等各方面的表率，引导青少年一代实现社会化。

（三）开展有效的对话交流

魏书生在日记里写道："走入学生的心灵世界中去，就会发现那是一个广阔而又迷人的新天地。许多百思不得其解的教育难题，都会在那里找到答案。"

人际沟通的主要途径是有效的对话与交流。靳玉乐等（2004 年）指出，师生对话是理解型师生关系形成的必然途径[2]。理解型师生关系非常强调师生之间的对话，主张通过对话来进入彼此的心灵深处，达到深度理解。

在对话的过程中，教师应能不断地引起学生的反思和共鸣，使他们认识到自己的优势和不足。"常常认为一个好的对话者是一个说话吸引人的人，然而，在后现代解释学家眼中，一个不断地推动我们去反思我们在真正说着和想着的是什么东西的人，一个不断提醒我们转过来探究反思的种种情况和条件的人，才是真正的好对话者。"[3]同时，在对话的过程中教师还要善于倾听，能够听出学生话语中的内在含义，才能够真正把握学生的内心世界。

为营造理想的沟通情境，班主任要做到以下几点：

一是消解话语霸权，让每一个学生尤其是那些平常不爱发言的学生能够畅所欲言。一方面，教师必须注意摆正自己的位置，要注意多倾听学生的声音，将话语权真正交给学生；另一方面，教师要消解优秀生的话语霸权，注意多倾听学生中的"弱势群体"的声音，尤其是那些平时表现不太好、学业失败、不爱发言的学生。

二是坚持基本的话语规则。因为"语言要表达思想，进行交流，就必须有公共的法则和

---

① 刘晓东. 论成人也应向儿童学习——从玛格丽特·米德的代沟理论看成人与儿童的关系[J]. 教育导刊，2005（10）.
② 靳玉乐，张家军. 论理解型师生关系的建构[J]. 教育研究，2004（11）.
③ 王治河. 扑朔迷离的游戏——后现代哲学思潮研究[M]. 北京：社会科学文献出版社，1998：227.

运用形式,语言的这个方面保证了个人间思想交流的可能性"①。师生在对话的过程中,双方均应态度诚恳、真实,所说的观念和想法均应是发自内心的,彼此之间是用心在交流。

三是对交流对象有宽容和欣赏的态度。当学生的观点不正确时,老师可委婉地指出,而不是讽刺和打击。只有这样,学生才能将自己的"心"敞开,形成"心"与"心"的交流。因此,宽容是师生交流沟通过程中一个十分重要的因素。同时,要学会欣赏不同的意见。学生个人的智能发展、家庭背景、生活条件以及知识等都存有差异,这导致他们每个人都有不同的"先见",并造成他们对同一问题的不同理解。对于不同的看法,教师应当鼓励、欣赏,这极有利于学生的发展。

(四)学会积极聆听的方法

积极聆听是一种有效的沟通技巧。"聆听在师生沟通中有着奇妙的功效。不加评判、表示理解地听,在孩子心目中可能是你送给他的最好礼物。"②积极聆听又称主动聆听,指教师不仅要仔细倾听学生的感受,还要对学生的情感做出反应。反应不是评判,而是教师用自己的话对学生表达的意思进行复述的过程,又称意译的过程。常用的句式包括:"你觉得……""你认为……",译意如果正确,师生沟通得以继续;如果不正确,学生会主动更正教师的理解。以下我们将举例说明积极聆听与教师通常反应方式的区别③:

情境:放学后一会儿,小明来到老师的办公室。

通常的反应方式:

　　小明:老师,黑板报办不好了,我不想干了。

　　老师:你怎么能这么说呢?你是编辑呀!(责怪)

　　小明:我从下午一直忙到现在,他们倒好,全都跑了。

　　老师:他们不好,我会批评他们的,老师知道你是一个尽责的人,我相信你一定能做好。(安抚)

　　小明:(迟疑)但是……

　　老师:就这样吧!明天你们务必把黑板报出好。(命令)

　　小明:那好吧。心里一边抱怨做编辑好烦,一边担心明天那几个挨了批评会不会怪他。

积极聆听:

　　小明:老师,黑板报办不好了,我不想干了。

　　老师:不能及时出好,你觉得很着急。

　　小明:对!我从下午一直忙到现在,他们倒好,全跑了。

　　老师:你做了很多事,你觉得很委屈。

　　小明:不是的。我只是觉得大家分工去做才会有效率。

　　老师:你觉得应该把各自的任务明确下来。

　　小明:是的。王纬负责划线,刘航负责写粉笔字,我来负责设计版面。

　　老师:(点头)

---

① UNESCO. 学会生存[M]. 上海:上海译文出版社,1999:118.

② 雷·马洛尼,袁光荣,张晶. 培养好孩子的要诀[J]. 袁光荣,编译,外国中小学教育,1990(2).

③ 张丽萍. "积极聆听"在师生沟通中的作用—— 师生沟通技巧谈. 中小学教师培训[J],2000(10).

小明：可是，大家总是希望别人先动手，要是有一张责任分工表就好了，每个人都知道哪些是自己的任务，反正迟早都得干，大家就会抢着干了。

老师：（赞许）唔！

小明：（兴奋地）我今晚就把表画出来，明天拿给您看好吗？

通过上述对比，我们可以看出：①积极聆听使沟通保持顺畅。在通常的做法中，教师没有正视学生的感受，而是径自表达了自己的看法，提出了自己的要求。不合时宜的肯定、命令使学生欲言又止，不能畅谈，致使交流滞塞甚至终止，但问题并没有解决。当教师使用积极聆听学生表达的情感时，我们看到，学生会用殷切的态度回应教师。如果教师误解了，学生也有机会更正教师的想法。如此一来，沟通始终保持顺畅。②积极聆听使学生感受到教师的爱与关怀。在通常的做法中，教师的责怪、命令甚至安抚都使学生觉得自己的感受是不对的、不应该的，是应该改变的。换言之，教师并不接受他。在此过程中，学生感到沮丧，有强烈的受挫感。积极聆听帮助学生以直接有效的方式表达自己的感受。一旦学生表达了，且被教师接受了，学生便会从中学习到自己与他人是相同的，于是就不会为自己有这样的感受而苦恼。在这一过程中，学生感到了教师的爱与关怀。③积极聆听有助于培养学生独立自主的能力。孩子们和成人一样，在出现问题时，总要为自己辩护，有时会用责怪师长、朋友，抱怨环境的方式表达他们的感受。当教师积极聆听、正视这些感受时，孩子们就会觉得有人了解自己——这使他们觉得自己有能力解决问题，也会积极调动自己的潜能去主动解决问题。这一过程中，学生独立自主的意识、能力都得到了提高。

戴维斯（Davis）曾列举出有效聆听的十大要点：

少讲多听，多保持沉默，不要打断对方的讲话；设法使谈话轻松，使讲话人感到舒适，消除拘谨不安情绪；表示出有聆听的兴趣，不要冷淡与不耐烦；尽可能排除外界干扰；站在对方立场上考虑问题，表现出对对方的同情；要有耐性，不要随意插话；控制情绪，保持冷静；不要与对方争论或妄加批评；提出问题，以显示自己在充分聆听和求甚解的心理；仍是少讲多听。

第二节　亲师沟通的理论与实际

班主任与家长之间的关系是一种特殊关系，它是学校联系家庭的纽带，是学校教育与家庭教育的结合点。苏霍姆林斯基说过："只有学校教育而无家庭教育，或只有家庭教育而无学校教育，都不能完成培养人这一极其细致、复杂的任务。最完备的教育是学校与家庭的结合。"亲师沟通在班主任班级工作中是相当重要的一环，其涉及班主任的教育理念能否落实，各种教育教学活动的进行是否顺利，班主任能否将家庭教育资源有效地用于班级教育活动之中。班主任如何做好这一点呢？首先需要我们去了解亲师沟通中存在的问题，了解新时期家长的需求，密切与家长的联系，促进学校与家庭教育的相互配合，以形成教育合力。

一、亲师沟通中常见的问题

在班主任与家长的沟通实践中，常常出现以下问题：

报忧不报喜，只说学生的不足，避谈优点与进步，家长感到失望与不快。

报喜不报忧，取悦家长，掩盖学生的问题与不足，家长不能了解孩子的真实表现。

批评指责，甚至训斥家长，把学生出现问题归因于家庭，将对学生的不满情绪发泄到学生家长身上，家长自尊受损，产生对立情绪。

在大庭广众下指名道姓揭学生的短，或将其与其他优生进行比较，让家长感觉丢面子。

将与学生家长沟通作为例行公事，敷衍了事，家长感到班主任缺乏责任心与热情。

与家长交流缺乏充分准备，匆忙上阵，表述模糊不清，泛泛而谈，听似全有理却不能解决实际问题，不能展示自己的教育理念、实力，家长感到失望，甚至怀疑班主任的工作能力。

以居高临下的姿态去"教育"家长，引起家长反感。

我讲你听，自己高谈阔论，不给家长发言机会，也不听取家长的意见和建议。

请看丁翙春（2006 年）提供的案例[①]：

> 某校初一年轻的班主任甲，在掌握了学生亮偷拿同学的球拍的确凿证据后，将亮的母亲叫到了办公室。"你应该严加管教你的儿子。小时偷针，大时偷金，弄不好将来就是公安机关严打的对象。"班主任甲在气头上，当着许多老师的面大声地责怪亮的母亲。"俺这孩子在上小学时从没偷过别人的东西。怎么才上了初一，就有这毛病了？你作为班主任就没责任吗？"亮的母亲红着脸反问班主任甲。话不投机半句多，二人吵了起来。

试想，学生偷拿东西，固然不对，但就一个初一的孩子而言，可塑性还很强，有必要那么激动、说得那么严重吗？再说，把家长叫来，众目睽睽之下就朝着家长说那么刻薄的话，让家长的脸往哪放？缺少了尊重的谈话会有成效吗？反之，如果班主任甲能耐住性子，找个没有其他人的地方与家长诚心诚意地沟通，效果一定会比现在理想得多。

上述问题表明，班主任与家长沟通中不仅存在态度问题，还存在着沟通能力和技巧问题，说明掌握亲师沟通的理论和技巧是十分必要的。

注意运用语言艺术，请记住以下 5 句话：

您的孩子最近表现很好，如果在以下几个方面改进，孩子的进步就更大。

孩子之间的问题可以让他们自己来解决，放心吧，我们一起来慢慢引导他。

您有什么想法，可以坐下来谈谈吗，我们都是为孩子好。

很抱歉，孩子受伤了，老师也很心疼，以后我会更关注他。

谢谢您的提醒！我查查看，了解清楚了再给您答复好吧。

切忌以下用语：

你们家的孩子太爱惹事，我们都伤透了脑筋。

这孩子太笨了，应该带他查查智商是不是有问题。

您的孩子没法教，给他讲 100 遍也没反应，您把他转走吧！

请家长写一份保证书，再犯错误，干脆您来陪读吧！

您的这种要求我们不能接受，您爱怎么着就怎么着吧！

---

① 丁翙春. 与家长沟通要讲究策略[J]. 班主任，2006（11）.

二、建立亲师关系的重要性

班主任和家长密切配合，对学校教育的进行以及班级教学活动的实施，具有正面积极的意义。建立良好亲师关系的重要性有以下四项[①]。

（一）提高学生学习效果

建立良好的亲师关系对提高学生学习效果有很大的帮助，心理学家的诸多研究发现，家长和教师是学生成长中的主要他人。因为家长参与学生的学习过程，可以使学生感受到父母对自己的关怀与重视，激励学校生活中的学习动机与兴趣，学生也会因为父母的重视与参与，以及父母适时给予指导，从而化解自己在各种学习上的障碍；有了家长的参与，班主任可以减少一些事务处理与活动准备的时间，从而在教学上给学生更多的指导和关爱，最终提高学生的学习效果。

（二）促进班主任专业成长

建立良好的亲师关系，可以给班主任提供更多与家长沟通的机会。班主任通过与不同家长的互动，不但可以达到扩展视野的目的，将自身的思想延伸到教育范畴之外，同时还可以通过亲师合作汲取不同的信息，有助于促进自身各方面的学习，从而充实自己的知识。更重要的是，因为感受到家长对孩子教育的期待、对教育的重视与投入的热忱，班主任本身的教学专业能力也会提升。如果班主任和家长建立良好的专业成长关系，则家长的资源和各方面的知识将有助于丰富班主任的视野，提升班主任的基本能力。

（三）增进家长教养知识

家长参与学校教育对家长教养知识有正面的作用，有研究指出，一般家长并不觉得自己有能力帮助孩子的学习，大多数的家长需要教师给予更多教育资料。有鉴于此，家长如果实际参与学校的教育活动，就会对学校教育目标、课程教材、环境设备甚至教师的教学理念、教学方法与策略有更深一层的认识，在指导孩子学习时，才能与学校的教育措施相结合。家长也可以因为和孩子接触时间的增加，更了解孩子在团体中的行为表现与人际关系，从而给予子女适当的期望。教师如果通过资料的提供、理念的分享，及时提供给家长教养方面的信息，增加家长教导子女的新思想、新观念、新技巧，将有助于增进亲子关系。

（四）营造良好的家校关系

家校关系的营造有助于教育目标的达成，家长通过学校教育活动的参与，可以了解学校办学方针及各项教育活动本身所蕴含的意义。学校接纳家长，一方面可以了解家长的期望，另一方面可以随时澄清家长对学校的误解。此外，可以通过家长的力量协助学校，支援学校。家长是社区的一分子，是学校和社区的媒介，如家长和班主任保持良好的互动，将促使学校和社区紧密地联系，沟通顺畅，对营造学校良好人际关系助益良多。而通过班主任的中间协调，同一班级之家长互动良好，也有助于增强班主任班级管理的效果。

---

① 林进材. 班级经营[M]. 上海：华东师范大学出版社，2006：335-336.

三、了解现代家长的需求

随着我国城市化进程加快，农村生产结构发生了巨大变化，人们的社会观念也随之发生了巨大变化。新的社会观念使家长对学校教育产生了新的需求[①]。

（1）望子女得到尊重。每个人都希望得到别人的尊重，家长更强烈希望子女在学习成长的过程中得到老师和同学的尊重。有一名教师不负责任地骂学生"笨蛋""弱智"，那位学生家长竟把教师告上了法庭并索赔精神损失费。由此可见，家长对学生在学校学习中能得到教师和同学的尊重是何等的看重。教师要有良好的职业道德，热爱每一位学生，尊重每一位学生。

（2）望子女健康。家长重视子女身体健康，除了注重子女饮食营养和锻炼身体外，他们逐渐认识到随着社会发展对人素质提出的高要求，子女在成长过程中也需要心理健康。因此，家长希望学校有好的心理辅导教师对子女进行心理辅导。

（3）望子女成才。"青出于蓝而胜于蓝"。不管学生家长是干部、职员、经理、教师、工人还是农民，都希望自己的子女超越自己。因为他们意识到只有子女超越了自己，将来才会比现在的"我"生存得更好，而超越的坚实基础就是在学校获取更多的知识和技能。"让子女有出息"是家长永恒的需求。不管是工作生活条件优越的家长，还是失业的家长；不管是城市学生的家长，还是农村学生的家长，无不认为子女品格的健全和学业的优秀是成才的基础。子女将来有真本事走进社会，工作得更好、生存得更好就是成"龙"成"凤"的标志，这与以前"高分数考进大学"的观念有着本质区别。

（4）望子女有特长。广泛的兴趣爱好，无论对良好品行养成还是对学业成绩的提高均有帮助，有一定水准的特长对今后走向社会、立足社会也是有益的。现在社区的兴趣特长班、兴趣活动课如雨后春笋般兴起，正是适应了家长的这种需求。

（5）望子女遇上好教师。家长看重教师，特别是子女的班主任。有些家长不惜动用一切关系把自己的子女分到他们认为是好教师的班上，就足以说明这一点。家长眼中的好教师，不仅"书"教得好，师德也优秀。

新时期学生家长对学校教育的需求是多方面的，不同年龄、不同个性、不同生活环境等因素都决定着学生家长的不同需求。以上需求具有普遍性和代表性。与此同时，班主任不能忽略家长对学校教育普遍存在的两个最基本要求，即通过学校教育帮助子女具有健康的品德言行，通过学校教育使子女学好各门功课，牢固掌握基本的科学知识和技能。当然，也有少数家长的需求与学校教育不一致，这就需要我们去耐心指导家长，达成教育共识，共同教育好学生。准确了解新时期学生家长的需求，对我们密切与家长的联系，搞好班主任工作是有益的。

四、亲师沟通方式

（一）家长会

家长会是学校、年级、班级根据教育教学的需要，请家长到校进行交流、探讨教育问题的会议。目的是促进学校教育与家庭教育的有效结合，共同努力达到教育目标。家长会的主要内容有三：一是向家长通报学校工作要求、班级工作计划、班级工作成绩与问题以及学生

---

① 钟型泰. 现代中小学班主任工作指南[M]. 成都：四川教育出版社，2000：116-117.

的表现；二是广泛听取家长的意见、建议，交流育子经验，讨论一些共性问题；三是向家长提出具体要求和明确建议。怎样组织召开家长会呢？

1. 选择时机

家长会一般都安排在期初、期中和期末，通常一学期召开两三次。家长会主要采用校级与班级相结合的形式，有时班主任也可结合本班实际单独召开家长会。开学初的家长会主要是让家长知道本期学校教育教学工作重点，让家长密切配合学校教育。接任新班的班主任还要和家长相互认识，达到了解沟通的目的；期中的家长会主要让家长了解学生的优点和不足，共商后半期的教育措施；期末的家长会主要是总结一学期学生的学习情况，对学生提出假期要求，让家长配合督促，做好假期中的教育工作。

2. 精心准备

召开家长会之前，班主任必须精心准备，必要时还应召开班级家长委员会，了解家长的思想动态，有的放矢地开好家长会。准备的事项包括：事先安排座位；场景布置；准备签到簿及茶水；准备相关资料（包括讲话提纲）；用于展示的学生作品；学生表演的排练等。

3. 选择合适的形式

开好家长会，形式选择非常重要。下面为班主任介绍几种常见的和受家长欢迎的家长会形式。

（1）总结型家长会。以班主任为主导，以表扬激励等正面教育为主，将学生在校的学习情况向家长进行较全面的总结汇报，使家长较为完整地了解学生在校的学习和生活。这种形式条理清晰，经常被使用。

（2）交流型家长会。家长们很难在一起交流教育孩子的经验，而家长会是一个难得的良机。班主任可邀请本班优秀家长在家长会上交流发言，启发其他家长，引起共鸣，从而有效地指导家长的家庭教育。

（3）民主型家长会。这种形式的家长会能营造一种和谐、融洽的气氛。如：把课桌椅调整为"圆桌形"，以圆桌会议的形式充分让家长提建议、讲问题，班主任有问必答。班主任也可根据本班实际，向家长提出建议，征求意见，在融洽的气氛中召开家长会，这很受家长欢迎。

（4）汇报表演型家长会。某报刊登了一学校班级召开家长会的情况：教室里欢歌笑语，不知情的人，还以为是班上在召开联欢会。走进教室只见教室里坐满了家长，学生正在汇报自己一学期的收获，舞蹈、小合唱、朗诵作文、给家长谈谈知心话、谈谈自己的进步、听妈妈的鼓励等，形式新颖、内容丰富，家长、学生、教师融为一体，喜悦之情溢于言表。哦，原来是一次家长与学生共同参与的家长会。这就是汇报表演型家长会。让学生参与家长会，把一学期所学的知识和技能向家长汇报，会使家长的情绪高涨，达到与家长沟通的良好效果。

（5）专题研讨型家长会。这种家长会是班主任选择一个全班学生中普遍存在的问题，运用一定的教育理论进行剖析，探究产生的原因，找出解决的方案，家长可根据自己的家教实践提出问题或交流经验。由于研究的是孩子们的实际问题，讨论的是家长们关心的教育问题，这种家长会非常受家长欢迎。重庆市某老师，针对班上一个优秀学生由于受到老师的误解，躲在门后痛哭而无颜见人，继而不想上学的典型事例，以"增强儿童心理承受能力"为题，召开了专题研讨型家长会。在会上老师列举了儿童心理脆弱的种种表现，和家长一起探讨总结出五种增强儿童心理承受能力的方法。她还根据该班学生迟到，常忘记带学习用具，没做完清洁就离开教室等现象，以"给孩子种下责任的种子"为研讨专题召开了家长会。

在家长会上，班主任切忌发牢骚，讲无原则的话，切忌训斥家长，切忌指责某些学生或某个学生，切忌对个别家长过分热情而冷漠其他家长，这样会降低班主任的人格魅力，得不到家长的尊重，也会增加班主任工作的难度。

（二）家　访

家访是班主任根据学生个体发展的需要，与学生家长单独进行交流，共同探寻良好教育方法的一种工作方式。家访耗时较多，但针对性强，收效很好，适合于处理一些特殊情况。

家访的目的在于同学生家长互通情况，交流信息，沟通感情，使家长了解学校对学生的要求和学生在校的表现，班主任也了解学生在家庭中的表现和学生家庭各方面的情况，与学生家长共同研究孩子的教育问题，达成某种教育学生的共识，形成学校与家庭的教育合力。家访应该掌握下列要点：约定访问时间；事先规划谈话主题；设计好谈话的策略；运用良好的沟通技巧；以家长容易接受的方式进行访问；做好家访记录。

接到新班后，我家访了班上的一位调皮学生。走进学生家，家长平淡的表情中略显冷漠，学生立正在旁，准备接受我即将指出的他的缺点，但我却和家长一起针对学生在学校、家中的情况商讨起了教育方法，学生家长渐渐露出感激的目光。当我正要离开学生家时，家长激动地对我说："谢谢老师，今天我才发现孩子竟有这么多优点。以前每一次家访后，家里难免又是一场暴风骤雨。我今后一定配合老师教育好孩子。"家长的话使我更加明确了应如何做好家访工作。

上述事例告诉我们不管采用何种形式家访，目的都是与家长沟通，谋求教育共识，共同教育好学生。班主任不宜采用以下方式进行家访：①告状式。学生一有问题就到家长处告状，长久下去，会使学生畏惧家访，也会使家长对孩子失去信心，对教师的家访感到厌烦。②责备式。家访时，用命令的语气责备家长不负责任，埋怨家长不关心孩子，全然不顾家长的苦衷，这样会使家长深感委屈而躲避家访。③支配式。家访中不尊重家长，训斥家长，指示家长要这样做，那样做，而不是以亲切的口吻与家长商量。这容易引起家长的激愤，并产生抵触心理。根据学生、教师、家长三方的实际情况，选择适当的家访形式，会使家访的实效性增强。不恰当的家访形式，则会事与愿违。

班主任家访语言九要九不要[①]：

一要态度谦和，不要盛气凌人；

二要坦然大方，不要懦弱求人；

三要自知之明，不要炫耀自己；

四要褒奖老师，不要转嫁责任；

五要胸有成竹，不要随意发挥；

六要一分为二，不要以偏概全；

七要留有余地，不要把话说死；

八要言出必果，不要轻诺寡信；

---

① 甘霖等. 班主任工作技能训练[M]. 上海：华东师范大学出版社，2001：209.

九要掌握时间，不要"点水""穷聊"。

（三）接待家长校访

校访是家长到校与班主任进行交流、沟通，了解孩子在校学习、生活及其所在班级的教育教学情况，以及学校发展概况的一种联系方式。校访是家长的权利。当家长充满信心地把孩子送到学校读书时，就强烈期盼着学校会发展得更好，教师会教得更好，把孩子培养得更好。家长们往往会在这种心理驱使下，根据自己孩子的具体情况，抽出时间主动到校与教师交流、沟通，以积极配合学校教育好自己的孩子。

家长校访体现出家长的教育主动性。班主任要注意以下几点：①热情。班主任应热情接待家长的来访。若与上课时间发生冲突，也应向家长表示歉意，并请耐心等候，要使家长感到有一种亲切感。②尊重。在校接待家长，应主动请家长坐，热情地倒上杯开水。切忌让家长站着谈话，更不能表现出不满、抱怨甚至冷淡家长的不礼貌、无修养行为。尊重家长，是与家长密切沟通的基础，尤其是对后进生和问题学生的家长要尊重。若班主任受了学生的气，迁怒于家长，常常会导致不良后果。③细心。家长主动校访，一般都有某种需要或遇到了家庭教育的某个难题，需老师帮助解决。在和家长谈话时，应细心观察，仔细了解，帮助家长，使家长满意而归。④委婉。与家长交流时，态度应温和、亲切，让家长感到温馨。切忌语言简单、生硬，甚至无话可谈，使家长感到尴尬而扫兴。⑤真诚。与家长交谈，应体现出一种真诚的态度。谈话有主题，切中时弊地与家长商讨共同教育好孩子的良策；切莫与家长闲聊，甚至三言两语打发家长。谈话的真诚是家长对你信任的基础。⑥不卑不亢。有的家长由于个体素质不高或另有所图，校访时也会出现无理取闹现象，甚至有的家长会高高在上，在家访中显示他的权势。班主任应有理有节，应使学生的教育在正确轨道上进行。

优秀的班主任还会充分利用时机，定时举行家长开放日，请家长到校了解学生的受教育情况，听老师讲课，搭起与家长联系的彩桥，促进学校教育与家庭教育的有效结合。

（四）举办家长学校

家长学校是为了向家长介绍培育子女的知识经验、提高家长素质而举办的一种教育形式。如果说过去父母教育子女是靠一种天职本能，或者依靠世代相传的家风、家规、家训等来完成，那么，现在教育子女则是一种需要学习、研究才能做好的一门学问。同时，我国相当数量的家长文化程度不高，教育经验与方法缺乏，因此，举办家长学校十分必要。家长学校主要由学校负责举办，班主任负责组织接待。家长学校主要是请校长、教导主任、教师和有关专家讲解有关家庭教育、儿童青少年心理方面的知识，有时也请家长交流有关教育子女的经验体会。举办家长学校的主要经验：提供读物，给家长推荐或提供家庭教育方面的书籍或资料；举办专题讲座，给家长做理论联系实际、通俗易懂、生动形象、易于操作的讲解；要求家长撰写教育子女的经验体会。

（五）通信联系

书信联系。书信联系是班主任与学生家长沟通的一种行之有效、简单易行的方法。班主任给家长写信时，要注意礼貌用语，字迹工整，表达清晰、简洁、明了，意思明确、语气诚恳，不要写成"告状信"或"讨伐信"。

班主任可以运用"给家长一封信"和家长沟通学校及班级生活状况，让忙碌的家长对学校生活有概括认识。内容视不同时期、不同目的而定，可以包括班主任自我介绍、学校重要政策、班主任的教育理念、家长应配合的事项、学生的身心发展特征、学期或学年的教学重点、各学科的知识与内容、作息制度、班主任与家长的联络方式等。

电话联系。用电话交流，不仅能缩短与家长之间的时空距离，也能解决因双方工作繁忙而难以碰面交流的难题。电话家访快捷、效率高，时效性也较好。

新媒体联络。随着信息技术的飞速发展，新媒体（微信群、QQ 群、视频会议等）沟通联络成为时尚。如果班主任能与家长利用新媒体进行交流，就如同"天涯若比邻"，使亲师沟通中的许多问题迎刃而解。

（六）运用家校联系手册

家校联系手册（家校联系本）是班主任定期（一天、一周或两周）与家长联络的重要方式。家校联系手册由三部分组成：学生部分、家长部分、班主任部分。三者相辅相成，构成家庭与学校之间的沟通桥梁。学生部分主要包括学生对自己一周或者两周的学习、生活等各方面所做的小结和学生本周的家庭作业。班主任部分要有重点地介绍学生各方面的表现，如作业完成情况、课堂纪律情况、行为表现及异常情况等，赞扬学生在学校的良好表现，给家长提出建议和配合的要求。班主任不要在手册上写下学生缺点以及需要改进之处，这样学生会怕回家被家长惩罚而不敢将手册交给家长，而要写上一些鼓励学生的话，让学生从手册上了解教师对自己的期望与关怀。家长部分，主要是家长在看完了学生的小结和班主任的介绍后，给学生的鼓励、希望。家长也可以通过联系手册与教师进行沟通，如反映孩子在家的表现情况等，看下面的这个案例[①]。

> 开学以来，靳老师每天都埋头写什么《学校与家庭联络本》，我翻看了几本，只见上面写着：
>
> "今天英语课上，王理单词默写有进步，请鼓励。另外他的语音有些不准，请督促他多听录音。"
>
> "刘澜近日上课精神不佳，作业也有缺交现象，是否感冒？请帮助了解原因并督促完成作业。"
>
> "明天学校要集体注射流感疫苗，请督促孩子洗澡。"
>
> "小强本周已迟到 3 次，请注意。"
>
> "郭凯最近变化很大，今天上课居然举手要求发言，真为他高兴！"
>
> 也有家长的回馈和建议，比如："最近新搬了家，离学校较远，一时没有找到合适的交通路线才导致小强迟到。我们已经找到解决问题的办法了。"
>
> "老师，美美每天都要到 11 点才能完成作业，最近各科老师布置的作业是否有些多？"
>
> 我看到她一本本认真书写、签字，几乎每一个学生每天在校的重要事项，靳老师都从随身携带的记事本上转到学生的《学校与家庭联络本》上。我问："您每天要

---

① 梁章喜，刘俊提. 美国中小学教师如何与学生家长交流和沟通[J]. 教育实践与研究. 2003（9）.

花多长时间填写这《学校与家庭联络本》？"大约 1 小时吧。""为什么天天忙着填联络本呢？我看有的老师找学生干部帮忙，不也行吗？"靳老师微微一笑，回答道："谢谢你，我已经习惯接一个新班级就先下功夫做好基础工作。记得有位老教师问过我，你是选择辛苦 3 个月，还是 3 年？意思是说，如果选择辛苦 3 个月，就在开学时建立好亲师关系、教室常规等，3 个月后，一切上了轨道，就事半功倍了。如果起头没下功夫，就只好往后辛苦 3 年了！"

美国中小学教师如何与学生家长交流和沟通[①]：

在美国家庭特点不断变化的今天，家长能否积极参与学校教育，在很大程度上取决于教师的态度及与家长交往的能力和技巧。在交往态度上，教师要做到两点：一是以关心孩子的态度同家长保持经常性接触；二是要表现出一种与家长合作的真诚愿望。下面介绍 11 种有效的交往技巧。

（1）介绍信。在学年伊始，教师写给家长一封介绍信是一种积极接触的良好形式。介绍信可以让家长明确他们对孩子成功所具有的重要作用，为建立学校和家庭的合作关系奠定基础。

（2）时事通讯。教师定期向学生家长发《时事通讯》，告诉家长有关学校教育情况及如何参与等方面的信息。

（3）好消息电话。当学生取得进步或在学校有突出表现时，及时给学生家长打个私人电话，这是一种简单而有效的交往形式，是其他形式的有益补充。

（4）公告牌。公告牌要放在醒目的地方，保证学生家长到学校时能及时看到。

（5）快乐电报。快乐电报是一种对学生的积极行为和良好成绩进行表扬并及时与家长沟通的手段。

（6）个人便条。教师定期向家长发送，让家长认识到自己是教育者队伍中的一员，对孩子成长发挥着重要作用。

（7）特殊情况卡。将此卡发给家长，表达了教师对学生的关爱。

（8）家长角。设在教室或校内的一个角落，包含书刊，供家长浏览借阅。

（9）非正式接触。教师在早上安排时间迎候学生及家长，简单了解学生情况以及家长对学校教育的评论。

（10）家访。教师抽时间家访，与家长建立融洽关系，是一种有效的双向交流。

（11）"教师—家长"联谊会。学校定期组织"教师—家长"联谊会，促进教师家长双向交流，有助于学生成长，也可以帮助教师改进教育计划。

第三节　班主任与社区的沟通与协调

任何一所学校都是社区这一系统的一个基本要素，必然受到社区的政治、经济、文化、风俗习惯、生活方式等人文环境和生态自然环境的影响，必然要与社区进行物质、能量和信息的交换。学校里的学生也必然要受到社区环境的影响。这种影响是广泛的、长期的、潜移默化的，可能是积极的、正面的、健康的，也可能是消极的、负面的、不健康的，因而对学生的影响是深远的、巨大的，学生中出现的这样或那样的品德行为问题，一般都能从社区环

---

① 郭喜青. 如何与家长有效沟通[J]. 河南教育，2005（8）.

境中找到根源。班主任不仅要看到社区对学生的消极影响，更要有效地利用社区教育资源，使其对学生产生积极的影响而尽量避免消极的影响。这就要求班主任做好与社区的沟通与协调工作。

一、加强与社区各单位的联系，利用社区的物质资源

社区内有丰富的可用来教育学生的物质资源，如公园、电影院、图书馆、文化馆、体育馆、博物馆、风景名胜地、历史文化遗址、革命历史纪念地、工厂、农村、部队。这些教育资源可以作为学生社会实践基地、军训基地、爱国主义教育基地、革命传统教育基地，让学生走出校门广泛参与各种社会实践活动，进行社会调查、参加社会公益劳动和工农业生产劳动、开展校外活动等。这些资源的充分利用，需要加强与社区相关单位的联系，这种联系，一般是学校出面，班主任也可利用各种力量进行联系。

二、争取社会热心人士的支持，利用社区的人力资源

社区内有许多热心于教育事业的人，如各级领导干部、劳动模范、优秀指战员、知名人士、社会贤达、能工巧匠等，他们都是学校可资利用的宝贵教育资源。班主任可以根据班级的实际需要，适时地把他们请进来，给学生做报告、开讲座、交流谈心，或请他们担任兼职教师、校外辅导员，把他们的先进事迹、亲身经历告诉学生，使学生受到良好教育。

三、关注社会动态，利用信息资源

班主任要密切关注社会的新事物、新动态，充分利用关于新事物的信息教育学生，如党和国家的重大会议、重大事件、新发明新事物、先进模范人物的事迹以及一些反面素材（如大学生伤熊事件）等。这些信息资源具有重要的教育价值。班主任不仅要给学生提供信息资源，还应鼓励学生利用多种渠道自己收集这类信息，并组织学生讨论、评价。特别是一些不良的社会现象，更要组织学生去识别，去揭露，去批判，从而增强学生的鉴别力、免疫力和抵抗力。

班主任要引导学生有效利用大众传媒。随着大众传媒的发展，增加了学生获取信息的渠道，扩大了学生的视野，丰富了学生的知识，但未经筛选过滤的信息良莠不齐，可能给缺乏辨别力的青少年和儿童带来不良影响。因此，班主任要对学生看电视、上网、听音乐、使用手机等提出明确要求，引导他们去了解、接受健康有益的东西。

第六章　班级学生分类教育工作

班级是学校最基本的教育单位，是学生成长的摇篮。班级教育效果直接影响学生在校的学习质量，影响着学生个体社会化和个性发展的方向，甚至影响学生以后的生活质量和生命发展。由此可见，抓好班级教育工作非常重要，可以说，这是班主任工作的核心内容。但是班级教育工作千头万绪，班主任应从何处着手进行呢？笔者认为，班级教育工作，既要关注所有的学生，又要关注不同类别的学生，更要对一些特殊群体的学生给予特殊的关注和教育，让他们也能和其他同学一样，能学有所获并健康快乐地成长。在本章中，班级教育从两个维度进行分类探讨。一是不同类别学生的教育，二是特殊家庭背景学生的教育。班主任不仅要关注绩优生与后进生，也要关注在班级中所占比例最大的中等生。同时班主任对一些特殊家庭背景（如经济优裕家庭、贫困家庭、单亲家庭、留守儿童家庭等）的学生要给予特殊关怀。

第一节　不同类别学生的教育

宋代教育家朱熹说："夫子教人，各因其材。"因材施教的真谛在于教人要"因其材"，才能使人"尽其材"。因材施教实质上就是因学生情况的具体性和个别差异性而施教，它立足于满足学生个性发展的要求。由于遗传、成长的环境尤其是学生态度、学习努力程度差异，在一个班级里，就出现了绩优生、中等生和后进生。因此把因材施教的原则用于班级教育管理中，显得尤其重要。新课程改革的一个核心理念就是要以生为本，一切为了学生的发展。因此班主任应认识到每个层次的学生都是班级的有机组成部分，不能忽视任何一个类别的学生。否则，既不利于这类学生的发展，也不利于整个班级的发展。

一、绩优生的教育

绩优生群体，是指这样一个学生群体：他们学习成绩好，纪律观念较强，经常受到班主任的表扬，是班级的核心，是同学们学习的榜样，有着很强的牵引力和影响力。但是，这个群体的学生由于长期受到"优待"，致使他们的弱点常被忽略而逐渐演变成了缺点。在现实生活中，常常有这样一些绩优生：他们学习成绩很好，行为习惯、思想品德等方面却存在问题。如果这个群体得不到科学的管理、及时的引导和正确的培养，那么就很可能适得其反。他们不仅不能起到榜样示范作用，还可能影响到良好集体的形成。

（一）绩优生的特点

绩优生的优点和长处是非常明显的，他们智力水平高，接受能力强；学习动机强，学习自觉性高；学习基础好，学习兴趣浓[①]；另外，绩优生往往还具有远大的理想，富有进取精神，也具有坚强的意志力，可以排除外界的干扰而较长时间地坚持学习，大多数绩优生也有遵守纪律、讲文明礼貌等优点。绩优生虽然具有诸多的优势，但并不意味着他们就完美无缺。由于他们身心发展还不成熟，再加上家长一些错误的教育思想和教育方法的误导，尤其是学校里一部分班主任对他们在思想上的偏信偏爱、管理上的忽视放松以及只看成绩、回避问题等因素，导致了绩优生身上还是有诸多问题。如前几年曾发生过的"马××杀人事件""刘××用硫酸泼狗熊事件"，这类事件虽然极端，但也说明绩优生中确实还不同程度地存在一些问题，这些问题如果不加以解决，将有碍于他们的健康成长并形成以下这些心理障碍[②]：

（1）骄傲自负。有的绩优生，认为自己资质聪明，成绩好，有"资本"，过高地估计"自我"作用，加上班主任和家长的宠爱，于是以"优"自居，自以为是，看不起别人。一般表扬和教育，往往收效甚微，而稍加批评，又会导致对立情绪。

（2）狭隘自私。有的绩优生，爱慕虚荣，争强好胜，一旦有人超过自己，往往流露出嫉妒心理，有时出言讥讽，有时不惜拆台。当同学向他请教时，显得非常保守，不愿帮助别人，既喜欢担任一些职务，又不愿付出相应的劳动，甚至还要求特别照顾。

（3）攀比摆阔。有的绩优生，以家庭条件优越而自诩，似乎高人一等。有的虽然家庭条件差一些，也要硬撑面子，"不甘人下"。这类绩优生追求物质享受，讲攀比，显穿戴，摆阔气，至于勤劳俭朴，对他们来说，都显得格格不入。

（4）表里不一。有的绩优生从表面上看来什么都好，其实他们对各种思想兼收并蓄，内心深处的矛盾和困惑并不少，只是由于"世故老成"，因而从不轻易向班主任、父母吐露。即使有所表现，往往也显得比较隐晦，不易察觉，因而很难使教育者对他们有针对性地进行引导和教育。

（5）难经挫折。大凡绩优生抱负水平都高，又长期处于"顺境"，有的由于心理素质差，对待挫折和失败的承受力较差。如果一旦失去了"优"的条件，或者期望得不到满足，往往容易产生悲观失落的思想倾向，萎靡消沉甚至一蹶不振。

（6）过于追求完美，焦虑心重。由于表现突出，成绩拔尖，从小在一片赞誉声中成长，导致有些绩优生不能接受自己有丝毫的失误，做什么事情都追求完美，生怕落在别人的后面而失去原有的优势，一旦自己的表现不够完美，就会非常伤心失望。另外，家长、班主任、同学以及其他人也非常关注绩优生在各种场合的表现，对他们的期望值非常高。所以这些绩优生所承受的压力不仅来自学业上，还有社会的。各方面的压力使他们比一般学生产生更多的焦虑，使得有的绩优生在遇到某些挫折时承受不了，容易产生情绪失控的现象。

当然，上述缺点和不足并不是每个绩优生都有，其表现形式和程度也不相同。因此，作为班主任应冷静地分析学生身上的优势和不足，为他们的成长提供更好的帮助。

---

① 李艳丽. 优等生的个性心理特征及教育对策[J]. 现代中小学教育，2002（9）.
② 赵正铭. 优生问题及解决办法——浅谈"尖子生"的思想教育[J]. 教书育人，2000（9）.

（二）绩优生的教育策略

1. 坚持培养目标，全面严格要求

教育者头脑清醒，提高认识是解决绩优生中存在的问题的重要前提。这就必须坚持学校的培养目标，要教育学生坚持社会主义方向，培养他们坚定正确的政治方向，树立远大理想和为人民服务的人生观，形成良好的道德品质。教育者要端正教育思想，不能用片面追求升学率的错误思想来影响他们，不能只看到他们的 90 分、100 分，"一俊遮百丑"，更要注意他们的思想政治方向和道德品质。对绩优生要提出更高、更严格的要求。对他们的缺点，不能姑息迁就，应该严肃对待，努力使他们德、智、体、美、劳得到全面发展。

2. 善于正确引导，促进认识"自我"

人贵有自知之明。解决绩优生中存在的问题，要注意教育他们提高自我意识。要引导他们学会全面辩证地看待问题，正确评价自己，认识自己。正确看待分数、成绩、排名等。要懂得"天外有天"，不能唯我独优，故步自封。既不能在成绩面前睡大觉，又不能一经挫折就灰心气馁。要创造团结和谐、相互学习的班级环境，促进学生认识"自我"，取长补短，不断提高。

3. 评价要褒贬适度，把握分寸

绩优生由于长期生活在同学、班主任肯定的眼光中，慢慢地就容易产生高人一等的思想，对自我的评价也偏高。因此，班主任对他们的评价要褒贬适度，把握分寸。既不能一味表扬，使之盲目自大，目中无人，又不能过分批评，损伤其自尊心。表扬要恰到好处，使绩优生受到鼓舞，继续前进，批评要合情合理，使之心悦诚服。班主任对绩优生既不护短，又不夸大他们的长处，而是让他们通过与同学的平等相处，感受到别人身上的优点，让他们在为同学服务的过程中，体验一种奉献的幸福。帮助他们去掉自我陶醉的"光环"，恢复作为"普通人"的感觉，不处处认为自己很特殊，不把自己当作"特殊人物"。这样绩优生才能轻松自如地舍弃优势所带来的心理包袱，在集体中悦纳他人，悦纳自己，全面发展，塑造美好的人生。

4. 加强挫折教育，增强容忍力

首先，班主任应让绩优生意识到挫折是客观存在的，人生并非处处美好、舒适，从而在心理上应做好受挫准备。挫折的结果一般分两种：一是可能使人产生心理的痛苦，行为失措；二是它又可给人以教益与磨炼。班主任应让学生看到挫折的两重性，挫折既可成为弱者巨大的精神压力，也可成为强者勇往直前的动力，坚强的性格需要个人有意识地磨炼，正如歌德曾说过的那样：倘不是就着眼泪吃过面包的人是不懂人生之味的。绩优生要以乐观的态度对待学习、生活中的挫折。

其次，要培养绩优生对挫折的容忍力。绩优生学习能力较强，给自己规定的目标和标准往往也较高，因而比其他同学体验到更多的挫折感，产生负面情绪，使自己陷入焦虑和紧张之中。一个难经挫折的人是难以适应社会生活的。因此，班主任一方面应教育他们客观看待自己，为自己树立恰当的奋斗目标；另一方面也要把绩优生与其他同学一视同仁，不对绩优生搞特殊化，犯错误有过失时该批评就批评，错误严重的还要给予相应处罚，让他们习惯于自己做了错事，一样要受批评、惩罚。这样，他们就会和普通同学一样，能够避免在特殊情

况下出现的失落感。对绩优生特别是学生干部，不宜搞"终身制"，也应竞争上岗，合理轮换，使他们"能者上，庸者下"，适应"能上能下"的机制。另外还要给绩优生创造一些品尝失败的机会，引导他们尽可能多地在不同方面摸索、尝试。在此过程中，往往会有失败，而当他们习得了应对方式，就学会了坦然面对人生道路上的挫折、打击，从而心理素质更好，意志更坚强。

5. 教育深入细致，方法艺术多样

绩优生中存在的问题，是一个复杂的问题。因此，我们的教育必须深入细致，方法应该艺术多样。第一，班主任要与他们建立民主、平等的师生关系，克服由于角色身份带来的心理反差，求得共同语言，启迪他们打开心扉，吐露真情。第二，教育工作要深入细致，注重调查研究，见微知著。一经发现思想苗头，就要及时施教，防微杜渐。第三，多做个别引导工作，谈话目的要明确，内容不拘一格；不能千人一律，要区别对待；或开诚布公，寓理于情，或由远及近，逐步深入；或先谈客观，再谈主观；多用探讨的方式，不要搞"我说你听"的说教；要提供必要的条件，给以在实践中克服缺点的机会。

二、中等生的教育

（一）中等生的特点

中等生是指在一个班级中学习处于中等水平，而品行等方面又表现平平的学生。这类学生因其人数一般可占到班级总人数的 50%~70%而构成班级学生的主体。中等生由于各方面都较普通，容易成为被疏忽的群体。在长期的中小学教育管理中存在"抓两头、带中间"的做法，使中等生成为不被人重视的教育"盲点"。中等生如果长期被漠视，容易出现以下问题：

（1）缺乏自信，有自卑感。中等生处于一个不上不下的位置，他们也想像绩优生那样风光，崭露头角，引人注目。也曾给自己制订一个个的奋斗目标，暗暗使劲，但由于各种原因却收效甚微。如果偶然失败，还能挺住，但若连续多次都无法成功，就容易产生自卑、焦虑、抑郁等心理。另外，中等生由于在学习、思想等各方面的表现平常，也容易被班主任和同学所忽视和冷落，缺乏他人的关注和激励，感到自己在班集体无足轻重，因而中等生容易产生自卑心理。

（2）独品孤寂，闭锁自我。中等生既不能凭借优秀的成绩引起老师的关注，也不会违反校纪校规招致老师的"特殊照顾"，他们总体上表现为成绩一般，安分守己，听话，默默无闻。由于老师在教育教学中无暇顾及他们，他们常常有被冷落和无人过问的感觉[①]。若长此以往他们就不轻易敞开自己的心扉示人，沉默寡言，喜怒哀乐不轻易表露，把心灵之门死死关闭。他们一般不愿和班主任接近，也不愿意主动和其他同学交往。把丰富的情感深深埋在自己的心里，在学习生活中遇到各种困难、挫折、痛苦、烦恼，也不愿向他人倾诉。由此引起的不良情绪若不能及时得到排除，日积月累就易引起心理问题。

（3）甘于现状，不思进取。中等生比上不足，比下有余，甘居中游，安分守己，与世无

① 张齐胜. 关注中等生[J]. 教学与管理，2006（4）.

争的心态较为突出。有的中等生对自己既没有高标准又缺乏严要求，不想"冒尖"也不愿落后挨批评，容易满足于现状，习惯于原地踏步走，无意去追求，也不会积极主动地去树立自己的奋斗目标，这都严重影响了其潜能的发挥以及个性特长的张扬。

中等生的上述问题如果不能得到班主任的高度重视和有效疏导，日积月累则会越来越严重，最终走向我们所期望的反面。班主任应该认识到抓好中等生教育对整个班级学生发展的重要意义。通过教育引导促使中等生向绩优生转化，不仅将挑战绩优生在班级的固有优势和领先地位，使绩优生在感到压力的同时增强了"优上求优"的紧迫感，变压力为动力而加倍努力。中等生的转优客观上也使得后进生一些行为失去市场和影响力，而只好把心思放在学习上，并且还可以让他们从中等生的转优中获得进步的希望与信心，最终得到发展。所以，"抓中间"不仅有利于班级"你追我赶"良性竞争氛围的形成，使中等生自身得到发展，也促进了"两头"的进步而达到双赢，最后实现全体学生的大发展。

（二）中等生的教育策略

1. 公平对待，同等关注

班主任在关注"两头"学生的同时，要给予"中等生"同样的关注。班主任要把爱和关心撒向每一个中等生，让他们沐浴在班主任爱的阳光下。班主任应从感情上亲近、兴趣上引导、学习上启发、生活上关心他们。在方方面面上都在意他们：课内多给他们回答问题、做"演员"的机会；课外多与他们交流、谈心，沟通思想，进行心理疏导；批改作业时，多看一眼，多写一点批语；当他们有进步时，不失时机地给予表扬、鼓励。班主任有目的、有分寸地对中等生的爱护，可以说是促进他们进步的催化剂。

2. 创造机会，培养自信

每一个学生都希望自己是成功者，都期待着肯定和赞誉，特别是中等生，他们虽然表面默默无闻，内心却强烈希望自己被赏识。班主任要善于发现每一位学生的禀赋、兴趣、爱好和特长，珍惜他们心灵深处的这种渴望，积极创造机会，不断地让他们取得"我能行"的成功体验。班主任应改革传统的班级管理制度，给中等生提供锻炼和为班级管理贡献力量的机会。班干部可以采用同学选举、学生自荐等方式，定期轮换。班主任也可以在班级中开展各种竞赛活动，让中等生在活动中有岗位、有职责，为他们的表现和发展创造机会，让他们参与活动的全过程，从中锻炼才能，发挥兴趣特长。还可设立"最佳创意奖""最佳合作奖""最佳组织奖""助人为乐奖"等各种奖项，让平时与获奖无缘的中等生也体验成功，享受成功所带来的喜悦，找回自尊自信，进而以更好的心态投入到学习中去。

3. 塑造典型，进行仿效

心理学认为用与学生年龄相近的先进人物或有教育意义的事例进行教育，易于为学生所接受，更有说服力。中等生境况相似，情感易融，一旦他们中有人脱颖而出，对其他同学而言，说服力强，目标的可接近性大，能起到很好的激励作用。因此，班主任不能忽视中等生的榜样更具示范性这一特性，应时刻留心观察这部分学生，及时发现他们身上的闪光点，塑造正面典型，从而推动中等生这一群体的良好转变。班主任可以在班级里评选如"节俭标兵""诚信标兵""勤奋标兵""团结标兵""环卫标兵""体育标兵""文艺能手""劳动能手""进步典型"等。虽然中等生综合起来并不是最好的，但他们往往在某一方面比较突出，因此很容易当选各种标兵或是典型，一旦有一部分中等生入选，在他们的示范下，就可以带动其他学生的学习，让他们明白，榜样并不是只有绩优生才能做，任何人都可以，只要你努力，就有机会，从而激起他们的求知欲望和学习内驱力，促使其积极上进。

4. 因材施教，转化提高

中等生一般可以分为三种类型，一类是不甘居中游，有强烈的进步愿望；二类是缺乏远大理想，得过且过；三类是认为自己天资差，缺乏前进的勇气和信心。一般是第一类占多数，但第二、三类的中等生也不能忽视。班主任应根据这三种类别的中等生给予不同的教育。对第一类学生，可以采用对他们寄予热情希望的谈话，用前几届毕业了的同学奋发进取的事例、努力进取的事迹以及提出较高的要求等方法，鼓励他们不断朝新的目标冲刺。班主任要多了解他们的学习和思想情况，征求他们的意见和要求，帮助他们克服学习上的困难。也要表扬他们争取进步的行为，并指出他们的学习潜力和努力的方向，鼓励他们"更上一层楼"。对第二类的学生，班主任要想方设法打破他们"甘居中游"的心理状态，激发他们积极进取的愿望，并以此为突破口，培养他们的毅力和意志。班主任也可以组织"我的理想"的主题班会，让学生收集并介绍一些中外名人从小立志成才的故事，畅谈自己的感想体会。在这样的氛围中让那些甘于中游、不努力进取的中等生感到惭愧内疚，激发他们从今往后发奋读书的决心。在他们的热情被调动起来以后，班主任适时地向他们提出切合实际的奋斗目标，并在日后的学习中对他们的成长和进步及时加以肯定和鼓励，不断强化他们要求上进的意识。对于第三类的中等生，班主任应让他们发现和了解自己的优点和潜在的能力，以提高他们的自信心。

三、后进生的教育

何谓"后进生"，国内外教育界对其含义阐释很不统一，至今没有定论。但一般而言，后进生通常是指那些学习不努力、成绩较差、思想上不求上进、品德水平较低的学生。"后进生"具有相对性，相对于"先进的学生"而存在。每个班都有相对的绩优生和后进生。后进生往往让班主任头疼不已，但如果忽视或放弃对后进生的教育，任其发展下去，则很可能让这些学生在不良诱因的影响下走入歧途，最终给家庭和社会带来无穷后患。但如果班主任能够充分关心他们的发展，在他们身上倾注更多的心血，则可以化消极因素为积极因素，挽救和培养出更多的合格人才。

马希良（2005 年）提出的"木桶法则"[①]道出了抓后进生教育的重要意义。木桶法则即一只沿口不齐的木桶，它盛水的多少，不在于木桶上那块最长的木板，而在于木桶上最短的那块木板，要想使木桶多盛水——提高木桶的整体效应，不是去增加最长的那块木板的长度，而是下功夫依次补齐木桶上最短的那些木板。木桶法则给班主任开展班级管理的启示是：在班级管理中要下功夫狠抓学生管理中最薄弱的环节，比如对"后进生"的管理教育工作，否则整个班级管理工作都会受到影响。抓好后进生教育工作对整个班集体建设具有十分重要的意义。

---

① 马希良. 班级管理法则浅议[J]. 中小学管理，2005（12）.

（一）后进生的特点

1. 是非观念模糊，无明确的追求目标

由于长期放松对自己的严格要求，后进生往往自暴自弃，破罐子破摔；有的消极悲观，闷闷不乐；有的由于逆反心理的作用，对抗班主任、家长或是其他权威。他们对"个人"与"集体""光荣"与"耻辱""美"与"丑""公"和"私"等常常做出与正确要求截然相反的结论。他们把尊敬班主任认为是"拍马屁"，把同学向班主任反映情况说成是"告状"，把违反纪律、恶作剧看成是勇敢，把为同学隐瞒缺点、抄作业视为友谊。另外，后进生对自己的前途没有明确的目标，有的学习成绩不好，升学无望；有的个人兴趣和爱好（如体育活动、文艺活动、绘画等）又得不到认可和支持，常受到过多的限制和责备，对于自己将来能做什么，他们心中一片茫然。

2. 自尊心受挫，自卑感强

后进生由于各方面较差，受到批评较多。父母的训斥、怒骂，同学的讽刺、挖苦，加上某些班主任的"另眼相看"，使他们感觉低人一等，进而自暴自弃。

3. 不喜欢学习，但兴趣比较广泛

后进生不把学习当回事，纪律松懈，上课注意力不集中，不用心听讲，下课贪玩，不复习功课，不完成作业，考试成绩差。但他们往往只是对学习书本上的知识不感兴趣，其他方面则兴趣广泛，特别是对体育运动、文艺活动等颇感兴趣。

4. 义气观念重，易感情用事

后进生虽然成绩不好，行为上不拘小节，但他们的内心也有着朴实和细腻的情感。后进生无论在学校还是在家里都经常遭到指责和冷遇，他们在成长过程中失去了爱，一旦有人真正去关心、帮助、爱护他们，他们往往就愿意与这个人交朋友。他们重友情，讲义气，凡是朋友的要求，他们会竭尽全力；凡是心眼里敬佩的班主任，他们会无条件地执行他的命令，听从他的劝告。班主任发现一种很矛盾的现象，就是那些毕业后的学生中，曾经让班主任引以为傲的绩优生往往对自己视而不见，躲着自己，但那些曾经常被自己批评惩罚的后进生却在毕业后对自己有很深的感情，对自己很亲切，非常地尊敬。这是什么原因呢？一方面是这些后进生长大、懂事了，觉得班主任过去的教育是对的，因此感激班主任；另一方面因为他们的问题多，班主任与他们接触多，建立了一定的感情。

5. 有一定的上进心，但坚持性较差

后进生再差都有愿意积极向上进取的一面，都有想改正错误、迎头赶上、符合班主任家长的期望的时候。但由差到好是个艰苦的、反复的、漫长的过程，好些后进生由于长期已经形成了自由散漫、学习时注意力不集中、意志力薄弱等缺点，因此在争取上进、改正错误的道路上就会走得很艰辛，很多时候会由于遭受一些失败或其他打击而放弃，不能长期坚持积极进取的道路。

（二）后进生的教育策略

1. 正确认识后进生的问题[①]

班主任应认识到后进生问题具有普遍性和严重性。后进生是世界范围的问题。曾任联合国教科文组织国际教育局主任、法国教育总督等职的法国教育家让·托马斯在《世界重大教育问题》一文中指出不及格和留级是初等教育也是高等教育的创伤，发展中国家受创最重，后进生问题是个世界性的问题。另外，不能低估后进生的数量。就一般的中小学而言，在各个班级都有一定比例的后进生，少则一两个，多则三五个。全国有多少一般的中小学，把后进生统计出来那将是一个庞大惊人的数目。长期的教育管理中，许多班主任把后进生称为差生。而差生这个概念是不科学的，因为差生这个概念是静态的，而不是动态的。班主任应以发展的眼光、辩证的观点去看待差生。青少年的可塑性强，今日的差生，过一些时候，转化了发展了，也就不是差生了。科学家牛顿、发明家爱迪生小时候不是都一度被认为是差生吗？大诗人海涅还曾经被他的班主任斥为"对诗一窍不通"呢！但后来他们都以自己的卓越成就，否定了那些人的偏见。由此可见，把差生看成为动态的概念，用辩证的发展的观点去认识差生、对待差生才是科学的。差生概念不科学的另一层含义——衡量学生优劣的尺度是什么？如果单拿学习成绩做标准，有的学生成绩差一点，但他们劳动好、品德好，我们不能简单地定义他们为差生。反之，学习成绩好但品德不好的学生也不能定义为优等生。由于衡量差生的尺度不科学，于是便容易给学生妄下差生的结论。苏联教育家苏霍姆林斯基说："只用分数来评判一个人的好坏，会深深地伤害学生的自尊心和做人的尊严。"他指出，让每个学生都抬起头来走路。要使每个学生都看到自己身上的力量，存在的价值，使每个学生都对未来充满希望和信心。

2. 正确对待后进生

有的班主任一提起后进生就摇头、叹气；态度上冷淡的多，热情的少；歧视的多，关心的少。特别是在片面追求升学率的学校，他们往往把后进生看作是升学率中百分比的分母，分母越大越不妙，分母越小越沾光。因此总是嫌他们不争气，厌他们拖后腿，把他们看成包袱。斥责讽刺有之，漫骂体罚有之，希望他们"自然减员"，强制他们留级，把"祸水"推给别人有之，甚至寻找借口，令其退学，推出校门的也有之。班主任的这些做法，大大地伤害了后进生[②]。违背了《中小学班主任职业道德规范（2008 修订版）》第三条"关心爱护全体学生，尊重学生人格，平等、公正对待学生"。教育家陶行知曾说过这样一句话："你的教鞭下有瓦特，你的冷眼里有牛顿，你的讥笑声中有爱迪生。"这就要求班主任不能忽略任何一个学生，因为每一个学生都可能成为非常有作为的人。因此，班主任要意识到每个人都是有无限潜能的，尤其是后进生，他们往往被大家所忽略，甚至他们自己都不知道自己还有很大的发展空间。如果班主任能把后进生视为"潜能生"，这不仅是教师教育管理观念的一大进步，更可以让后进生放下不该背的包袱，使师生见到"潜能生"的名称，便产生开掘欲、奋起心。从本质上说，"潜能生"时时提醒师生，每个学生都是天才，发展的天赋是整个人类每个个体与生俱来的本性；每个学生都有极大的潜能，从而促使班主任明确自己的任务之一就是挖掘学生的潜能。班主任要做的就是在学生自己都找不到希望时，由他那尊重、信任学生的"钻

①、② 赵正铭，陈礼先. 中小学德育研究[M]. 重庆：重庆大学出版社，1991：293，295。

头"，开掘出学生深层的潜能，在没有希望的人身上找到希望，于是，有了曙光，有了教育，就有了成功。优秀的班主任总是善于在"潜能生"身上打开一扇最易打开的窗子，找准潜能引爆最佳点，让孩子展示一下从来没有展示过的才能，品尝成功的幸福，产生再成功的动力，以至连续成功，使"潜能生"变成"显能生"①。班主任要记住这样一句话：班主任不是选择适合自己的学生，而是要创造适合不同学生的教育。

3. 转变角色，正确引导

首先，班主任不仅仅是后进生的教育者、管理者，要使教育有效果，还应做他们的知心朋友，做他们可以"倾诉"的对象。班主任可以采取和后进生谈心的方式，和他们建立比较密切的关系，并进行及时引导和帮助。在理解、尊重、信任、平等的基础上，努力营造一种宽松和谐的气氛，增强学生的认同感，真正站在关心他们成长进步的立场上，和他们一起共渡难关，使得后进生放下包袱，倾吐真言，从而全面了解到他们的真实情况，找出原委。

其次，要捕捉亮点，正面教育，正确引导。班主任对后进生身上的积极因素加以肯定，鼓励和引导他们确立新的目标，在交流和沟通中，不断肯定后进生新的行为模式和进步表现。这样在不断交流中，后进生就会从班主任那里吸取力量，不断进步。

第三，要注意表扬和批评的艺术。对学生宽容但不放纵，严格但不苛刻，这对后进生尤为重要，他们往往看不到自己的优点和长处，容易自卑、孤立、封闭自我。这就要求班主任善于抓住他们的闪光点，及时拿起表扬的武器，让学生体会愉悦成功和被人尊重的感觉，从而产生追求上进的原动力，并在行动上付诸实践。当然对学生出格的事也要严肃指出，但应对事不对人，否则会事与愿违。对事不对人容易让学生体会到班主任是欣赏自己的，只是不喜欢自己身上的某些行为习惯，从而能自觉地去改正。

4. 激发后进生的求知欲望

后进生由于在学习上遇到的困难和挫折更多更大，所以更易产生厌倦感、自卑感、无助感，而这些感觉又会进一步影响学习，形成恶性循环。因此班主任应该经常深入到学生中去，观察了解情况，对学习困难等现象进行调节和引导。班主任可以进行学习指导，教给他们怎样预习，怎样听课做笔记，以及解题的思路、方法。在教学过程中，班主任要开动脑筋，想方设法激发和培养学生对学习的兴趣。学生喜欢听什么知识，怎么讲效果好，要在实践中积极探索，除了按教材授课之外，还应根据他们的年龄特点，选择一些学生愿意听的知识，穿插到教材之中，对学习成绩差的学生，班主任要在课余时间给他们加"小灶"进行补课，上课多提问后进生；课后多辅导后进生做作业以解决学习难题；也可以动员班级的学优生向后进生伸出友谊之手，结成一帮一。班主任还可以让后进生写出充满信心的格言来激励自己不断努力奋斗，如："我想做最好的学生，我要做全面发展的高素质人才""我认为在生活中只有没有成功的人，没有不能成功的人，最重要的是努力""记住：失败是成功之母，只要树立坚强的信心，成功一定向你走来"。通过种种措施让后进生在情感上体验到班主任对他们的信任，使他们能够正视困难、克服挫折、战胜自己而产生愉悦感和成功感，这种积极的情感体验会成为后进生刻苦学习的一种动力。后进生学习有了信心，就会变被动为主动，调动起学习的积极性。

---

① 韩玉琳. 教育评价质的飞跃："后进生"改称"潜能生"[J]. 中国教育学刊，2003（1）.

5. 教育转化后进生要做到"四心"

第一，"爱心"。捷尔任斯基说过："只有用爱才能教育孩子"。苏霍姆林斯基强调，对那些因受家庭乃至社会环境条件不良影响而表现异样的孩子，要以"朋友和志同道合者那样"的态度和方式对他，因为只有给予学生发自内心的真挚的爱，才能给他们以鼓舞，才能使他们感到无比的温暖，才能点燃学生追求上进、成为绩优生的希望之火。班主任要用爱心去浇灌后进生，主动接近他们，询问他们的家庭情况，了解他们的兴趣爱好，赢得他们的信任和爱戴，在课堂上用语言去激励、用表情去温暖、用行动去感化他们，向他们传送亲切、信任、尊重的情感信息，使后进生乐于接受班主任的教育，恢复他们的理智和自尊，从而使他们养成良好的个性心理，转变成为人们期望的好学生。

第二，"信心"。班主任在教育后进生时，要坚信每个学生都是可以教育好的，都有潜能可以挖掘出来。班主任对他们的信心也会让学生对自己的成长充满了信心。班主任可以从这几方面入手：一是对后进生要求要适度；二是让后进生获得成功；三是让后进生充分发挥自己的才能，充分展示自己的长处。

第三，"诚心"。"没有感情的教育是苍白无力的教育"。班主任应对后进生怀着真挚的关心之心，设身处地为他们着想，不能当同学的面训斥、挖苦，而是了解情况后，进行家访，分析根源，并要求家长配合班主任共同做好学生的思想转化工作。在经过反复的"动之以情，晓之以理"的谈话后，让后进生感受到班主任真诚的关爱，并慢慢地转变。

第四，"恒心"。后进生的转化不可能一蹴而就，一般要经历醒悟、转变、反复、稳定四个阶段。因此，在转化过程中，后进生故态复萌，出现多次反复，是一种正常现象。因此，班主任在分析后进生为什么差的原因后，并在做好家长工作的同时，要抽出时间单独对他们指导，采取逐步帮助其改正错误的办法，一点一滴地提出要求，帮他制定目标，然后落实；再制定，再落实。转化后进生不可能在短时间内完成，因为坏习惯的形成是渐进的，那么对他的改进同样也是渐进的。学生在转变过程中肯定会出现一些反复，这就要求班主任尤其要有恒心，"反复抓，抓反复"，当学生出现反复后，班主任要不厌其烦地和他谈心，以增强其改正错误的勇气和信心，这样一步一步地提高要求，循序渐进，并及时指出努力方向，从而使他不断进步。

"后进生"的教育案例[①]：

（1）问题及行为表现。他学习目的不明确，缺乏兴趣和求知欲，经常听课精力不集中，不能认真完成作业，学习成绩差。思维怪异，自卑而又自尊，缺乏进取心，放任自流，贪玩、迷恋游戏。性格倔强、固执，但又有依赖和惰性心理。与人相处办事，不计后果，缺乏自制力，责任感淡薄。自由散漫，懒惰怪癖，日常行为习惯欠佳。从以上的问题和行为表现中，可以看出小宋同学已经处在"后进生"的行列中，并且排在队列的前面。

（2）采取的方法和实施过程。根据内因和外因的实际情况，我认为小宋的本质是好的，如果与家长配合共同对他进行耐心细致的教育和帮助，他是会有改变的，是会从"后进生"的行列中走出来的。因此，我想方设法开导他，引导他，使他尽

---

① 丁向荣."后进生"的教育案例[EB/OL].（发表时间）[引用时间]. http://www. wwjx. org/bbs/viewthread. php?tid=7758.

快走出"后进生"这一行列。

我所采取的方法和实施过程如下：

①在学习上、生活上多关心、多激励。使他觉得老师在关心、爱护他，这样他才能相信老师说的话，这时候，与他谈到生活、家庭、人生、学习，才能使之对生活充满希望，关心父母，关心班级，对人生重新认识，树立起学习的信心。

②他的虚荣心较强，教师要尊重他的人格，对他进行道德品质教育，帮助他分清自尊心与虚荣心不同，谦虚和自卑不同的心理品质的界线。使他得到人格尊重的同时，激发其积极向上的上进心，逐步克服消极情绪，培养有意识地调节控制情绪的能力，坚持下去就可形成稳定的情绪。

③鼓励、支持、帮他克服懒惰、不动脑的习惯。鉴于小宋没有良好的学习习惯和学习方法，我就帮助他掌握一些基本的学习方法。如根据个人的实际情况合理分配时间，先易后难等，见到他有点滴进步就给予肯定、鼓励，使之坚持不懈。

④他经常犯错误、出问题的方面，我则耐心指导，认真帮助他分析错误原因，让他自己找出错误所在。同时，不放松对他的教育，用爱心去关怀爱护，用爱心去严格要求，使他真正理解了教师对他的关爱，有利于他们形成良好的行为规范。

⑤针对小宋惰性强的缺点，激发他热爱生活、热爱劳动的热情。开学一个月后，我让他担任劳动委员，管理值日生工作，他认真做的同时经常给予他鼓励；当他能积极主动监督和帮助值日同学搞卫生时，则给予肯定。

（3）教育效果。经过一个学期的具体教育转化工作，小宋逐渐端正了态度，各方面都有了比较明显的转变。日常行为表现好转，不再迷恋电脑游戏，与同学相处较融洽，能主动参加各种有益的集体活动，而且主动和父母沟通。现在的小宋，对教师尊重，对学习目的有了较明确的认识，能坚持上满上好各门课程，成绩逐步提高。他对生活也满怀信心，情绪较稳定，冲动事件逐渐减少，对劳动有了初步认识，当了班干部后主动、热心、肯干，犯了错误能认识到错误在哪儿。任性、固执得以缓解，办事有目的性，逆反心理在减弱。学习和生活的心理状态良好，信心增强，在学习过程中表现得非常尽力。

第二节　特殊家庭学生的教育

一个班级的学生来自各个不同的家庭，而家庭背景对学生的影响是非常大的。班主任在教育学生时，不能忽略了家庭背景对学生的影响。下面就几类比较特殊家庭背景的学生的教育进行分析。

一、经济优裕家庭学生的教育

改革开放后，中国出现了越来越多的经济优裕家庭。所谓经济优裕家庭，就是指经济条件好，物质生活富足的家庭。班级里来自经济优裕家庭的学生也越来越多，这类学生具有他们的特殊性，班主任应抓住他们身心发展的特殊性，有针对性地对他们进行教育。

（一）经济优裕家庭学生的特点

经济优裕家庭学生与一般家庭的学生相比，有这样一些优势：具有较强的自信心，对未来充满了希望；视野开阔，涉猎广泛；物质条件优裕，可以接受良好的教育等。但特别值得班主任注意的是，这些来自经济优裕家庭的学生，身上也有一些不足之处，如果教育引导不当，就会影响他们的发展。这类学生的不足主要表现在以下几方面：

（1）贪图享受，热衷高消费。有些经济优裕家庭的父母经历了诸多磨难和坎坷，受过缺少金钱的苦。而今终于事业有成，家庭富足，就希望孩子过得比自己好，不想让孩子经历缺钱的尴尬，甚至对孩子的要求百依百顺。他们更多的是对孩子进行物质上的满足而忽视和放松了对孩子思想行为上的教育和管理。有些经济优裕家庭的学生自恃家庭富有和物质环境优越，胸无大志，终日无所事事；有的陶醉在父母营造的安乐窝里，一味追求物质享受，不思进取；有的逞强斗狠，自认为"老子天下第一"，纪律观念、集体观念淡薄；有的流连于电子游戏机室、网吧、卡拉 OK 歌舞厅、桌球城、高级购物广场等。经济优裕家庭对子女的消费观缺乏疏导和监督，是造成子女贪图享受、热衷于高消费的主要原因。

（2）刁蛮任性，自私骄横。有些经济优裕家庭对孩子百般依从，生怕孩子受苦、受累、受气，对孩子即使是不正当的要求和行为都过分迁就、忍让和满足，这样孩子就逐渐形成了养尊处优、高人一等的孤傲性格以及强烈的自我中心意识。以自己为中心，要求周围的人都要以自己的意志为转移，骄横霸道，一不如意就大发脾气，甚至打架、离家、离校出走等。

（3）怕苦怕累，自理能力差。经济优裕家庭子女往往受到过度的呵护与关爱，出入有私人小车接送，或自己打的；生活起居有保姆照顾，他们往往过着"衣来伸手，饭来张口"的日子，生活自理能力很差。有的学生还把"少爷""公主"作风也带到学校，在学校时也不愿意参加一些集体劳动，花钱请人代自己做劳动，有的甚至还花钱请人做作业。

（4）拜金主义较为严重。一些经济优裕家庭子弟受拜金主义思想影响，他们认为，有钱就有一切，不读书今后照样挣大钱。某中学一班主任在班会课上教育学生要珍惜时间勤奋读书，否则将来难以立足社会。一富家子弟却说："读这么多书有何用呢？像班主任您读完大学本科，一个月才拿这么一点工资，比不上我一个月的零花钱。"持这种观点的学生，往往在思想上不追求进步，在学习上吊儿郎当。其消极的人生观甚至对整个班集体都会产生不良影响[1]。

（二）经济优裕家庭学生的教育策略

虽然经济优裕家庭学生身上有各种各样的毛病，让班主任非常头疼。但这些学生正处于心理发育和身体成长、思想品德形成的关键期，具有很大的可塑性。班主任若能因势利导，引导得当，则可以帮助他们形成正确的价值观和良好的品德行为习惯，促使他们健康成长。

1. 帮助学生树立正确的金钱观和消费观[2]

根据一些经济优裕家庭学生认为的"金钱万能"和铺张浪费、过度超前消费等错误的思想和行为，班主任应帮助学生树立正确的"金钱观"和"消费观"。

（1）让学生认识到经济优裕是一把"双刃剑"。经济优裕的物质生活为青少年的成长提

---

① 周正英. 谈谈较经济优裕家庭子女的教育[J]. 湖南教育，1997（4）.

② 钟型泰. 现代中小学班主任工作指南[M]. 成都：四川教育出版社，2000：245.

供了良好的物质环境，如果教育引导得当，出身经济优裕家庭的孩子往往比其他家庭的孩子在发展上具备更多的有利条件，也可能有更多的成功的机会。但经济优裕的生活也容易让人坐享其成，游手好闲，不思进取，最终成为一事无成的"纨绔子弟"。因此，作为班主任，应教育经济优裕家庭的学生好好利用优越的家庭背景为自己的成才添砖加瓦，把握好自己的人生方向，让自己能在成功的路上走得更高更远，不能因为财富而压弯了腰，阻挡了前进的方向。

（2）让学生认识到父辈的财富是有限的，而自己创造的财富才是无限的。很多经济优裕家庭都是靠父辈的艰苦奋斗打拼出来的，而一些孩子无视父辈的辛劳，大肆挥霍金钱。教育家陶行知曾说："滴自己的血，流自己的汗，自己的事情自己干，靠天靠地靠老子，不算是好汉。"因此，班主任应让学生认识到，他们最可依赖的是知识、智慧和汗水，而不是父辈们辛勤打拼的财富。一个人来到这个世界上本是一无所有的，只有靠自己的勤奋、努力，不屈从于一切困难，用自己勤劳的双手和智慧创造属于自己的财富。

（3）让学生认识到金钱不是万能的。由于生活周围被大量的金钱充斥，一些学生认为有了钱就有了一切，就可以为所欲为。作为班主任，应让学生重新审视金钱的价值，让他们认识到虽然金钱是生活的必需品，它可以买到许多我们需要的东西，可以满足我们的一些欲望。但也应让学生认识到金钱不是万能的：你可以用它来买房子，但是你不能买一个家；你可以用它来买床，但是你不能买睡眠；你可以用它来买书，但是不能买到知识；你可以用它来买职位，但是你不能买到尊重；你可以用它来吃美酒佳肴，住豪华宾馆，抽高档香烟，坐高级轿车，穿新潮时装，玩高档游戏，却买不来相互信任、纯洁的朋友关系……

2. 加强对学生的理想前途教育

对经济优裕家庭学生这一特殊群体开展一些有针对性的理想前途专题教育，如"不做纨绔子弟，要做有为青年""知识才是财富""技术是力量"等，帮助他们树立正确的人生观和价值观，引导学生正确对待物质财富和知识财富的关系，让学生明白在当今的信息社会，"有钱更要努力学习"，拥有知识才能为社会、为家庭多做贡献。鼓励富家子女用知识武装自己，实行自我增值，做一个真正的"财富"拥有者[①]。

3. 加强对学生的法制教育

一些来自经济优裕家庭的学生，觉得有钱就可以为所欲为，出了事都可以用钱来解决。因此出现了打架斗殴、寻衅滋事、赌博、涉足不良场所以及与社会不良青年拉帮结派的现象。因此，班主任要进一步提高对班级学生进行法制教育重要性的认识，把它作为德育的一项重要内容，"示之不可为，晓之不能为"，增强他们的法制意识。法制教育要结合学生的特点，内容由浅及深，形式丰富多彩；在授课过程中，要根据内容，结合学生的实际，有的放矢地授课，对一些具有较大社会影响的案件，可以组织学生观摩公捕、公判活动；利用宣传栏、黑板报等开展法制宣传，努力增强学生的法律意识，使他们自觉地把自己的行为纳入法律法规允许的范围之内，懂得用法律的手段来维护自己的合法权益，以增强他们抵御违法犯罪的自觉性。

---

① 刘锐权，李焕培. 农村经济优裕家庭子女的行为隐忧与教育对策[J]. 教育导刊，2003（1）.

4. 家校形成教育合力

班主任应加强与家长的沟通，统一思想认识。经济优裕家庭的父母由于文化水平、道德修养、教育水平等方面参差不齐，在对待孩子方面也有很多不一样的认识：有的家长认为自己小时候吃够了没钱的苦，现在有钱了当然不能让孩子再来吃苦；有的家长认为自己家里的钱就是几辈子都花不完，让孩子随便花花，也无所谓；有家长觉得自己没读多少书，还不是照样挣大钱，所以孩子读不读书无所谓；有家长抱着金钱万能论的观点，认为没有钱办不到的事情，也把这样的观点告知孩子；有的家长认为自己事业上太忙了，没时间管孩子；有的家长对孩子期望太高，给孩子报无数的培训班，让孩子疲于奔命……针对家长们的这些错误认识和做法，班主任要多和家长就孩子在校的表现进行及时有效的沟通，客观地反映孩子的情况，在反映孩子情况时，不能只限于学习，应兼顾纪律、劳动、体育锻炼、卫生、行为习惯等方面。让家长对孩子在学校的情况有较全面的认识，同时也体谅家长的难处，听取家长的意见，让家长认识到班主任和自己是同一战壕中的盟友，应该为孩子的成才而共同努力，而不是在孩子出了问题后互相推卸责任；班主任可以利用家访、家长会、家校联系簿、电话、邮件等多种方式向家长宣传正确的教育观念和教育方法，让家长学会理智地爱孩子，爱而有度，严而有格；让家长传递给孩子正确的金钱观、财富观、成才观；培养孩子的劳动习惯以及劳动技能，让孩子能自立自主，在成人后自强。总之，通过班主任与家长的共同努力，实现"三个好"目标：在家是个好孩子，在校是个好学生，在社会是个好公民。

二、贫困家庭学生的教育

作为世界上最大的发展中国家，中国还拥有不少刚刚脱贫人口。作为弱势群体的贫困家庭，其子女的教育问题仅次于温饱问题。班主任应密切关注班级里的贫困生，了解他们的具体情况，以便更有效地帮助他们。

（一）贫困家庭学生的特点

特殊的家庭环境，使贫困生能受到一般同学所没有的磨炼。因此，在他们身上，也有许多优秀的品质，如自尊心强、学习自觉性高；自理自立能力较强，能吃苦耐劳，有较顽强的意志品质等。但作为班主任不能忽略的是，贫困的家庭环境，过早地承担家庭重担，也对一些贫困生造成了负面的影响，影响了他们的健康发展。

1. 有较强的自卑感，人际交往缺乏自信

贫困家庭孩子的自尊心、自卑心都显得格外强。一些贫困生因为家庭经济的原因，心理负荷较重，经常处于紧张状态，往往比较敏感，最怕别人议论自己的不足，特别多心，生怕别人看不起自己，为了避免自己受到伤害，他们往往采取冷淡、回避的态度和行为。另外，家庭本身的贫困也让学生对一些需要额外开销的集体活动躲之唯恐不及。自卑与自我封闭使他们渐渐脱离了集体，切断了与外界的交流，给人以难以接近、不合群的感觉。长此下去，就会造成他们性格上的缺陷，孤独沮丧，对前途失去信心。

2. 焦虑、抑郁情绪较强

由于在经济上、情感上与家庭紧密相连，家中不时传来的困难或突然的变故，都会给他们带来情感上的冲击与焦虑。有些贫困生，虽然读书十分勤奋，但考试成绩却不很理想，他们会深感对不起家长、班主任，因此显得非常焦虑和抑郁[①]。

（二）贫困家庭学生的教育策略

贫困家庭学生是班级里的弱势群体，班主任应对他们特别关注，对这一群体进行正确的思想引导和教育，使其重新回到阳光普照的行列中来。

1. 加强思想引导，使贫困家庭学生树立正确的人生观、价值观

加强对贫困家庭学生的思想引导，让他们认识到人生道路不可能是一帆风顺的，无论谁，在人生的道路上都会遇到各种挫折。对贫困学生来说，贫困只是诸多挫折的一种，所以应该让他们知道，人无法回避挫折，人正是在战胜挫折的过程中才变得更成熟、更有力量。贫困只是他们人生路上暂时的一个障碍，贫穷并不可耻，可耻的是自己甘于贫穷，不去努力改变贫穷。要帮助学生正确地认识人生的价值和意义，树立远大的人生目标和理想，走出金钱的小圈子，正确处理眼前困难与人生发展的关系，以乐观的态度去面对生活中的一切艰难困苦。

2. 完善自我意识，培养贫困家庭学生具有内在价值感的自尊心

自尊心被认为是最强烈的一种内驱力，许多贫困家庭学生存在着既自尊又自卑的心理矛盾冲突。因此，必须使其完善自我意识，用正确的自我认识，克服自卑心理，相信自己，敢于竞争，正确认识社会。既不以虚幻的自我来补偿内心的空虚，也不以消极的回避来漠视自己的现实，更不以怨恨、自责以至厌恶来否定自己。

3. 营造良好的人际交往环境，增强贫困家庭学生的自信心

贫困家庭学生生活在班级这个大家庭中，他们的成才和发展离不开同学之间的关心和帮助。与亲属、朋友、同学交往能使人在心理上得到安全感，这对缓解贫困生心中的孤独感和压力苦闷颇有益处。因此，培养一个和谐、互助互谅、团结向上的班集体，形成良好的人际交往氛围，对贫困生良好心理素质的养成是十分重要的。班主任可以经常组织学生开展各种丰富多彩的文化、娱乐、体育等活动，加强贫困家庭学生与其他同学的交流与沟通，逐步建立起真挚的友谊，让贫困生感受到集体的温暖，化解孤独、抑郁等不良情绪，进一步增强自信心[②]。

4. 开展心理健康教育活动，培养贫困生良好的心理素质

贫困家庭学生由于家境问题，而形成了自卑、自我封闭、焦虑、抑郁等负面心理。班主任不能忽视这些负面心理，应加强对他们的心理健康教育，促进其健康成长。比如，让学生正确了解自己，有正确的自我意识；自己产生消极情绪时，学会自我调适，及时疏导、宣泄

---

① 于明远. 贫困家庭青少年状况调查分析[J]. 理论学刊，2007（1）.
② 欧洪湛. 浅谈高校贫困生的心理问题及对策[J]. 惠州学院学报，2004（1）.

不良情绪，转移注意力，消除焦虑，保持心理健康。对那些常有不良情绪反应的贫困家庭学生，班主任可引导他们采用"自我悦纳，自我解脱；多交朋友，多帮助别人；正确归因，善于宣泄"等方法来调整自己，还可用"面向未来、自我提升"的方式调节情绪。如想象自己在未来的良好处境，或对自己说："一个高尚品质的人不该有这种消极情绪"等。总之，作为班主任，要解决贫困家庭学生的心理问题，就要根据他们心理状况，有针对性地加强思想教育和心理教育工作的力度，使他们也能像其他学生一样顺利完成学业，健康快乐地成长[①]。

5. 给予贫困家庭学生爱心帮助

针对贫困家庭学生家境贫寒这个实际情况，班主任应给予这些学生特别的爱心帮助。设法调动学校、社会等一切力量，给予他们实质性的帮助。如请学校减免这些贫困家庭学生的学费（高中阶段）和其他费用；还可以通过学校向社会、政府部门争取支持和帮助，如让一些企业或其他团体资助那些品学兼优的贫困家庭学生，也可以争取学生家庭所在社区的力量，对其家庭进行必要的帮助；学校可以专门建立扶贫助学基金，用来奖励家庭贫困但品学兼优的学生。班主任也可以组织班级甚至全校的同学向这些贫困生捐款捐物，奉献爱心。当然，对这些贫困生进行减免费用和资助的时候，班主任一定要注意把握好尺度和方式，维护好他们的自尊心。因为这些孩子敏感而自尊，班主任若没把握好尺度，就可能伤害了他们。另外也应对这些受到帮助的学生进行感恩教育，让他们能领会别人的爱心，同时也对他人付出爱心。

三、单亲家庭学生的教育

单亲家庭是指由父母的某一方与孩子组成的家庭。单亲家庭产生的主要原因是夫妻离异，也有少量是丧偶或其他原因造成的。据中国妇联最近的一次统计，中国 67%的离婚家庭中有子女，目前全国已有上千万的单亲孩子，而且还在以每年五六十万的速度递增。作为班主任，必须了解这些单亲家庭孩子的特殊性，积极地探索单亲家庭学生的教育方法，帮助他们更好地适应变化了的环境，促进其更健康快乐地成长。

（一）单亲家庭学生的特点

单亲家庭的学生，由于独特的生活环境，往往独立生活能力较强，忍辱负重、克服困难、艰苦奋斗的精神也比较强，这是逆境对人磨炼的结果[②]。单亲家庭中成才的人很多，如古代的孟子、欧阳修、岳飞等，都是在单亲家庭中成长起来的。尽管如此，我们还是应该看到单亲家庭对孩子成长的不利影响。

1. 情绪情感消极，缺乏自信

在正常的家庭中，双亲都在身边，这会给孩子带来更高的安全感和情感满足。单亲家庭中父母缺少一方，现存的一方往往在精神上受到很大打击，情绪不太稳定，往往比较沉闷、孤独、烦躁。这种不正常的情绪也容易直接影响、感染孩子；更有一部分离异的夫妻，将孩

---

① 张宏伟. 如何帮助贫困生心理"脱贫"[J]. 科技咨询导报，2007，27.
② 赵忠心. 家庭教育学——教育子女的科学与艺术[M]. 北京：人民教育出版社，2001：150.

子交给祖辈抚养，放弃了直接监护人教育管理孩子的责任。情感的缺失和教育功能的欠缺，容易让单亲家庭的孩子养成任性、自私、冷漠，忧郁、多疑的人格特征，缺乏热情和爱心，性格孤僻，自我中心，合作意识差，合作能力低。另外，单亲家庭经济状况的变化，离异父母对子女的互相推诿，家庭中的长期冷战或争吵也容易造成子女自卑心理严重。由于自卑而缺乏自信，有的孩子就觉得自己什么都做不好，常常萎靡不振，破罐子破摔。

2. 封闭、冷漠、憎恨心理导致社会性行为减少

有的子女对失去父亲或母亲十分痛苦，很长时间不能自拔，或是由于生活动荡及父（母）的不负责任，心灵受到极大伤害，于是经常表现出闷闷不乐，容易悲伤，情绪低沉，甚至见到别的同学在父母面前非常快乐，自己心里就非常难受。他们害怕与人交往，对外界明显缺乏安全感和信任感，他们往往沉默寡言，自我封闭，我行我素，以"自我中心"对待周围的人和事，漠不关心，他们不愿意参加学校、班级组织的集体活动，严重的还会导致与集体不合。有的孩子还对父母的离异充满憎恨，他们讨厌父母争吵，憎恨父母不顾他的成长和感情。憎恨不提供抚养费的父（母）亲，或站在父母之中的一方，憎恨另一方。这种憎恨久而久之对心理发展产生不良作用，进而扩展到对学校和社会生活不感兴趣，对其他人，甚至对社会不满、冷淡。有的会从仇恨父母发展到对社会的仇恨，甚至发展为反社会的病态人格。

3. 多疑、嫉妒心理突出

单亲家庭学生多疑和嫉妒的心理特征比正常家庭的学生显得突出一些。表现为对许多事情非常敏感，总怀疑别人在议论自己，猜疑别人是不是在说自己的坏话，假如一个活动没有让他参加就会猜疑班主任是不是不信任自己了……在人际交往中处处提防别人，常将他人善意的行为曲解，对胜过自己的同学产生嫉妒、对立情绪。

4. 胆小孤僻

一些家庭在解体过程中或不停地大吵大闹，或长期冷战，家庭里充满了"火药味"，有的甚至把子女当成出气筒。这些孩子在家庭的紧张气氛中战战兢兢地生活；有的单亲家庭的家长对孩子溺爱，一切包办；还有的单亲家庭的父（母）亲为了让孩子给自己争口气，对孩子要求过分严格，造成孩子巨大的心理压力。这些做法容易导致孩子胆子小，性格孤僻。他们不敢与他人交往，不敢说话，不敢回答问题，总是独自躲在一旁[①]。

（二）单亲家庭学生的教育策略

班主任是孩子的第二父母，在孩子的成长中起着举足轻重的作用。如何通过教育，引导他们尽快走出家庭的阴影，正确接受现实，善待自己，已经成为班主任必须面对的一个问题。

1. 给予真挚的关爱，温暖其心灵

"好的教育应是心心相印的活动。唯有从心里发出来，才能打动心灵深处。"单亲家庭的学生往往缺失关爱，因此班主任要精心扮演好"亲人、班主任、朋友"三种角色，用"爱心、细心、信心、恒心、诚心"抚慰他们的创伤，温暖他们的心灵。班主任应处处关心他们生活

① 沈阳，罗飞. 单亲家庭子女心理状况及教育策略[J]. 重庆教育学院学报，2007（4）.

中的细微之处，留心观察，善于发现、了解单亲家庭学生生活中的困难，并及时给予帮助解决，让学生切身体会到真诚的亲人之爱。使学生重新享受失而复得的温暖与快乐，帮助他们克服生活中的困难，医治他们内心的创伤，使单亲家庭孩子也同样快乐、幸福、健康地成长。

2. 在集体活动中培养健全的个性

针对单亲家庭学生容易出现的人格问题，班主任应引起高度重视，在培养他们健全的个性方面要花大力气。班主任可以充分利用班集体的教育力量，开展丰富多彩的集体活动，使他们朝气蓬勃地融入集体中来，乐观地面对并克服困难。班主任可以在班级中开展各种主题教育活动，如："手拉手，一帮一"活动，"我们都是一家人"主题班会，"同在一片蓝天下"主题队会等。让双亲家庭孩子与单亲家庭孩子团结、互助、平等地共同活动，一起欢笑、没有讽刺，没有歧视，帮助他们形成健全的个性和进行正常的人际交往。

3. 尊重学生的人格

一些单亲家庭的孩子虽然表现出自卑的心理，但往往又倔强好胜，唯恐被人瞧不起，以一种叛逆的心理试图捍卫自己的人格尊严。单亲家庭的特殊环境，使这些孩子产生的特殊心理障碍，是他们最忌讳触及的雷区。如果班主任擅自揭开孩子心灵的伤疤隐痛，那无疑就是在他们的伤口上撒盐。这样的做法会让学生把心灵之门紧紧关闭，以免再次受到伤害。班主任应该意识到这些自尊而敏感的孩子需要的不是同情和怜悯，而是亲和、尊重和激励。班主任应找准自己的位置，选准自己的形象，以朋友、亲人的身份接触他们的日常生活，克服作为班主任习惯性的居高临下的说教，保持平等的交谈、接触，尊重他们的人格，维护和鼓励他们的自尊、自信和自强，赢得他们的信任，成为他们可信赖的人。

4. 架起学生与父母沟通的桥梁

班主任要通过各种形式，如家长学校、家长会、家访等建立家校联系制度，与家长密切配合，共同做好学生工作。在充分了解学生的同时，也应多了解家长。针对有的单亲家长对孩子生而无爱、只养不教、不履行监护责任，对孩子不良行为视而不见、听而不闻，拿孩子当出气筒等错误做法，班主任应提醒家长承担自己的责任，为孩子创造一种愉快的家庭氛围；让家长用正确的方式关心孩子，不要用孩子做武器；让孩子感受到父母的关爱，而不是被抛弃；不要在孩子面前互相攻击揭短；不要把孩子当作发泄的对象，让不抚养方多探望孩子等[①]。班主任应及时向家长反映学生在校的学习、生活情况，让家长做到当自己的孩子遇到疑难，鼓励他不要气馁，奋勇向前；遇到烦心事，耐心倾听并及时开导孩子；当孩子取得好成绩，家长要分享孩子成功的喜悦并鼓励他再接再厉，争取更大进步。这些精神上的关爱会使孩子感受到春天般的温暖，孩子在这样的气氛中会敞开胸怀愿意与父母沟通，关系融洽。

5. 用友情弥补亲情缺失

班主任要培养团结互助、积极向上的班集体，利用班集体来帮助这些单亲家庭的学生健康地成长。班主任可以采用"结对子"的方法，用一帮一的方式，组织班干部和一些性格开朗、乐于助人的同学与单亲孩子结对，使班内同学都能意识到自己帮助他们的责任，让单亲

---

① 幼教博览编辑部. 单亲家庭子女教育全攻略[J]. 幼教博览，2004（4）.

家庭学生更好地融入班级。在班级中也可以多开展活动，给学生更多了解、表现、帮助的机会，感受团结互助的快乐。还可以利用集体过生日的方式，在生日的当天由学生代表送上有每个同学祝福词的纪念册，全班同学共唱生日歌，让学生感受到集体的温暖、同学的友爱，让更多单亲家庭学生通过生日庆祝方式，获得来自父母之外的爱的补偿。

6. 教育学生宽容和自信

班主任在日常工作中，应多教导学生用宽容的心态去看待父母的离异。让他们懂得父母离异也是解决父母矛盾的方式，但父爱、母爱依然存在；孩子与父母的关系依然是亲子关系，这种关系不会因为家庭的解体而消失，你得到的爱不会因此而减少。虽然表面上看是生活在单亲家庭里，但父母依然一如既往地爱你，爱是完整的。与其生活在不愉快的家庭中，还不如让父母早些解脱去寻找自己的幸福。教育学生要学会理解父母的行为，宽容父母做出的抉择；在理解与宽容中化解恨意，心态变得平和，性格变得开朗。班主任还可以列举一些单亲家庭中成长起来的伟人、名人，用他们的经历鼓舞激励学生，让单亲家庭学生能用更积极的心态去面对生活。

7. 让他们在压力下稳步成长

适度的压力是学生健康成长的动力。单亲家庭学生中不乏有专长、有能力的人，作为班主任应善于发现，在班级中安排合理的职务，或把班级活动的一些重要任务交给他，给他们提供一个自我展示、自我认同的机会，在活动中发挥自身的潜力，让他们感觉自己的重要，感受被关注的快乐，培养他们的自信心和责任感[①]。

四、留守儿童的教育

所谓留守儿童是指由于父母外出务工而留在家里由祖父母或其他亲属照看的孩子，这些孩子不与父母一起生活的时间达一个学期以上。留守儿童与一般家庭子女相比，学习和心理状况可以分为三类：一是比一般家庭子女好；二是没有明显的区别；三是比一般家庭子女差。但是前两类在留守儿童中只占微小的比例，更多的留守儿童属于第三类。班主任要特别进行教育的就是这第三类，下面我们仅就第三类学生的状况进行具体分析。

（一）留守儿童的主要问题

1. 学习成绩较差

一般来讲，受托人对留守儿童的看管不如他们父母直接和严格，学生离校后的监管几乎成空白。他们可四处闲逛，到网吧玩游戏，甚至和社会上的一些"问题少年"混在一起，有的染上抽烟喝酒的坏习惯，有的打架闹事甚至小偷小摸。另外，还有一些孩子则是帮助家里做永远也做不完的事情等。这样孩子学习的时间没能得到很好保证，而学习上有困难的时候，爷爷奶奶辈往往由于自身水平低辅导不了，其他的受托人则可能因为忙于工作不能辅导，或是缺乏责任心不愿意辅导等。这样一来，孩子学习就会很吃力，学习成绩也就越来越差，因

---

① 游庆春，王湘敏，喻红波. 学生管理中的沟通策略——浅谈单亲家庭子女的学校教育[J]. 科技信息（科学教研），2007（33）.

学习上产生的困难又导致其厌学、逃学，进而产生辍学的念头，使得留守儿童的失学可能性较大。

2. 情感缺失，个性不健全

父母外出，留守儿童由隔代亲人或其他亲属监管，由于体力、知识、教育能力等原因，他们对待孩子的态度有的迁就放任，有的十分冷淡，漠视孩子交流思想的要求。很多留守儿童认为与监护人"无法沟通"，也不愿与监护人沟通。父母一方外出打工的留守儿童，客观上产生了"父亲教育缺失"或"母亲教育缺失"现象，这种实际上的单亲教育对孩子的成长也极为不利。如父亲外出的孩子常表现出胆怯，不像正常家庭孩子那样自信、刻苦；母亲外出的孩子则表现出不细心，不像正常家庭孩子那样善良、有爱心，喜欢学习，有良好的生活和学习习惯等。远离父母的孩子很渴望父母关心，渴望亲情。在问卷调查表上他们写道："每天想父母，常常掉眼泪。""希望能像别的孩子一样有父母的呵护。"有的甚至写道："你们不管我，当初何必生下我！"一方面，一些留守儿童身上表现出来的忧郁、怯懦、优柔寡断、自认无能等人格缺陷确实令人担忧；而另一方面，个别留守子女表现出的冷漠、憎恨、仇视的畸形心态以及暴力化倾向更应引起班主任的重视[①]。

3. 问题行为严重

根据班主任的反映，留守学生的操行得分为"优"的比例明显低于其他学生，而等级为"差"的比例又明显高于其他学生。许多留守学生表现为不遵守学校的规章制度，小偷小摸、打架、欺负同学；有的撒谎成性，在学校骗老师、骗同学，在家里骗祖父母或是其他受托人；有的孩子迷恋游戏机，夜不归宿，严重的甚至有敲诈、吸毒等违法行为。

（二）留守儿童的教育策略

毋庸置疑，随着"城市化"进程的加快，农村劳动力进一步向城市转移，在一个相当长的时期内，留守儿童的队伍不仅不会缩小，而且将进一步扩大。怎样使留守儿童受到正常、健全、完善的教育，让他们和同龄人一样健康快乐地成长，已经成为一个十分现实而又亟待解决的问题。学校是留守儿童生活的"第二家庭"，从某种意义上讲，留守儿童的教育问题就落在了班主任的身上。

1. 以真挚的情感温暖学生，引导他们积极向上

班主任对亲子教育缺失的留守学生应更多关心他们的生活和思想状况，以师爱弥补其父爱和母爱的不足。班主任既要做良师益友，也要做严父慈母，对那些问题行为颇多的留守儿童要有信心、恒心和诚心，帮助他们找回自信心。既要对他们在思想上进行引导，学习上加以辅导，也要对他们在生活上给予关心指导，培养他们的生活自理能力和人际交往能力，对他们的业余爱好进行引导和指导，教育留守儿童学会学习、学会做人、学会生活。班主任还应让留守儿童体会父母外出打工的艰辛，感受长辈对自己的关爱，并逐步认识自己应关心长辈、刻苦学习，自觉养成良好的习惯。

---

① 魏彤儒，郭利民. 中国社会转型中农村"留守子女"生存现状调查及对策研究——以张北县公会镇为例[J]. 中国青年研究，2008（1）.

2. 开展丰富多彩的班级活动，营造温馨的班级氛围

班主任可组织各种业余兴趣小组，鼓励留守学生积极参与其中；可开展丰富多彩的有益于身心健康的文体活动，营造健康和谐的班级氛围和心理环境，在活动中鼓励留守学生主动与同学交往，注重培养他们乐群合群、乐观开朗的性格，让他们感受到生活的乐趣，培养积极稳定的情趣情感；让他们感觉到虽远离父母却仍然能享受到家庭的温馨。如班主任可以通过班级的团队会，开展关爱四部曲活动。第一步：体验劳动艰辛，当一回家，干一天家务活；第二步：面对现实大家谈，说当家的滋味，讲述父母外出打工时遇到的苦难及心理感受；第三步：放飞理想写一写，给在外地务工的父母写一封信；第四步：情系留守儿童冷暖，开通家长热线电话，班主任同留守儿童建立"临时父（母）子（女）"关系，对学生进行心理疏导，帮助他们解决困难[①]。

3. 加强心理辅导，促进学生心理健康发展

针对留守儿童的品德行为偏差和心理障碍问题，班主任或是专职的心理辅导员要加强对他们的心理辅导，辅助学生进行自我教育，提高学生认识自我、调节自我的能力，使他们遇到心理障碍时能够自我解决，树立信心，改正不良习惯。另外，班级里也可定期开展思想教育和情感教育，开展心理咨询和心理矫正活动。一方面给他们疏通心理，另一方面也让他们学会在困境中奋发。

4. 建立留守儿童学生档案

班主任应建立留守儿童档案，记录留守儿童父母的联系方式，留守儿童心理、学习、生活状况等信息，并进行动态调查跟踪，以便学校全面掌握这一群体的状况，有的放矢地加强教育和管理；同时，也便于学校定期与留守儿童的父母联系沟通，帮助留守儿童健康成长。

5. 完善学校寄宿制度

加强寄宿制学校建设，尽量帮助父母双双外出或亲友不能提供有效帮助的留守儿童，为他们配备高素质的生活辅导老师，给孩子提供更好的学习生活空间，让他们在班集体中健康成长，使寄宿学校变成留守儿童暂时的"家"，以对缺失的家庭教育进行补偿。同时班主任应充分利用留守儿童家长探家的时机进行交流，形成教育合力。

6. 加强与监护人的联系，指导家庭教育

班主任应加强与监护人的联系，加大对他们的家访，做到"五必访"：留守儿童情绪不好必访、身体不佳必访、成绩下降必访、迟到早退旷课逃学必访、与同学争吵必访。班主任还应举办家长学校，为代养、代管人开设系列讲座，帮助祖辈转变教养观念和方式，发挥隔代教养的优势，尽可能减少其不利影响；鼓励家长或监护人定期校访，反馈在家里的表现，了解孩子在学校的情况，多与班主任交流；还可召开家长监护人座谈会，请专家或教育有成效的监护人做经验交流，探讨教育子女的有效途径[②]。

---

① 郑挺谊，林美春. 山区外出家庭留守子女教育现状调查研究[J]. 内蒙古师范大学学报（教育科学版），2007（12）.
② 张艳萍. 农村"留守子女"的教育问题及对策研究[J]. 当代教育科学，2005（13）.

第七章　特殊领域教育工作

　　在传统的班级教育工作中，有一些特殊领域的教育往往是最容易被忽视或重视不够的。这些特殊领域包括了心理健康教育、青春期教育、安全教育和感恩教育等。中小学生的心理健康状况不容乐观，越来越受到社会的关注，开展心理健康教育已到了刻不容缓的地步；青春期被人称为"危险期"，如何对中小学生进行恰如其分的青春期性生理、性心理和性道德教育，是中小学教师十分关注的问题；安全教育历来都受到强调，但往往是雷声大雨点小，安全事故时有发生；感恩是中华民族的传统美德，对中小学生进行感恩教育对构建社会主义和谐社会起着非常重要的作用。本章对上述四个特殊领域分别进行了专门探讨，介绍了四大特殊领域教育的内容和策略。

第一节　心理健康教育

　　21世纪是充满竞争的世纪，敢于冒险、勇于探索、善于竞争、乐于创造是对人才的新要求，这些均属于良好心理素质的具体体现。现代社会要求社会成员要有好的心理素质，而越来越多的事实证明，现在中小学生的心理健康状况却不容乐观。一位品学兼优的三好生，只因为一次考试成绩未进入前10名，就情绪低落，精神忧郁；一位平时活泼开朗的女同学，只因违反了考试纪律，被班主任批评了几句，就性情大变，郁郁寡欢；一名男生上课总是迟到，神色恍惚，还总叹息活着没意思。原来他经常被同学欺负，又无人倾诉，精神和心理受到很大伤害。这样的事例在很多学校都发生过。可又有谁会想到，这些看似不起眼的问题，竟会成为青少年犯罪、自杀等过激行为的重要原因！多年来由于我们忽略了那些处于萌芽状态的心理问题，不了解学生发育过程中的真正需求而错过了教育孩子健康成长的机会，酿成了一些本可避免的悲剧。因此，学校要开展心理健康教育研究，根据学生心理发展状况，有计划地对学生心理施加影响，使学生保持积极健康的心理状态，培养其良好的心理素质，是时代发展的必然要求，也是实现素质教育目标的重要途径。

一、心理健康教育的含义

　　世界卫生组织认为，心理健康是指个体在各种环境中能保持一种良好的心理效能的状态，即指一个人具有良好的心理品质和健全的人格与个性，能适应客观环境，使个人心理倾向和行为与社会现实要求之间有着和谐完善的关系。对于心理健康标准，各国专家都有不同的理论依据和具体标准，根据国情和社会经济发展的需要，综合国内外研究者的观点，我们认为心理健康的主要特征应包括以下几个方面：智力正常；情绪反应适度；意志品质健全；自我意识正确，有自知之明；行为得体，生活态度积极；人际关系和谐；人格统一完整。

要使学生的心理保持健康，就必须重视对学生进行心理健康教育。所谓心理健康教育，就是指教育者根据学生的生理、心理发展特点，运用心理学、教育学及其相关学科的理论与技术，通过各种途径和方法，帮助学生解决成长过程中的心理问题，促进全体学生心理素质提高和心理机能健康发展的一类教育活动。

二、开展心理健康教育的意义

班主任由于拥有了解学生、与家长联系密切、容易与各科任教师协调等优势，因此在班级开展心理健康教育时就具有很好的条件。利用班级开展心理健康教育具有以下积极意义：

（一）满足学生全面发展的需要

心理健康是中小学生德、智、体、美、劳方面全面发展的基础和保证。没有健康的心理，就谈不上全面发展。而心理健康教育能满足学生全面发展的需要。首先，心理健康教育能使学生获得心理知识。在心理健康教育的过程中会渗透大量的心理知识，如关于心理健康、心理素质、心理品质，能力、情感、意志、性格、自我意识等知识。心理知识是发展能力、形成良好的心理品质、掌握科学的心理方法的基础。其次，心理健康教育有助于发展学生各方面的能力。心理健康教育采取多种方法开发学生的潜能。通过训练，学生的观察力、记忆力、想象力、思维力、注意力、创造力、适应力、承受力、自制力等可以得到较好发展。最后，心理健康教育能使学生形成良好的心理品质，直接促进学生心理健康，大幅度地提高了教学质量。通过心理健康教育，学生可以形成良好的观察、记忆、思维、注意力等智力品质；可以形成合理的需要、正确的动机、积极而稳定的情绪、高尚的情感、顽强的意志、良好的性格、积极而乐观的心态等非智力心理品质[1]。从而使学生的心理困惑得到疏导，不良心理与行为得到矫治，学习积极性得到提高，思维变得更加活跃，学习上没有心理负担与压力，爱学、会学并富有创造性。

（二）有助于预防心理健康问题

中学生一般年龄在十二三岁至十七八岁，正处在人的一生中心理变化最激烈的时期。由于心理发展不成熟，情绪不稳定，心理冲突时有发生，诸如理智与情感的冲突、独立与依赖的冲突、自尊与自卑的冲突、竞争与求稳的冲突等。特别是有些中学生，为了在高考竞争中取胜，几乎是全身心投入学习，家长的过度保护、学校的应试教育、生活经历的缺乏等，使他们的心理脆弱、意志薄弱，缺乏挫折承受力。在学习、生活、交友等方面，小小的挫折足以使他们难以承受，以致出现心理疾病，甚至离校出走、自杀等。在中学生中，有人因自我否定或自我拒绝而几乎失去从事一切行动的愿望和信心；有人因考试失败而产生轻生念头或做出自毁行为；有人因现实不理想而玩世不恭或万念俱灰；有人因人际关系不和而逃避群体或自我封闭[2]。了解中学生可能出现的心理健康问题及其产生的原因，有针对性地采取措施，有效地进行预防和干预，可防止中学生心理健康问题的产生和极端行为的出现。

---

① 王希永. 心理健康教育的价值[J]. 中国青年政治学院学报，2000（5）.
② 王伟，蒋桦临，张红. 中学生心理健康手册[M]. 成都：电子科技大学出版社，2016:1-2.

（三）有利于班级的良好管理

班级是学生生活的重要环境，它对学生的认知、情感、意志和行为产生有着广泛而深刻的影响。良好的班集体具有独特的心理效应，班主任若能通过学习心理健康教育理论，掌握有关心理健康辅导、咨询等方法，针对新形势下青少年的思想实际和成长中的心理特点，持之以恒地对学生进行心理健康教育，就能顺利地解决在班级管理中出现的新问题。

三、影响学生心理健康的主要因素

学生在成长过程中，易出现忧郁、狭隘、嫉妒、惊恐、冷漠、敏感、自卑等不健康心理。造成他们不健康心理的主要因素有以下几方面：

（一）家庭环境与教育中存在的误区

从许多家庭的教育来看，望子成龙的家长为数不少，尽管他们在孩子身上倾注了大量心血，却忽视了孩子的心理健康。家庭环境和家庭教育对学生的心理素质带来的消极影响主要表现在：

（1）某些家长过分强调知识的灌输，把家庭教育变成了学校教育的延续，从而挤掉了培养孩子心理素质的时间，忽视了对孩子进行适应现代社会、现代生活能力的训练，使孩子对课本以外的世界知之甚少，在步入社会之前没有必要的心理准备。

（2）某些家长对孩子过分娇惯溺爱，有求必应，舍不得批评，养成了孩子以自我为中心、唯我独尊的性格。这些错误的做法，导致了孩子长期不能从自我中解脱出来，个性心理脆弱，独立生活能力差，意志不坚强。

（3）某些家庭不和甚至离异、亲子之间关系紧张等因素也会造成一些孩子自卑、痛苦、嫉妒、逆反等心理问题。

（二）学校心理健康教育存在的问题

由于片面追求升学率，学校教育偏重知识灌输，衡量教学好坏的标准只有一个，那就是考分。对心理健康教育没有正确认识，常视其为可有可无的事情。学校没有形成一整套规范化的学校心理健康教育体系，对学校心理健康教育的机构设置、组织规划、实施途径和从教人员的素质等未做规范要求，缺乏必要的检评制度，使心理健康教育失去应有的作用甚至失效。名义上开展的心理健康教育工作更多的是为了应付检查或装饰学校形象，因而心理健康教育机构形同虚设，徒有虚名。学校一般没有专业的心理健康教育教师，简单地以德育教师或思想政治工作者来替代心理健康从教人员，把心理健康教育划归在德育管理机构，这些教师往往既不知晓心理学专业知识，也不懂心理辅导策略与技巧，在工作开展中移植套用道德教育的方法或手段，使得心理健康教育显得机械呆板，收效甚微。

（三）来自社会环境的影响

一些来自社会上的不良风气，给学生的心理健康造成了恶劣影响。特别是一些不健康的图书、音像、影视、新媒体、电子游戏以及外来文化等严重污染了学生的听觉、视觉，对学生健康心理的形成和健全人格的塑造极为不利。一些宣传媒介的舆论导向发生了倾斜，如报道港台明星多而报道模范英雄人物少；报道大款、大腕多而报道艰苦创业少；报道个人奋斗多而报道互助合作少，等等。这些现象造成学生中追赶时髦、盲目攀比、追求物质享受者有之；模仿名人明星者有之；盲目攀比、孤僻自私、我行我素、人际关系紧张者有之；玩世不恭、自暴自弃、道德淡化者有之……

（四）学生自身的原因

青少年学生的心理并不成熟，心理承受能力也比较脆弱。许多人习惯校园生活，接触社会的机会极少，较少经历挫折、失败的考验，甚至很少听到批评，对逆境的心理承受能力较差。青少年阶段是性器官和性机能迅速发育成熟的时期，性生理的迅速发育成熟必然带来性心理的发展变化。如何处理性生物性与社会性的矛盾，学会与异性的正常相处，也是学生烦恼的主要内容之一。由于个体差异，面对同样的环境，同样的挫折，不同个性的人就有不同的反应。比如：性格开朗、热情、善于交往、为人诚恳的人，往往容易得到群体和他人的接纳、欢迎和帮助，容易创造出一种和谐的环境，从而有利于自己身心的愉快发展。而性格内向、孤僻、沉郁、压抑，过于自卑或过分自尊、急躁、冲动、固执，多疑、易偏激、有过高的个人欲望，以自我为中心、爱慕虚荣、娇生惯养、感情脆弱等不良个性特征都是有害于心理的健康发展的[①]。

四、班级开展心理健康教育的内容

（一）学习问题的心理指导

学习是中小学生在校期间的主要任务，也是学生在校的主要活动。学习活动对于促进学生身心成熟和发展起着至关重要的作用。学生在学习中出现的心理问题主要有：记忆障碍、思维障碍、注意力分散、学习压力大、考试焦虑、学习兴趣贫乏、厌学等。所以班主任对学生进行心理健康教育的基本要求是消除学生的学习障碍，激发其学习兴趣和动机，让学生掌握适合自己的学习方法，培养良好的学习态度和习惯。针对错误的考试观和分数观严重影响学生心理健康的现实，班主任还应对学生做好考前复习心理指导、克服考试焦虑心理指导、应考方法心理指导、考试后归因指导、应试期的身心保健指导等[②]。班主任对学生进行学习指导时应该考虑到影响学习的多种因素，如社会因素、家庭因素、学校、班主任及学生同伴、人际关系等，特别是学生的年级不同、成绩不同，学习指导也应不同，应根据实际情况进行有针对性的指导。

（二）自我意识问题的指导

自我意识在青少年期的发展，制约着个体的人格形成、发展和重建。因此班主任应帮助学生正确认识自己，认识自己的特长和优势，自我悦纳，自我接受，形成自尊感。班主任要指出他们平时不健康心理的具体表现，告诉他们健康的心理应该是能正视现实，了解自己，

---

① 周玲. 关于学生心理健康教育的思考[J]. 兰州大学学报（社科版），1996（2）.
② 陈家麟. 学校心理健康教育——原理与操作[M]. 北京：教育科学出版社，2002：138.

善于与人相处，情绪乐观，自尊自信，乐于学习。让他们对照健康心理的条件客观地进行自我评价，重新认识自己，接纳自己，知道应该做怎样的努力，才能不断发展自己、完善自己，克服自卑感，从而树立信心，确立合理的目标，积极上进。

（三）情绪情感问题的指导

情绪情感对人的认识活动和行为具有重要影响。积极的情绪具有良好的推动作用，可以开阔思路、强化记忆、协调人际关系、美化身心；消极的情绪具有阻碍作用，会使人注意力下降、记忆减退、思维缓慢、人际关系淡漠。青少年发育尚未成熟，情绪不太稳定，遇到挫折时往往不能自控。班主任应理解这一特点，指导学生正视和理解自己的情绪，学会正确表达情绪，能够调节和控制自己的情绪以及识别、理解他人的情绪。并为他们创设合理发泄的渠道，防止不当的情绪发泄。班主任可以让学生掌握一些较好的情绪宣泄方法，如尽情倾诉、用积极情绪代替消极情绪以及音乐抚慰调节情绪等。另外，班主任还要指导学生学会关注他人的情绪和情感体验，从学会观察他人的外部表情即察言观色做起，学会理解他人，学会换位思考，站在他人的立场上，将心比心，设身处地从他人的角度去想，这样才能更好地理解他人。

（四）人际交往问题的指导

学生在成长过程中会面临很多交往问题，如如何与同学、与班主任、与家长、与异性以及与陌生人交往。良好的人际交往有利于学生人格的成长和成熟，而不良的人际关系会使学生丧失信心，形成歪曲的自我意识，甚至会影响学生的心理健康。通过指导让学生明确人际交往的意义，掌握正确的人际交往技能，帮助他们克服人际交往中出现的胆怯、自卑、孤僻、自负、自私、嫉妒等心理障碍。

（五）新媒体不当使用问题的指导

当今时代，以数字技术为代表的新媒体以手机、电脑、电视等作为输出终端，融文字、音频、画面为一体，使用不受时空限制，广受大众欢迎，但也带来不当使用的问题。其中智能手机不当使用的情况尤其严重，不少中小学生使用智能手机上网、玩游戏、聊天、看视频等，手机成瘾问题愈发严重。有研究者 2018 年抽取河南、湖北两省 11 个区县的全体四年级、八年级学生，选择其中拥有智能手机的学生 5 133 名作为研究对象，采用问卷调查的方式调查智能手机成瘾、师生关系、同伴关系、亲子关系、主观幸福感和学校认同感。结果显示，中小学生智能手机使用可分为无成瘾型（30.37%）、低成瘾型（38.07%）、成瘾倾向型（24.73%）、高成瘾型（6.83%）四类[①]。指导中小学生科学合理地使用新媒体（特别是智能手机），预防和矫正手机成瘾问题已成为心理健康教育的重要内容之一。

五、班级心理健康教育的策略

（一）班主任要努力提高自己的心理健康水平

班主任虽然在大学学过一些心理学、教育学知识，但仅有这些知识还不足以胜任心理健

---

① 来棘雄等. 中小学生手机成瘾与人际关系主观幸福感和学校认同感的关联[J]. 中国学校卫生，2020（4）：613-616.

康教育的工作。在实际工作中还会出现把学生的心理问题当作思想作风、道德品质问题，采取简单训导式的错误做法。学校应加强对班主任进行心理健康教育的培训，班主任自己也应主动加强这方面的进修，以便掌握心理健康教育的知识，提升自己的心理健康教育能力，能针对不同阶段学生的心理特点开展工作。

班主任的心理健康水平直接影响学生的心理素质形成。苏霍姆林斯基说："我们工作的对象是正在形成中的个性最细腻的精神生活领域，即智慧、感情、意志、信念、自我意识。这些领域也只能用同样的东西，即智慧、感情、意志、信念和自我意识去施加影响。"班主任与学生接触最多、影响最大，其一举一动、一言一行都有可能给学生的心灵留下深深的烙印或创伤，产生巨大的力量。因此，班主任对学生进行心理健康教育时，应不断完善自己的人格，以自己健康的心理影响学生。心理健康的班主任，更容易与学生建立良好的师生关系，彼此之间产生亲近感、认同感，相互间的吸引力也就越大，心理健康教育工作也就更能落到实处，正所谓"亲其师，乐其友，诉其苦，信其道，而修其心"。

（二）全面了解学生，为学生建立心理档案

班主任要对学生进行心理健康教育，必须对学生进行全面、深入的了解，为学生建立心理档案势在必行。为全体学生建立心理档案，可以为因人而异的心理健康教育提供科学依据。心理档案的内容可依据学校和学生的具体情况来定，涉及的内容有气质、性格、智力、学习动机、学习适应性、学习能力、亲子关系、师生关系、同伴关系、自我认识、生活和社会适应能力等。选择好建档内容后，收集和整理资料的过程要强调标准化和专业化。心理档案的使用应规范化，如心理档案不许扩散，不许滥用，不得侵犯个人隐私权，更不可作为批评、衡量学生的依据。班主任通过为学生建立的心理档案，可以全面了解学生的心理状况，从而开展有针对性的教育，并可预防各种心理问题。学生自己也可通过心理档案更好地了解自己，把握自己的内心世界，更好地挖掘自身的心理潜能，扬长避短。

（三）加强集体辅导和个别辅导

中小学开展心理健康教育要立足教育，重在指导。为了保证心理健康教育的实践性与实效性，班主任可以采用集体辅导和个别辅导两种途径对学生进行心理健康教育。集体辅导主要面向全体学生，采用心理学常识讲座、主题班会、办宣传栏以及丰富多彩的班级活动等形式对学生需要解决的问题、将会面临的问题进行指导。如班主任可以通过举办青春期健康讲座，观看青春期教育录像，利用主题班会、宣传栏组织学生讨论等活动指导学生顺利地度过疾风暴雨般的青春期，从而预防青春期心理、行为问题的发生。个别辅导就是以个别学生为对象，以学生问题和需要为基础，用尊重、接纳、理解的态度和科学的方法，通过聆听、疏导、咨询、活动等途径，给予学生适当的启发和诱导，使学生能了解自我而发展健全人格。个别辅导一般可分为了解、分析和辅导三步。了解是前提，分析是关键，辅导是目的。班主任要对学生全面负责，必须对学生有全面、深入、具体、系统的了解，建立学生心理档案，采用家长、班主任、学生问卷调查，了解学生的身体情况、学业情况、个性特征、家庭情况等；再进行测试了解，采用智力测试、艾森克人格测试、精神卫生自评表等；再进行观察、调查、写轶事记录（对学生某一情景下表现出来的积极的或消极的行为作简明、非正式的记

录）；然后分析个案，进行根源诊断，再制订个别辅导计划；最后进行跟踪了解、个案小结。另外，班主任可以在班级中通过设立悄悄话信箱、爱心热线等形式来开辟师生心理沟通的渠道，帮助有心理困扰的学生。

（四）在日常管理中渗透心理健康教育

青少年学生处于心理发生急剧变化的年龄，心理活动显得激烈、动荡。尤其是处于青春期的学生，一些以往没有或不明显的心理体验，随着生理发育而开始出现，加上日益复杂的社会生活，他们的心理面临许多困惑和焦虑。班主任在工作中要爱护、培植和发展学生正确的自我观念，培养他们的自信心、耐挫能力，使其能够学会正确认识自己、接纳自己，形成自尊、自爱、自强的积极情感，促进其人格发展。班主任的许多工作都可以渗透心理健康教育的内容，诸如召开班会、与学生个别交谈、班队活动、建设良好的班集体等。班集体是对学生进行教育的基本组织形式，班集体以其特有的组织形式，让学生在丰富多彩的活动中得到精神上的满足，体验参加集体活动的乐趣，意识到自己在集体中的地位，进而产生一种道德需要的满足感，从而激励自己奋发向上。并且学生在集体中还可以学会自己管理自己，在与他人比较和评价他人的过程中，学会认识自己与评价自己，从而提高自我教育的能力。

（五）注重行为训练，形成健康心理

青少年学生的自理性、自制性都还不够成熟，许多心理障碍表现都与不良的行为习惯有关。因此，要加强行为训练，培养健康心理。一是学生通过自我训练，可以培养自主自立的心理品质，克服依赖心理。如开展"今天我当家"活动，每周学生自行确定一天（离家远的学生可以在假期进行）为自己当家的日子。学生自己买菜做饭，安排全家活动，家长只当顾问。事后学生写小结，家长给出评价。通过活动，让学生体验生活，训练自理能力、适应能力，培养独立精神。通过与家长转换角色，改变独生子女的依赖性，让学生切实体验到生活的艰难和父母的不易，从而使亲子之间更多地沟通、理解和信任。二是通过志向训练，培养学生积极进取的心理品质，克服惰性心理。如在班内开展评比"单项标兵"活动，设立的项目应多种多样，力求使每个同学都在其中找到自己的位置。如在学习方面可设立"小作家""解题大王""实验能手"等项目；在体育方面可设立"飞毛腿""投篮高手"等项目；在生活方面可设立"卫生标兵""守纪律标兵""劳动标兵"等项目。每月或每学期评比一次或多次，将评比结果中的优胜者姓名登上光荣榜。通过这些活动，让每一个学生看到自己存在的价值，培养他们的竞争意识和健康人格，训练他们自尊自信，从而使学生由某一方面的优点与特长带动其全面发展。三是通过情感训练，培养学生活泼开朗的心理品质，防止闭锁心理。如开展与单亲家庭学生"手拉手"活动。让一名单亲家庭的学生与多名学有所长、富有爱心的学生组成"手拉手"互助小组，一起讨论问题，一起谈心，遇到困难，大家一起解决。这样可以消除单亲家庭学生的自卑感，帮助他们重建自尊和自信。同时，也可以培养正常家庭学生的同情心和合作精神，培养双方的交际能力。四是通过合作训练，培养学生抗压、抗挫折的心理品质，克服脆弱心理。如开展评比"先进宿舍""先进学习小组""亲密无间的同桌"等活动，由班委会发起，向全班同学征集评比方案，选出评审小组，最后将结果登上光荣榜。这项活动能培养学生积极向上的心态和集体主义和合作精神，从而达到行动自律的目的。

（六）建立心理咨询与辅导室

班主任可以通过书信、电话、网络、现场等方式对学生进行心理咨询与辅导。在咨询时应遵循平等性与民主性原则、共情原则、预防性和疏导性原则、保密性原则等。

心理健康教育案例①：

1. 案例实录

李某，男，15岁，初中二年级学生，单亲家庭，和母亲一起生活。读初一年级的时候学习状态很好，课堂上总是踊跃发言，成绩也不错，在班上非常合群，集体荣誉感也很强，非常懂事，因此深得老师、学生的信任；但进入初二年级时情况就慢慢地发生了变化，先是课堂上、课后几乎没了他的声音，也不再与同学交流，也不再关注集体，成天紧绷着脸，后来作业也不做，课堂上经常睡觉，甚至经常无故缺课，成绩一落千丈。

2. 诊断分析

他的父亲是个极其粗暴的人，在他年幼的时候，就经常受到父亲的打骂，但是，当父亲心情好的时候，又会满足他一切合理与不合理的要求，这就造成了他既胆小怕事又固执任性。不久前，父母离了婚，使他受到很大打击，情感变得很脆弱，心理压力增大，觉得自己在同学面前抬不起头来，干脆就把自己反锁在家里，不去上学，采取有意回避的态度，压抑自己。

3. 心理辅导和教育的过程

第一步：加强与其家庭的联系，说服其家长要尽到做父母的责任，使他摆脱心理困境。

第二步：在师生间、同学间架起爱的桥梁，使他感受到集体的温暖，恢复心理平衡。

第三步：组织主题班会，激发起他对生活的热爱，学会自强，提高自我心理承受能力。

4. 从心理辅导和教育过程引发的几点思考

（1）我们不能把学生的心理问题当作品德问题来看待。

（2）我们要以对孩子终身发展高度负责的态度来重视心理健康教育。

第二节　青春期教育

一、青春期教育的概述

（一）什么是青春期

"青春期"（Pubrety）一词来自拉丁文"Puberfas"，表示"成熟年龄"或"具有生殖能力"之意，是指一个人的性机能发育期，即性机能由不成熟发展为成熟的过渡时期。一般来说，

---

① 黄建波. 从一则心理健康教育案例中引发的思考[EB/OL].（发表时间）[引用时间]. http：//www. pssp. com. cn/articleshow. asp?ArticleID=1694.

女孩子的青春期比男孩子早，一般从 10~12 岁开始，而男孩子则从 12~14 岁才开始。不过，由于个体差异很大，所以，通常把 10~20 岁这段时间统称为青春期。以性成熟为主要内容的生理成长，对青春期少年的心理及社会方面有着重大的影响，形成这一时期的两个重要特征：一是生理上处于人生的第二次生长高峰期。人体的生长发育在速度上是不均衡的，人体从出生到成熟有两次高峰期。第一次是在婴儿出生后的第一年，第二次就是青春期。具体表现是身体增长速度迅猛，生理急剧变化，并且性机能开始逐渐成熟。二是心理处于一个动荡变化、半成熟半幼稚的时期。表现在：智力水平迅猛提高；有强烈的成人感；好奇心及模仿性强；求知欲强，富有冒险精神；心理上具有较强的闭锁性、反抗性；感情丰富，易冲动；性意识骤然增长；兴趣爱好日益广泛；人际交往欲望强烈等。

（二）什么是青春期教育

青春期教育是我国特定历史条件下形成的一个特殊概念。最初，它同青少年性教育、青春期性教育、青春期萌动教育、青春期道德教育等作为同一概念被广泛使用，但体现在研究者成果之中的这些概念的核心内容主要是性教育。多数研究者主张，在我国现有的社会环境和文化背景下，以青春期教育代替世界上通常说的"性教育"，更符合我国实际；另一种意见认为，青春期教育不能等同于性教育，它是以性教育为核心的包括理想教育、伦理道德教育和法制教育在内的一种综合性教育，它的广泛外延是性教育所不能涵盖的；还有一种意见认为，所谓青春期教育主要包括两层含义，即青春期性生理、性心理知识的传授和学习以及青春期性道德、性观念的指导培养。综上所述，笔者认为，青春期教育应包含狭义和广义两个层面的意思。从狭义上说，青春期教育是指性教育，即给青春期学生讲解生命的孕育和诞生的基本知识、青春发育的生理规律、青春体貌的变化，性欲望、性吸引、性冲动和性宣泄的生理与心理现象，性安全健康和身心保护的知识，以及预防意外怀孕、性病、艾滋病及反对滥用毒品等知识。从广义上说，青春期教育是在青少年迈入青春期前后这一特定阶段，根据其生理心理发展的特点与需要所进行的以性教育为核心的包括理想教育、伦理道德教育和法制教育在内的一种综合性教育。

（三）青春期教育的目标和任务[①]

1. 青春期教育的目标

引导青少年正确地认识自己；正确认识性的自然属性和社会属性；正确认识和性有关的一系列问题；培养青少年的道德感、责任感，从而做到使性本能的需要受到道德观念的制约和个体道德意志的有效控制，达到个人与他人、个人与社会的协调统一，使青春期产生的巨大能量成为追求高尚志趣、自我完善、创造美好未来的强大动力。

2. 青春期教育的任务

传授性生理、性心理、性道德、性法规与人口科学等基础知识，使青少年掌握性生理及卫生保健、性心理及心理健康的知识，正确处理好性困惑，养成良好的性道德品质和性行为习惯，自觉地把个人行为约束在社会规范允许的范围内，愉快而顺利地度过青春期。

---

① 张万兴. 青春期健康教育完全手册[M]. 北京：中央民族大学出版社，2002：367-368.

（四）青春期教育的意义

1. 帮助学生解决生理发育的困惑

每一个步入青春期的少男少女对自身的发育变化都有很多疑惑。科学的性知识教育，能使青少年正确地认识自身的生理发育，解决由此产生的困惑和疑虑，促进其健康成长。

2. 及时消除学生青春期的一些心理障碍

大量调查表明，从小学进入初中，学生心理冲突明显加剧，有较多的中学生有心理异常。若能早些对中学生进行教育引导，使其对自身存在的心理矛盾和冲突进行自我调节，就可能使问题在萌芽中得到消除或缓解。

3. 预防青少年犯罪

近年来在我国侦破的刑事案件中，青少年犯罪已占犯罪人数的 80%以上，而这一比例在 20 世纪 50 年代不到 10%。青少年犯罪中，性犯罪又占较大比例。目前，许多地方已成立了未成年人刑事检察部门，专门受理未成年人犯罪案件。青少年犯罪与其自身的生理、心理特点有很大关系，也与他们缺乏青春期科学知识有关。

4. 奠定优生优育工程基础

早婚早育、未婚先孕是生育领域的重要问题之一。第四次全国人口普查资料显示，我国 20 岁及以下未到法定婚龄的妇女生育达 264 万多人，近年来青少年怀孕及未婚人流的事例也时有发生。这不仅关系到青少年自身的健康，而且关系到第二代人的成长。改变这些状况，需要扎扎实实从教育做起，而青春期教育在其中起着关键作用。

5. 促使青少年树立正确的性道德观

由于涉世未深，青少年对社会文化和世态人情信息的接受选择能力较差。当代青少年正处于多元价值取向的"性环境"中，政治道德对性行为的约束力越来越有限，婚前性行为、婚外恋、未婚同居等现象在舆论上越来越不被追究，影视文艺作品越来越热衷于打"擦边球"，这些都对青少年的生活情趣和修养产生了很大的影响，很容易造成他们性观念的混乱。学校通过有效的教育，特别是青春期教育，可以培养青少年抵抗外在诱惑的能力，使其树立起正确的性道德观。

二、青春期学生面临的问题

青春期是生理和心理发生急剧变化的关键时期，心理发育与生理发育一样，正处于儿童向成人的过渡阶段，个体容易体验到心理冲突和挫折。

（一）心理生物性紊乱

心理生物性紊乱主要表现在对自己身体机能的异常关注以及对某些自己不满意的外貌特征的过分夸大，即精力完全内投，对自己生理的急剧变化不满意而极度焦虑，从而主观构想疾病或对某些小问题耿耿于怀。

（二）心理冲突剧烈

青春期心理冲突主要表现为：一是学校教育与社会现实的冲突。学校的正规化、理想化教育与社会不良风气的矛盾，易使青少年对学校教育产生怀疑和失望，这种冲突激化时会使他们精神郁闷彷徨，破坏心理平衡。二是期望与现实的冲突。青春期少年易于接受新生事物，渴望早日成才，但他们阅历浅、经验有限，心理承受能力也有限，很难承受突如其来的失败和挫折，如日常生活中的意外事故、考试失败、成绩下降，与同学关系紧张，班主任和家长的误解和指责都会强烈震撼他们的心灵，从而引起强烈的情绪反应，容易坠入失望、迷茫和痛苦之中。

（三）情绪问题

情绪问题主要表现在情绪体验强烈而多变，经常失去平衡，难以自控，情绪的两极体验瞬息转化，心境低迷。负面情绪长期得不到排解，抑郁、焦虑症状持续存在，烦恼与孤独不能释怀。

（四）人格冲突

由于中学生生理、心理发展的不平衡，使得他们在心理发展上矛盾重重，产生了人格冲突。如中学生中普遍存在的反抗与依赖、闭锁与开放、勇敢和怯懦、高傲和自卑并存的现象，在人格特点上表现为逆反、偏执、极端等特点。

（五）人际冲突

经常处于与父母、老师的冲突之中，与同伴的交流也总感到不能敞开心扉，觉得很孤单。尤为重要的是，随着异性交往的增多，异性交往不当问题也日益突出。

（六）性心理问题

由于性生理、性心理知识的缺乏，中学生容易产生性困惑、性价值观混乱、性保健意识薄弱。而个别学生还可能出现性行为异常、性罪恶感、性偏离等问题，这都将给他们带来较大的心理问题。

三、青春期的性教育

（一）青春期性生理教育

1. 进行性生理知识教育

通过青春期性心理教育，应让学生掌握男女性的生理发育特点，让他们不会因为生理的变化而感到恐慌。对于女性，青春期是指从月经来潮到生殖器官逐渐发育成熟的时期。一般是13~18岁。这个时期的生理特点是身体及生殖器官发育很快，第二性征形成，开始出现月经。

青春期是男子成长发育的最佳时期。无论在形态上还是生理上，都有较大的改变。除身高、体重猛增外，主要是第二性征发育，如声音变粗，胡须和腋毛开始长出，生殖器官也逐渐向成熟的方面发展。青春期的到来，标志着男子发育至成年时期的开始，这将是一个成熟的、具有繁殖后代、延续种族生命的个体。这是男性一生中最重要的时期，它与社会、家庭教育、个人的生活成长及精神心理状态有着极为密切的关系。

班主任应告诉学生，女人初潮、男人遗精是人的生命中必经的阶段，是生理上成熟的标志，不要惊恐、害怕、羞涩，应该感到喜悦和自豪。要教育学生如何做一个真正的好男人、好女人。

2. 对女生进行经期卫生保健教育

通过青春期教育，要让女生知道在经期内，大脑兴奋性降低，机体抵抗力减弱，病菌容易侵入，引起感染，所以要用清洁的卫生用品，保持身体卫生，要淋浴不要盆浴，心情舒畅，不要动怒生气，免得造成痛经、月经不调等，吃清淡的食品，不要着凉，不要熬夜。

3. 女生不要紧腰束胸

有些女孩看到乳房逐渐隆起，认为难为情、害羞，所以用紧裹的内衣把乳房勒住，或者把腰束起来。这种做法是极其有害的。紧束乳房会使乳头内陷，给以后生育哺乳造成困难，还易造成乳腺炎；束腰对女孩生理发育也有障碍作用。女生要学会选择质地柔软、宽松的胸罩，走路不要含胸低头，不要掩饰青春美。

4. 引导学生克服手淫习惯

手淫是这一年龄阶段的学生获得性快感的主要方式。班主任要告诉学生，这种习惯对身体健康有影响，会导致精神疲惫、腰酸腿痛，要用意志去克服。可以用绘画、书法、弹琴等，淡化学生对生理变化带来的好奇和尝试；告诉孩子不要看黄色书刊、录像，不去网吧玩性游戏；不要穿紧身裤，被子也不要过厚过重，不要趴着睡觉，减少对生殖器官的压迫，避免外界刺激。

5. 教育孩子保护性隐私

班主任要让学生懂得，性器官和身上其他器官一样重要，不能受到侵害[1]。

（二）青春期性心理教育

性心理是指人对性生理变化、性别特征、两性差异以及两性交往关系的内心体验。青春期性心理教育是对青春期的学生进行包括性意识、性情感、性角色意识、男女性心理差异、性冲动、性压抑、性焦虑、性困惑、性罪恶心理预防、性欲的分散与化解等内容的教育。

1. 青春期性心理发展的阶段[2]

一个人的生理变化是心理变化的基础，其性生理的发育必然带来性意识的发展。就青春期而言，一般认为，从性意识的萌芽到爱情的产生与发展，大致可分为三个阶段：

（1）异性疏远期。

异性疏远期始于童年末期（9~10岁）。女性在童年末期表现得最为强烈，并持续到少年中期（13岁左右）。这是由于青春萌动，男女生理上出现明显差别，使他们感到陌生不安，又由于他们缺乏两性知识，因此在异性面前，就产生了一种害羞或畏惧心理，从而使男女同学暂时疏远。要注意的是，有些学生是内心真正的疏远，有些则是表面的疏远。有些学生由于性心理发育较快，内心实际上希望与异性接近，但由于环境压力、羞怯心理而表现出疏远的假象；也有些学生利用自己对某个异性较为粗暴的言行来压抑或掩饰对这位异性的好感。

（2）异性亲近期。

经过异性疏远期后，个人对突如其来的性生理变化的冲击已逐渐适应，这时他们对异性的态度也由抵触、反感悄悄发展到关注、兴趣和吸引。在这个新时期，男女同学之间愿意在一起学习、工作和活动。男女生典型的情感特点是友谊盛开，情窦初开。在初中阶段，男女

---

① 青春期"性生理"教育. http://www.healthoo.net/szjk/200801/36244.htm.
② 张万兴. 青春期健康教育完全手册[M]. 北京：中央民族大学出版社，2002：282-284.

同学只是开始彼此产生好感。到了高中阶段，他（她）们都想努力克服交往中的不安和羞涩，进一步试探着主动接近对方。但是由于情感比较隐蔽，很少能够进行情感的深入交流，这个时期的异性交往一般还比较广泛，甚至无确定目的，被接近的对象也容易变换。男女间的相互吸引与好感多数还属于异性间朦胧感情的自然表露。他（她）们对两性关系仍处于一种似懂非懂的状态，还分不清好感与初恋的区别，因此常常造成心理上的困惑与苦恼。这时他（她）们的感情强烈而易失控，接近广泛而不专一，这是一个较长的时期。家长和班主任对这个时期的少男少女，要教育引导他（她）们集中精力学习，正确分辨友谊和爱情，在与异性交往时要做到积极而有分寸，热情而又慎重，避免早恋。

（3）异性依恋期。

这是性意识由朦胧向清晰发展的阶段。这一时期的显著标志是爱情集中于一个异性，对其他异性的关心明显地减少，喜欢与自己选择的对象单独相处而不大愿参加集体活动，还陷入结婚的幻想之中。这个阶段一般从青年初期的中后阶段开始，是青春期性意识表现和发展的相对成熟阶段，这也是青春期性意识发展的必然结果，是以异性亲近期为基础发展而来的，但又与异性亲近期有着本质区别。只有从这个阶段开始，才可能逐渐产生和形成真正的爱情。当然，大多数中学生性心理发展停留在接近异性阶段，只有少数中学生会进入异性依恋期。班主任分辨得出这是异性依恋阶段的初期，还只是爱情的萌芽，不是真正的爱情，这种情感如能得到及时的控制，就不一定会发展到爱情阶段。这个时期会出现男女同学间传递纸条，一起去看电影、逛公园等现象。他们中的一些人明显是受了电影电视等影响，在模仿成人。但他们这种一对一的关系是不稳固的，容易出现变化。如果这种关系得到持续发展，就会进入人们常说的"早恋"阶段。

2. 青春期性心理发展的特点

一般随着性心理的发展，青少年大多数会表现出一系列性心理行为，如对性知识的兴趣，对异性的好感、性欲望、性冲动、性幻想和自慰行为等。概括起来，青春期性心理的特点主要表现为：

（1）性心理的朦胧性和神秘感。

青少年的性心理起初缺乏深刻的社会内容，基本上还是一种生理急剧变化带来的本能作用，好像鬼使神差地对异性发生兴趣、好感与爱慕，但是这种性爱的萌动，似乎披着一层朦胧的轻纱，其中不少男女青年并不了解多少有关性的知识，只是对性有一种神秘感。这时他（她）们对异性的兴趣、好感和爱慕，主要是由于异性的吸引，在此基础上，在朦胧纷乱的心理变化中，性意识会逐渐强烈和成熟起来。

（2）性意识的强烈性和表现上的文饰性。

青春期心理上显著的特点是它的闭锁性和强烈的求理解性，这也导致了他们性心理外显方式的文饰性。一方面他们十分重视自己在异性心目中的印象与评价，另一方面却又表现得拘谨、羞涩和冷淡；他们内心对某异性很感兴趣，但表面上却又有意无意地表现得好像无动于衷，不屑一顾，或做出回避的样子；他们有时表现得十分讨厌那种男女亲昵的动作，但有时又很希望自己能体验体验。这种矛盾心理往往使他（她）们产生种种冲突与苦恼。

（3）性心理的动荡性和压抑性。

青春期是人一生中性能量最旺盛的时期。但由于心理不够成熟，还没有形成稳固的性道德观和恋爱观，加上五花八门的性信息，不良的影视镜头，黄色的淫秽书刊，特别是西方"性解放"和"性自由"等思想的影响，易使个别青少年的性意识受到错误的强化而沉醉于谈情说爱之中，甚至发生性过失、性犯罪。与此相反，另一部分青少年由于性的能量得不到合理的疏导、升华而导致过分压抑，少数人还可能以扭曲的方式表现出来，如窥视或恋物等。

（4）男女性心理的差异性。

青春期的性心理由于不同的性别也有明显的差异。在对异性感情的流露上，男性表现得较为明显和热烈，女性表现得含蓄和深沉；在内心体验上，男性更多的是新奇、喜悦，女性则常常是惊慌、羞涩和不知所措；在表达方式上，男性一般较主动，女性往往采取暗示的方式。

（三）青春期性道德教育

所谓性道德，简单地说就是指调节两性关系及性生活中的行为准则和规范的总和。性道德所回答的主要问题是：什么样的性行为是正确的、合乎道德要求的。青春期性道德教育就是指通过不同的方法，借助于不同的方式，培养青少年正确的性道德观念，从而避免性犯罪和性错误发生的教育。苏联著名教育家苏霍姆林斯基曾说过，"让道德成熟走在性成熟的前面"。性成熟是人体生长发育的自然发展过程，而道德则是教育的结果，不会自发形成。

1. 提高性道德认识水平

（1）系统学习性道德方面的知识，建立正确的性价值观。

青春期的少男少女应认真学习与异性交往的礼仪和行为规范，树立正确的恋爱观，建立符合我国社会主义精神文明道德标准的性行为规范，提高性文明意识，增强两性关系的责任感，了解自身在社会中扮演的性角色的权利和义务，增强性自卫意识（如拒绝性诱惑和性骚扰、反抗性强暴和性虐待、预防性犯罪、选择安全健康的性行为等），了解相关的法律知识等。通过系统教育，引导青少年分清什么样的性意识、性行为是符合性道德准则的，什么样的性意识、性行为是不符合性道德准则的，从而建立正确的性价值观。这种价值观的建立有助于青少年自觉地把握与选择性活动的方式。

（2）树立科学、纯洁的现代性观念。

我国经历了几千年的封建社会，长期以来，在两性关系上存在着许多错误观念，在短时间内还难以消除，尤其是对异性躯体、两性交往等，人们仍感到神秘。现代科学、纯洁的性观念，要求青少年应该适时、适度接受性知识教育，应该像对待一切科学知识一样，坦然地接受和讨论性的问题。学习性知识，正是为了更好地了解自己、认识异性，更好地保持自己青春的性纯洁，学会控制自己的言行举止。性道德规范不仅能衡量人的品德与人格，也是保证躯体与心理健康的重要阀门。

（3）树立性的责任感。

我们既反对封建礼教对性的压抑，也反对以性解放为名实行性的放纵。我们要从我国的国情和民情出发，充分尊重人性、人权和男女平等，建立健康、文明的性道德和性风尚。青少年要树立性的责任感，这是对自己负责，也是对他人、对社会、对后代负责。因此青少年应集中精力和时间努力学习好文化技能，为今后爱情的健康发展创造良好的条件。

2. 发展健康的性道德情感

青春期的少男少女们感情热烈，一旦理智不能很好地控制住情感，就会导致情感泛滥，做出不该做的事情。因此当情感激流汹涌澎湃的时候，要理智地控制情感的阀门。这就要求异性交往时应注意适当的时间、地点，把握分寸，热情而不轻浮，大方而不庸俗，讲究仪表谈吐，讲究文明礼貌，不做任何超越朋友界限的事。

3. 养成良好的性道德行为习惯

良好的性道德行为习惯的养成，要从日常生活小事做起，要养成尊重女性，关心、照顾女性的行为习惯，如乘车时要给孕妇和抱孩子的乘客让座。在学校组织郊游或劳动中，在学习或生活上，男同学要主动关心、照顾和帮助女同学。男女交往中要互尊互爱，相处时要文明礼貌，仪态要大方，既要讲究语言美，诚恳待人，也须及时制止他人对自己轻佻的言辞和举动。与异性交往要做到不讲下流话，举止不轻浮，注意时间、地点和交往的方式。既要保持正常的友谊，又要避免引起别人的误解，彼此交往应落落大方。要坚持在集体活动中与异性交往，在集体活动的交往中发展友谊。做到不单独给异性赠送礼物，也不单独接受异性的馈赠，更不与异性单独相处。

四、青春期学生"早恋"的预防与疏导

（一）青春期学生"早恋"的原因

1. 早熟是"早恋"的生理原因

由于生活水平的提高，目前青少年的性生理发育成熟期普遍提前，平均提前 1~2 岁。性生理成熟的提前对中学生的性心理的提前发展起着重要作用。他们对异性产生特殊的感情，对性知识充满好奇，急于了解自身的变化和异性，这个时候，如果他们得不到班主任、家长的正确引导，再加上缺乏经验，缺乏是非判断能力，很容易受一些不良的性知识、性观念的引导，陷入"早恋"而不能自拔。

2. 自身心理因素是"早恋"产生的主要内因

随着青春期的来临，青少年学生的思想、性格、情感都在急剧变化，特别是开放环境的扩大和生活水平的不断提高，他们的心理成熟期也在逐渐提前，但心理发育跟不上身体的发育速度，缺乏自控能力并产生了情感冲动的心理；青少年学生在这时共同产生了成人感和独立意向，对成人有一定的戒备心理。而他们自身处于同一时期，有相同的感受，彼此间更有共同语言，交往双方能在感情上相互补偿，互相依附，男女同学往往由好感而进入"早恋"；另外，在从众、模仿、炫耀心理的驱动下，一些学生以在同龄人中找到知音，或以能找到漂亮的女朋友或帅气的男朋友作为炫耀的资本；有的学生则在好奇心和逆反心理的驱使下，不让干的事便想试试看；另外也有一些学生由于压力大，挫折感强，于是朦胧的"早恋"成了调剂精神生活的"良方"，他们想在"早恋"中解除烦恼和苦闷，得到精神上的寄托与安慰等。种种迹象表明，心理因素是青少年学生"早恋"现象产生的内在动力。

3. 社会因素是"早恋"产生的主要外因

现代社会，青少年已深受社会生活中有关性的信息的影响，越来越容易受到性暗示。处于青少年时期的学生，由于对异性的好奇心理，加上得不到学校、家长在有关性知识方面的

辅导，转而从有关报刊、书籍、影视等渠道了解。另外，在外来文化的冲击下，有关性解放的思想不断渗透到他们的思想之中，促使其对爱情生活非常渴望。

4. 教育的不当也是导致中学生"早恋"的重要因素[①]

现在不少中学，为片面追求升学率，只重视对学生的智力教育，而忽视学生其他方面的需要。处于青春期的学生情感丰富，喜欢丰富多彩的生活，而校园生活却紧张、单调，回到家里则有做不完的功课。因此，少数学生为逃避紧张枯燥的生活而去寻找某些感情上的慰藉，从而陷入"早恋"。另外，班主任缺乏责任感和工作方法上的失当，也是造成学生"早恋"的原因之一。有调查表明，中学生中的"早恋"者，因学习或行为问题受到班主任讥讽和冷遇的学生所占的比例较高。这些学生受到班主任的拒绝，很容易在异性同伴中寻求安慰，并错把这种安慰当成是爱情。现在的中学生在学校所受的性教育是非常有限的，有些学校对学生进行青春性教育，也只是停留在讲解一些简单的性生理知识和性卫生教育上，而对性心理问题、性道德教育则基本忽略。而不少家长对孩子与异性之间的交往过度敏感，无端地猜疑，对两性问题一贯采用禁和堵的办法。在这种情况下，青少年从儿童发育到青春期，性意识一般是通过耳闻目睹周围人的性言行形成的。他们无法从学校、家长那里得到科学的性知识，形成正确的性道德观，反而更加增强了对性的好奇心，在时机成熟时，这种好奇心就促使"早恋"产生了。

（二）中学生"早恋"的预防与疏导

在以往的做法中，学校、家长对中学生的早恋以及有关的性问题更多的是采取一种"围、禁、堵"的简单粗暴的方法。这样，往往收效甚微，甚至适得其反。

1. 正确认识"早恋"

"早恋"是一个有争议的不科学的提法。从性心理发展来看，青少年学生正处于性意识发展的亲近异性期，这一时期的少男少女由于性本能冲动而引起了微妙心理变化和特殊的心理体验，已经萌发了怀春的幼芽。这一时期异性之间的"爱"是一种自然朦胧的、稚嫩脆弱的、盲目冲动的爱，而真正的恋爱则是清晰的成熟的理智的爱。因此不能很笼统地把青春期异性间的怀春之爱视之为真正的恋爱。现在很多研究者认为"来往过密"比"早恋"的提法更恰当，更有利于中学生的教育。"来往过密"与"早恋"不只是说法不同，这里有个观念更新的问题。"早恋"影响思想进步，影响学习提高，是落后的表现；而"来往过密"是学生成长中的问题，有必然的一面，也有问题的一面，问题只是"来往"的"度"多与少，是否"过密"，没有先进与落后的区别，不是禁止的问题，而是前进中的问题。对于少男少女们的怀春之爱，既不要大惊小怪，又不要掉以轻心。

2. 根据阶段特征适时进行性教育

按照学生身心发展规律，青少年的性教育可分为三个阶段，即童年期、少年期、青年期。童年期的性教育重点在于性别理解和传授初步的性知识；少年期性教育主要是深化性知识、性角色及性角色行为规范教育，包括性生理知识教育、性角色行为教育、性角色观教育和性

[①] 张万兴. 青春期健康教育完全手册[M]. 北京：中央民族大学出版社，2002：331-332.

角色的同一性教育。青年期性教育的核心内容是性道德教育，包括性责任教育、贞操观教育及异性交往方法教育。如果班主任和家长在每一个阶段都对学生进行了有针对性的教育，就可以帮助他们对自己身心发展变化有个清醒的认识，减少惊慌，消除他们对性的好奇，从而正确地与异性交往。

3. 创设良好的异性交往环境

青春期的少男少女处于性意识发展的异性接近期，对异性交往有强烈的需求，班主任和家长不能因为担心学生出现所谓的"早恋"就不让他们交往了。相反，班主任应给学生创设一个宽松、自由、无压抑感的健康交往环境，尊重他们之间的异性交往。青春期的学生精力充沛，活泼好动，热爱集体生活，因此，班主任可根据本班学生的特点，组织学生参与丰富多彩的科技、文娱、体育活动。如开展一系列校园演讲比赛、卡拉 OK 比赛、主题班会、篮球、足球比赛、班级文艺汇演等活动，让他们在集体活动中展现自己的兴趣、爱好和特长，形成高尚的追求，使他们的精神有寄托，旺盛的能量得到释放，尽最大努力把"早恋"的不良氛围和因素摒弃在学校、班级之外，对分散他们情感的单一取向起到积极的促进作用。

4. 预防与疏导中学生"早恋"的基本原则

（1）正面疏导原则[①]。

班主任对学生春情萌动的表现，既不能打击压制，又不能放任不管，而应根据学生身心发展的特点与规律，理解学生身心发展的变化需要，耐心细致地使学生明确中学时代不宜"早恋"的道理。通过班主任摆利弊、讲道理，引导和帮助学生解除烦恼，摆脱困境。另外班主任还应引导学生确立正确的人生观，树立远大的理想。如在班级可以开展一些以"未来属于进取的人""20 年后的聚会""让理想插上金色的翅膀"等为主题的征文活动、演讲比赛、主题班会；在黑板的左侧和学习园地开设开启心智、激人奋进的名言警句专栏；定期组织关于名人成才的读书活动。通过这些有益的活动来引导学生树立正确的人生观，帮助学生明确学习目的，找准人生的奋斗方向，从而把精力集中在学习上。

（2）情感升华原则。

升华理论是心理学家弗洛伊德提出的，他认为可以用形形色色丰富多彩的活动来排遣性的能量，缓解性的冲动，消除性的烦恼，从而避开习惯的追求和体验。因此在对学生做出正确的引导后，班主任要更加关爱这些学生并与这些学生沟通思想，了解他们的感情变化，更加小心地去呵护这些学生，理解这些学生。班主任可以教育学生更加重视学习，把主要精力都用到学习上，或是号召学生积极参加各门学科的小组活动，培养他们对某一门学科或是多门学科的兴趣，班主任也可以鼓励学生积极投身各种问题活动中，或是组织学生参加如春游、秋游、爬山等活动，不断丰富他们的精神生活，美化情感情操，激发他们的进取心，净化他们的情感。

（3）防微杜渐原则。

对于青春期的学生，班主任要有一双善于观察发现的眼睛和一颗真挚的关爱学生的心。通过总结经验得知，学生出现以下这些情况应引起班主任的注意：讲究打扮和发型，在异性

---

① 张万兴. 青春期健康教育完全手册[M]. 北京：中央民族大学出版社，2002：339-340.

面前表现失常；上课听讲注意力不集中，心事重重，学习成绩呈下降的趋势；沉默不语，不能按时就寝，逃避集体活动；出现不正常的交往或来往书信明显增多。如果学生出现了这些情况，作为班主任，既不能不闻不问，也不能小题大做。应不失时机地对学生晓之以理，动之以情，导之以行，不训斥、不讽刺，具体情况具体分析，引导学生恢复到常态，消除隐患于萌芽状态中。

（4）适时、适量、适度的可行性原则。

班主任对学生进行性教育，不是所有的内容都是讲得越早越好，也不一定是讲得越多、越彻底越好。不同的年龄段有些内容可以重复，如生殖器官发育、月经、男女交往等问题，但在不同年龄段侧重点不同，深浅程度不同，尤其是性道德教育方面体现得更为突出。在初中阶段着重讲男女同学间要相互友爱尊重，注意交往的礼节；而高中阶段则要谈一谈如何区分友谊与爱情，怎样对待初恋，以及婚姻与家庭等。除时间上要适时、内容上适量外，方法上还要适当。比如对一般的性生理、性心理及卫生常识方面的问题，可以男女同学一起学习，有助于消除神秘感和好奇心；月经紊乱、遗精、自慰等问题则适宜分开讲解；至于"早恋"以及异常心理问题则需要对有困惑的学生进行个别指导。

（5）理解、尊重、指导、宽容的原则。

对于青春期学生所谓的"早恋"问题，第一，班主任要理解学生由于身心发展的变化所产生的情感和需要，设身处地从学生角度去看他们所产生的各种言行和情感；第二，班主任还应尊重学生的人格、感情和隐私。对于学生出现的感情方面的问题，切忌一味指责、粗暴批评或威胁，而是真诚地尊重学生，教导学生要自尊、自爱和自重，不搞"扩大化"或是"屈打成招"。第三，班主任要细致、耐心、个别地指导学生正确处理异性间的友谊，帮助学生划清友谊和爱情的界限，指导学生用理智克制自己，减少单独的异性交往。第四，对于有性失误或是性偏差的学生，班主任要宽容。宽容不是说对于学生犯的错误不管不问，而是应看到一般青春期的学生犯的性错误主要是由于他们的道德观念、法制观念淡薄，自控能力又差造成的。特别是当学生有悔改之意时，班主任的理解与宽容会显出更大的教育力量。

（6）三位一体原则。

人的一生从婴儿期到老年期，每个时期都有自己的性教育内容和侧重点，如此漫长的性教育任务不是家庭、学校、社会任何一方能独立完成的。在青春期性教育中，学校教育应起主导作用。班主任要深入到学生中去，做学生的知心朋友，多做个别的耐心细致的思想教育工作，随时掌握学生的思想动态，使早恋消失在萌芽状态；有条件的学校要设立心理咨询机构，帮助学生解决青春期所出现的各种心理困惑。家长一方面要注意自己的言行，另一方面，要根据子女的生理、心理发育发展情况，适时进行青春期教育。家长要为孩子提供一些优秀的健康的精神食粮，让他们能有选择地看一些书刊、电视、文学作品等；从尊重、理解孩子的感情出发，指导青春期的孩子进行正常的异性交往。若出现早恋现象，也不要硬性扼制，而是在尊重他们人格的基础上，帮助他们尽快走出情感误区。而社会各界一方面应多制作一些有益于中学生身心健康成长的广播、电视节目或读物，同时定期开展各种健康、激人奋进的文娱、体育、艺术活动；另一方面加大力度禁止、打击不良报纸杂志及黄色录像的制作和售卖，使纯洁的青少年免受污染、毒害，都能健康、快乐地成长。由于学校、家庭又是社会的一部分，三方面的教育是很难截然分开的。因此，成功的性教育应是三位一体的一致性的教育，其中任何不协调和教育脱节都会对性教育带来严重的后果。

案例：她走出了早恋的误区①

1. 案例介绍

赵某，女，17岁，职高学生，住校。专业成绩较好，文化课一般，写得一手漂亮的字，喜欢舞蹈、运动，有较好的艺术天赋，身材容貌较好，有一双会说话的眼睛，感情细腻，给人一种漂亮文静的感觉。父亲在某厂任副厂长，母亲为一般工人，家庭条件不错。高一上学期中考过后不久，原来各方面不错的她，出现了旷课、夜不归宿的现象。据观察以及同学反映，赵某中午、晚上、周末经常和别班某男生在一起，逛街，看电影，在娱乐场所出入，甚至夜不归宿。赵某的这一反常行为，成了同学们关注的焦点，科任老师对此也有察觉。后来，还了解到赵某前一年在某技校读书时，因"早恋"而被学校劝退，后再到该校就读。

2. 案例分析

该生的行为是因身体和心理发育，以及客观环境等影响，性意识的萌芽而对异性产生的特殊情绪体验，有意识地爱慕异性，这种"早恋"现象是青少年发育过程中的一种生理、心理的需要。陷入恋爱关系的青少年十分敏感，生怕被家长、老师和同学知道，所以，往往是私下偷偷地接触和往来。由于早恋带有幼稚性、盲目性、朦胧性和幻想性，加上青少年自控能力较差，往往在浪漫的接触中忘了时间，以致造成夜不归宿。

3. 辅导方法

（1）个别会谈。教师经常与赵某个别进行轻松谈心。一般从关心赵某的生活入手，真诚赞美她的优点和长处，教师也主动谈自己的经历，以朋友的身份答应她谈话内容绝对保密，让她放心。这样赵某逐渐敞开心扉，主动讲出自己的烦恼：家长及以前学校的老师同学不理解她，总认为她有越轨行为。家长对她要求很严，周末和假期外出玩，都有严格的时间限制，回家稍晚些就会受罚。她觉得自己家和别人家不一样，她不喜欢回家。教师在了解她的内心世界和心理状况后，和她一起认真分析，并找出问题的根源，订出计划，重新认识自己，树立自信，改变自己。把主要精力投入到学习上，并发挥其写字画画的特长，让她担任班级宣传委员，负责班上的板报工作。

（2）争取家庭积极配合。教师与家长交谈时，首先肯定赵某的特长、优点，使交谈从愉悦开始，在谈及赵某的一些行为时，避免用"早恋"等名称，启发诱导家长，要尊重孩子、理解孩子，要以知心朋友的姿态与孩子沟通，只有这样，才能赢得孩子的信任，更好地了解孩子的内心世界。同时，在尊重、理解孩子的基础上，关注孩子的学习生活，使孩子感到家的温暖。帮助孩子解除青春期的迷惘。家长表示在尊重孩子自尊心的基础上与教师配合，帮助孩子早日走出"早恋"误区。后来，家长经常与教师保持联系，互相沟通了解赵某的表现。

（3）利用班会进行心理辅导。进行正确的人生观、价值观、恋爱观教育，树立远大理想，找好自己人生的坐标。启发引导赵某正确对待和认识自己的行为，教育女生要懂得自尊、自强、自爱、自立，男生要懂得尊重女性。让学生知道，早恋固

① 中学生心理辅导案例：她走出了早恋的误区[EB/OL].（发表时间）[引用时间]http：//www. zzch. cn/listxll. asp?id=1643.

然不妥，但一旦发生早恋，也并非做了什么坏事。一个人爱别人和被爱都是一种非常幸福的事情。只是处在青春期的中学生由于生理和心理尚不成熟，正处于求学时期，不具备处理恋爱、婚姻的条件。如果一个人真的爱另一个人，应该努力完善自己，努力使自己成就一番事业，为对方创造各种通向幸福的条件，抓住自己青春期记忆力好、易于接受新事物这一大好时期好好学习，培养创造能力，为将来走向社会、成就大业打好基础。同时，还教学生如何与异性交往，保持一定距离，相互帮助，共同进步。学会保护自己，学会对自己负责，对别人负责，从而避免进入情感误区。

（4）写日记。鼓励赵某坚持写日记，锻炼自己的意志，最主要的是可以自省、自纠，不断完善自我，使自己不断成熟。

（5）读好书。推荐她在假期读一些积极向上的好书，如《中学生素质修养》《保尔·柯察金》等，并写读后感，让她在一种健康良好的文化氛围中，思想认识得到升华，走向成熟。

（6）用爱感化。①给赵某及同月份的同学过集体生日，安排丰富的娱乐活动，让赵某当寿星角色，充分体会集体的爱；②当赵某生病时，请她到家里，给她做可口的饭菜，让她体会到老师的关爱，感到温暖；③平时，让一位上进自律性强的班干部在学习、生活上影响、帮助她。

（7）挖掘她的个人潜能，给她各种表现机会。①鼓励她参加学校的各种活动，参加学校的田径队、舞蹈队，担任学校早操、课间操的领操员，增强荣誉感和自豪感。②参加各种比赛。在学校举行的专业技能比赛中，发挥她的专业特长，取得制图、设计比赛的好名次。同时，还鼓励她参加全国中小学生书法比赛，获中学组硬笔书法优秀奖。这些都大大激发了她热爱集体、珍惜自己荣誉的情感。

4. 辅导效果

通过以尊重、理解、关爱、引导等方法进行辅导，以及家长的积极配合，赵某的思想意识有了很大改变，认识到早恋的害处，端正自我，回到了班集体之中，减少了与男生的个别来往，各方面有了很大进步，学业取得了很大收获。毕业后，赵某能独立开店当老板，自己设计、制作服装，销售自己的产品，家长也感到由衷欣慰。

第三节　安全教育

抽样调查表明，95%的家长对于孩子的关心排序第一位是安全，第二位是健康，第三位才是成绩。安全教育历来都是一个沉重的话题，国家和社会各层都非常重视，从 2006 年 9 月 1 日起，教育部、公安部、司法部等 10 个部委下发的《中小学幼儿园安全管理办法》正式实施。2007 年教育部颁发了《中小学公共安全教育指导纲要》，并将每年 3 月的最后一个星期一定为全国"安全教育日"。2008 年 9 月，教育部颁发的《中小学班主任职业道德规范》里也明确规定班主任要保护学生安全。

一、安全教育的必要性

所谓安全教育，是指针对突发性事件、灾害性事故的应急、应变能力，避免生命财产受到侵害的安全防范能力，遇到人身伤害时的自我保护、防卫能力，以及法制观念、健康心理状态和抵御违法犯罪能力的教育。

（一）保护学生的生命健康安全

随着经济的发展和社会的进步，中小学生的活动领域越来越宽，接触的事物越来越多，他们自身的安全问题日益引起人们的重视。近年来诸如因游泳、乱服药物、横穿马路、触摸电器、打架斗殴、煤气泄漏、燃放鞭炮、滑冰、攀高、骑车、乘车、探险、玩火、雷电袭击以及中暑、咬伤、烧伤、烫伤、螫伤而危及中小学生人身安全的事件屡有发生。说明青少年应付各种异常情况的能力是非常有限的。自然灾害（例如地震、洪水、风暴等）、人为灾害（例如火灾、重大交通事故、不法分子侵害或滋扰等）的发生，会对中小学生的健康成长构成威胁。有关专家认为，通过教育和预防，80%的中小学生意外伤害事故是可以避免的。通过对班级学生进行安全教育，可以增强他们的安全意识，强化安全知识，提高他们的自我保护能力，从而保证他们的生命健康安全。因此，有人提出安全教育就是生命教育。

（二）保证学校正常的教学和生活秩序

2006年12月4日，蒲县某教学点，因学校锅炉工违规操作，致使6名寄宿小学生死亡；2006年11月18日，江西某中学发生学生踩踏事故，6名学生死亡……每次校园安全事故发生后的总结中，总是找管理上的漏洞，其实在事故发生的背后是安全教育的长期缺失。安全教育是防灾免难、自救、互救的教育，通过安全教育让学生形成安全习惯。"有了好习惯失败不容易，没有好习惯成功不容易"。安全习惯的养成必然会影响、贯穿学生的一生，每一个学生终身受益，也让学校得以维持正常的教学和生活秩序，从根本上解决校园安全问题。

（三）维护社会公共安全

因为个人安全是社会安全的组成部分，中小学生的安全素质不仅关系到他们自身的生命、财产安全，还关系到社会的公共安全。对一个社会来说，学校安全教育的内容孕育着将来社会人的安全意识，虽然社会上各个行业安全教育的内容不尽相同，但安全意识应在学校期间就进行培养。安全教育最重要的时期在学校，特别是幼儿园、小学和中学阶段。面对全新的安全形势，面对急剧变化的社会心态，学校教育还应大力宣传新的安全道德观，提高广大学生的社会安全责任感，教育他们"树立正确的安全道德观念，在关注自我安全的同时关注他人的安全，并提供力所能及的帮助"，将自己安全满足的方式转移到促进他人和社会安全的轨道上，让他们明白，对他人危险的冷漠与无动于衷，最终将导致社会全体成员利益的损失。当然由于青少年学生自身能力较弱，在安全受到威胁时我们不能简单地让学生去"见义勇为"，而应让学生"见义智为"。

二、中小学安全教育存在的问题

（一）安全教育流于形式，中小学生安全意识薄弱

尽管我国的各级管理机关和教育部门已十分重视安全教育，但一些学校常常就只在特定

的日子或一个月里集中地进行安全教育宣传，做一些简单的讲座，散发一些宣传资料等。一些事故发生了，引起了社会的关注，这个时候又提醒人们要对中小学生进行安全教育，然而数个月之后，又被忽略了。因此，广大中小学生并没有真正意识到安全的重要性，防范意识薄弱，自护自救能力差。安全教育未能完全融入中小学生的日常生活、日常教育细节之中。

（二）安全教育忽视学生的心理承受能力

一些班主任在对学生进行安全教育时，往往以一些事例教育学生，如学生遇车祸、学生溺水身亡、被人拐带等。本来想通过这些事例教育学生，殊不知一些胆小的女同学听说后，感到非常害怕。一些学生每天上学时，要经过两三个岔路口，看见马路络绎不绝的车辆，她们心里很害怕，甚至不敢上学了，给学生心灵造成很大的压力。

（三）过度的约束限制措施，束缚了学生身心发展

有的学校为了保障学生在校园的安全，使安全教育不出现问题，采取生硬的教育方法，对学生这也不准，那也不行，做出了非常多的限制。学校有保安，校园有值班班主任的巡视，在校园的固定地方，如楼梯口、走廊等地方还设有"学生安全监督员"，全方位监控学生的一举一动，如发现有学生在操场上跑动，被这些监督员发现后立即制止，严重的还要通报全校进行批评教育，结果本来天真活泼的学生变成了谨小慎微的小老头了。呆板教育方法犹如一根无形的绳子束缚了学生，使学生动弹不得。这样粗暴的做法不仅导致学生非常反感，有的甚至产生逆反心理。

三、安全教育的主要内容

（一）交通安全教育

当前，各中小学生交通安全意识普遍不强，主要体现在学生交通安全知识缺乏和交通安全意识淡薄两个方面。如何有效地防范交通事故的发生，确保交通安全。一是加强交通法规的宣传教育，让中小学生了解基本的交通规则，认识交通标志，培养中小学生交通安全意识，提高他们的交通法制观念；二是积极开展交通安全周或交通安全月活动，从而使广大学生牢固树立起"安全第一、预防为主"的交通方针，养成遵守交通规则的良好习惯；三是加强对中小学生的心理训练，提高他们对交通情况的反应能力和应变能力，训练内容包括注意力、观察力和应变力，通过训练提高学生心理素质，使其在行车、走路时集中精力，注意观察，遇到紧急情况时，可以做出迅速处理，从而减少交通事故的发生。

中小学生交通安全文明守则：

（1）学习和遵守交通法规，自觉维护交通秩序。

（2）了解交通信号灯、标志标线的基本知识，明白其内容要求。

（3）放学过马路，应持路队旗结队而行，过路不要攀越护栏，靠右边人行道行走。

（4）未满12岁的儿童，不准在道路上骑自行车、三轮车和推、拉人力车。

（5）过横行道时，应走人行横道，横列不超过两人。

（6）不要在马路上追逐嬉戏，不要在车前、车后、车旁玩耍、猛跑，不追车扒车。

（7）骑自行车不要撒把、并行、竞逐，转弯时要伸手示意，遇机动车不要抢行猛拐。

（8）乘坐汽车讲文明，不将头、手伸出窗外。

（9）乘坐两轮摩托车须戴安全头盔。

（10）遇交通事故应及时就近告诉班主任或父母，不要在事故现场围观。

（二）网络安全教育

随着信息时代的到来，形形色色的网吧如雨后春笋般在各个城镇应运而生。它们中有一些是正规挂牌网吧，但也有一些是无牌的地下黑色网吧，这些黑色网吧瞄准的市场就是青少年学生。一些学生迷上网络游戏后，便欺骗家长和班主任，设法筹资，利用一切可利用的时间上网。有许多原先很优秀的学生，因误入黑色网吧，整日沉迷于虚幻世界之中，学习则抛之脑后，并且身体健康状况日下。黑色网吧不仅有学生几天几夜也打不"出关"的游戏，更有不健康、不宜中小学生观看的黄色网页。针对这些情况，班主任应掌握网络知识，利用班会、板报、征文、讲座、看录像等形式在班级里深入开展《全国青少年网络文明公约》学习宣传活动。教育学生要善于在网上学习，不浏览不良信息；要诚实友好交流，不侮辱欺诈他人；要增强自护意识，不随意约会网友；要维护网络安全，不破坏网络秩序；要有益身心健康，不沉溺虚拟时空。同时班主任还应召开家长会，让家长了解网络的一些危害，提高家长的防范意识，请家长协助监督学生课余生活，并要求家长严格限制学生的上网时间和所访问的站点，避免学生沉溺于游戏和接受不良信息。

中小学生网络安全守则：

（1）没有经过父母同意，不要把自己及父母家人的真实信息，如姓名、住址、学校、电话号码和照片等，在网上告诉其他人。

（2）如果看到感到不舒服甚至恶心的信息，应立即告知父母。

（3）聊天室相对固定。使用哪个聊天室，要告知父母。必要时由父母确认该聊天室是否适合学生使用，不要在各个聊天室之间"串门"。在聊天室中，如果发现有人发表不正确的言论，应立即离开，自己也不要在聊天室散布没有根据或不负责任的言论。

（4）不要在聊天室或 BBS 上散布对别人有攻击性的言论，也不要传播或转贴他人的违反中小学生行为规范甚至触犯法律的内容，网上网下都做守法的小公民。

（5）尽可能不要在网上论坛、网上公告栏、聊天室上公布自己的 E-mail 地址。如果有多个 E-mail 信箱，要尽可能设置不同的密码。

（6）未经父母同意，不和任何网上认识的人见面。如果确定要与网友见面，必须在父母同意和护送下，或与可信任的同学、朋友一起在公共场所进行。

（7）如果收到垃圾邮件（不明来历的邮件），应立即删除，包括主题为问候、发奖一类的邮件。若有疑问，立刻请教父母如何处理。

（8）不要浏览"儿童不宜"的网站或网站栏目，即使无意中不小心进去了，也要立刻离开。

（9）如果遇到网上有人伤害自己，应当及时告诉父母或班主任。

（10）根据与父母的约定，适当控制上网时间，一般每次不要超过半小时或 1 小时，每天不超过 2 小时。

（三）消防安全教育

当前中小学生消防安全意识比较淡薄，缺乏必要的消防常识和自救逃生技能。1994 年 12

月 8 日发生在新疆克拉玛依的特大火灾，共死亡 325 人，其中中小学生就有 288 人。而在江苏，一个 9 岁男孩在遭遇火灾时却利用学校所教的消防知识顺利逃生。因此，作为班主任，切不可忽视对学生进行消防安全教育。进行消防安全教育可从这几方面着手：一是组织学生学好消防法规，用好消防法规，提高依法治火的观念；二是要大力普及消防安全知识，增强灭火技能和火灾发生时逃生、自救、互救本领。班级里可采用消防知识讲座、举办消防运动会、图片展览、演示各种灭火器材的使用、常见火灾的扑救方法和不同情况下的逃生自救方法等活动，进行模拟消防训练，从而使学生熟练地掌握"三知"（知防火知识，知灭火知识，知防火制度）、"四会"（会报警，会使用灭火器材，会扑灭初起火灾，会疏散自救）。通过大量的消防安全教育，学生在遇到各种火灾时才不至于惊慌失措，能够保持冷静，选择最有效的逃生方式，保护自己及他人的生命安全。

《消防儿歌（一）》：

遇到火灾心不慌，消防知识全用上。赶快报警"119"，家庭住址讲清楚。学会自救很重要，潮湿毛巾顶头上，卫生间里把身藏。保全生命最重要，争取时间不可忘，千方百计离火场。大火无情人有情，消防安全要加强。

《消防儿歌（二）》：

发生火灾不用慌，分清火情找主张。油锅着火不用水，锅盖盖上火灭光。衣物着火快浇水，电器着火拔电源，同时拨打 119，消防官兵帮大忙。

《消防儿歌（三）》：

暑期到，放假了，消防安全第一条；小朋友，不玩火，不让父母吃苦果；电风扇，莫瞎开，手湿不要去动电；不玩火，不动电，自我保护是关键；关键时，"119"，发生火灾不乱走；心不慌、意不乱，镇定冷静快疏散；湿毛巾，捂口鼻，身体前屈头邻地；逃生术，要记清，孩子家长都放心。

（四）性安全教育

性安全教育是通过向学生介绍性生理、性心理和性的社会基本特征等知识，帮助学生正确和全面认识性从而消除性神秘感和对性的一些错误观念，以此来预防在性健康方面出现的一些问题，从而对自己的性行为提供保护的一种教育[①]。

1. 性接触问题及教育

所谓性接触，不仅仅是指性器官的相互接触，还包括性器官与对方身体的接触，以及对对方身体性敏感区（如女性的胸部、背部、嘴唇及臀部等部位）的触摸。在性安全教育中，要明确告诉学生（特别是女学生），自己身体的哪些部位是不可以让别人随便接触或触摸的。这些区域，即便对自己的师长也是禁区。如果对方触摸了这些敏感区域，即是侵犯了自己，应该坚决制止。此时，千万不能沉默。沉默，就是对对方的纵容，对方可能对你进一步侵犯，直至发生性侵害行为。在安全教育中，要教会学生敢于而且善于适时地说"不"。这样，可以较好地避免性接触行为的发生。

① 佘双好. 性安全教育·性纯洁教育·爱情教育——性健康教育的过去、现状和未来[J]. 青年探索，2003（1）.

2. 性骚扰问题及教育

性骚扰是指用语言或动作侵犯他人的行为，表现为有意在异性面前谈论黄色话题或说黄色段子；有意给异性发黄色短信；强行触摸异性的性敏感区；有意向异性做下流动作。在性安全教育中，可以通过放映科普视频或幻灯片等形式，明确告诉学生什么是性骚扰，如何防范性骚扰。要告诉学生，一旦遭遇性骚扰，不能因为害羞或害怕而保持沉默。这样，反而可能使对方有更加大胆的举动，甚至发生性侵害行为。在遭遇性骚扰时，一定要勇敢地制止，大声警告对方，以阻止对方实施进一步的侵害行为。

3. 性侵害问题及教育

性侵害是指一切通过武力、欺骗、讨好、物质诱惑或其他方式，把对方引向性接触，以求达到侵犯者性欲满足的行为。在性安全教育中，要明确告诉学生，性侵害不仅来源于异性，也并非只有女性才会遭受性侵害。同时，还应告诉学生，性侵害不只会来自陌生人，也会来自熟人甚至是师长。要教育学生，一旦遭遇性侵害，首先要坚决反抗，规劝对方停止进一步的侵害。如果反抗无效，则应在受到性侵害后，及时告诉父母或其他监护人，由他们报警。

（五）防自然灾害的教育

班主任还应对学生加强防自然灾害的教育，开展相关专题讲座，增强学生防地震、洪水、滑坡、泥石流、雷电等自然灾害的意识与知识，定期组织学生进行逃生避险的实战演练，使学生具备自救自护的基本能力。

四、班级学生安全教育的策略

2006 年 12 月，教育部部长周济在 2007 年度教育工作会议上强调："开展创建和谐校园活动，加强安全教育，增强师生员工的安全防范意识，建立安全机制，切实做好校园保卫工作，努力建设平安、健康、文明的校园，让学生放心，让家长放心，让社会放心。"班主任在明确自己在班级安全教育管理中的安全教育、安全告知、安全告诫、安全防范、安全救护[①]等职责后，可以采取以下策略对班级学生开展安全教育。

（一）切实提高对学生安全教育工作重要性的认识

安全教育是维护中小学生安全的一项基本教育，是中小学生素质教育的一部分，是人才保障的根本教育，它始终贯穿于人才培养的全过程。发生学生安全事故，不仅是个别学生受到伤害的问题，还会牵动学生家长，涉及其他学生的情绪，影响学校正常的教育教学秩序，甚至还会影响到部分地区的社会稳定。因此，班主任要把做好安全教育工作提高到能不能营造优良育人环境、能不能维护校园和社会的稳定、能不能实现学校的教育培养目标这一高度，时刻把学生安全教育工作摆在重要位置。班主任要不断地提高对学生加强安全教育工作重要性的认识，增强安全意识，要把保护好学生的生命当作自己的重要职责，将安全教育贯穿到自己的各项管理及教育、教学活动中去。

---

① 朱翔天. 班主任对班级的安全教育管理[J]. 安全生产与监督，2007（4）.

（二）绷紧"安全"这根弦，提升安全防范意识

班主任的安全意识直接关系到学生的切身安全，作为班主任，应该把安全工作这根弦绷紧，涉及学生安全的环节要洞察一切，及时进行教育引导。班主任应组织学生平时注意收集广播、电视、生活中听到的安全事故，然后谈谈自己的体会和看法。对学生收集的材料和体会，班主任进行必要的点评，并张贴宣传，以提高安全警示教育。也可组织学生寻找发生在身边的安全事故及藏于身边的安全隐患，把自己的所见所闻编成小报张贴于班级或学校的公告栏，让学生得到警示教育，并提高安全防范意识。

（三）组织学生积极参与班级的安全管理工作

1. 成立小组，完善制度

成立以班主任为组长，班长为副组长，劳动委员、体育委员、各宿舍舍长等为成员的班级安全领导小组及事故处理小组，班主任负责全面安全工作，各班干部、舍长等具体负责某一时段的安全工作，如体育委员负责体育活动中的安全工作，舍长负责所住宿舍的安全工作等。

制定和完善班级的安全管理制度，在教室、寝室、卫生、财产、放假等各方面均应有明确的安全规定。

安全管理制度要落实到人，如宿舍长的职责之一就是在寝铃响 10 分钟后，若有同学未回寝室则要及时向班主任报告等。

2. 自治管理，自我评价

自治管理。班主任应在班级中建立诸如安全隐患排查小组、学生矛盾纠纷监控小组、学生行为规范督查小组、事故应急处理报告小组等自治组织，通过这些组织掌控班情，及时发现和排除安全隐患。

自我评价。可以在班主任的直接指导下，定期由班长主持召开班级民主生活会，在会上通报学生近段时间的表现情况，表扬安全意识强、自我防范做得好的学生，对存在的不安全行为、隐患等提出严肃批评。同时学生们在会上展开批评和自我批评，共同商讨制定有效的安全措施；有条件的应制定和实施"学生自我评价体系"，让学生每天从规章守纪、行为安全、值班值日、学习进步、为班争光等 9 个方面进行自我评价并填写自我评价表，班主任定期对得分靠前者给予奖励。

（四）开展防范演练，培养避险处置能力

班主任在学生刚入学时，可以带他们去熟悉校园环境并实地进行安全教育。可以经常邀请法制副校长或法律专业人士到班级进行普法教育和交流，讲授一些中小学生防敲诈、恐吓、性侵害的正反典型案例，给他们以启发和借鉴。开展"找身边隐患"的主题活动，让学生找出自己学习、生活过程中可能出现的安全隐患并提出防范整改措施。在班级课堂上或课外活动时间，可以开展互动游戏、情景模拟、知识竞赛、小讨论等形式多样的活动，让学生对如何防范敲诈、恐吓、性侵害，以及组织开展以紧急疏散、人工呼吸、烫伤救护和预防自然灾害等为内容的安全演习或模拟情境训练活动，提高学生的防害防灾自救能力。外出活动（如春游、参观等）前针对活动特点组织专项安全教育，告诉学生如何防范和应对可能出现的摔

伤、走失、交通、溺水等事故。另外还要充分发动家长，依靠家长，随时注意了解孩子生存环境中可能出现的异常，鼓励孩子倾吐心中的不安或恐惧，及时与学校沟通信息，共同提高孩子的辨别能力和自我保护能力。

（五）培养学生自我保护能力

导致一系列安全悲剧的一个重要原因是青少年学生欠缺安全防卫知识、安全意识和安全习惯，自我保护能力差。有调查表明，当儿童一人在家时，进行敲门试验，通过多种借口，比如查煤气表、查水管、推销等，结果都敲开了这些孩子的家门。因此，教育者加强对学生的保护固然重要，但更重要的是加强他们的自我保护能力，这是解决问题的关键，也是素质教育的要求。班主任要加强对学生自我保护意识的灌输，使学生在学习科学知识的同时，树立强烈的自保意识。儿童需要保护，也需要教育与训练，因为过分受保护的儿童更应加强对其避免危险的能力培养。班主任和家长应对儿童加强精神文明和行为规范教育，培养他们独自适应环境的能力。启发他们明确什么是安全，什么是不安全，以及不安全的后果。学习日常生活中的自我保护方法和技能，例如遵纪守法，遵守交通规则，注意课间安全、体育活动安全、食品安全、网络安全等。各种训练活动要注重与学生生活经验和社会实践的联系。班主任可以采用学生乐于接受的形式对学生进行情景模拟训练，如运动受伤后的模拟训练、学生打架时的模拟处理、食物中毒后的模拟处理、火灾现场逃生模拟训练，根据学生的生理、心理特点，适时开展健康教育。

（六）进行安全教育，做到"三转变"

1. 由急救型向预防型转变

在学生生活与学习环境发生改变时要特别予以关注，做好心理安全和事故防范工作。在日常生活中确保学生有一个安全的环境，保管好火种、煤气、农药、有毒药品和物品、烟花爆竹、危险品，对这些物品出售、保管、使用、验查等环节都要做好安全防范工作，保证学生居家安全、校园安全、出行安全和社会安全。

2. 由封闭型向开放型转变

改变只由班主任在学校里进行安全教育的局面，采取多种形式，对广大学生进行生动、活泼、形象、具体的安全教育。

3. 由纪念日型向经常型转变

要特别注意在学生饮水安全、饮食安全、交通安全、用电安全、游戏安全、劳动安全、实验安全、消防安全、集会安全、体育活动安全、校舍安全、设施安全的长效管理和责任追究方面加大力度。

（七）多种教育途径开展安全教育

为增强安全教育的实用性、可行性，班主任必须结合学校实际和学生特点，适时采用多种教育途径开展对中小学生的安全教育。一是把安全教育纳入课堂，全面培养学生的安全意识，提高学生的综合素质。二是可以将学生因缺乏安全防范知识而引发问题的案例编印成册供学生阅读、借鉴，或选取一些与学生生活密切相关的法律案例，结合案例加以解释，做到以案施教，对学生起到警示作用。三是结合社会治安形势发展变化的特点，张贴标语或告示，使学生提高警惕，有针对性地做好安全防范工作。四是举办法律安全知识咨询，组织主题演讲，开设模拟法庭，进行文艺演出等活动，普及安全防范知识。五是利用学校的校园网、宣传栏、校报等传播媒体和各种有效手段，进行安全知识宣传，对学生进行深入的、广泛的、经常的安全教育。六是结合学校及学生实际，有针对性地进行教育，主要是抓重点人、重点场所、重点时期的安全教育，如对经常违反校纪校规的学生进行重点教育，做到有的放矢；对大型活动场馆、实验楼、图书馆等重点场所进行防火、防爆、防盗教育。

安全知识儿歌①：

小朋友，仔细听，安全常识有本经。过马路，眼要明，一路纵队靠右行。
拐弯处，莫急跑，以防对方来撞倒。风扬尘，护眼睛，莫让脏手擦眼睛。
细小物，注意玩，千万别往口中送。吃零食，坏习惯，别人觉得也讨厌。
照明电，不要玩，用电常识记心间。电视剧，动画片，躺下床铺就不看。
遇火灾，119，火警电话记心头。家来人，不认识，接待不可太随便。
下雨天，路泥泞，团结互助讲文明。吃瓜果，先洗净，蚊叮蝇爬传染病。
玩游戏，远利器，无意也会伤人身。炎热天，汗淋淋，莫用凉水冲洗身。
过院落，别逗犬，被狗咬伤有危险。大热天，走远程，切记莫把生水饮。
青少年，莫玩火，星星之火可燎原。打乒乓，学投篮，都要按照规则办。
莫登高，莫爬树，当心高处稳不住。变压器，不能攀，高压电源很危险。
不打架，不骂人，文明礼貌树新人。德智体美全发展，人人争当接班人。
说安全，道安全，安全工作重泰山。教师学生齐参与，校内校外享平安。

第四节　感恩教育

感恩是中华民族的传统美德，自古就有"滴水之恩，当涌泉相报""谁言寸草心，报得三春晖"等古训。学会感恩，知恩图报应该是每个公民应有的品格。但是现在许多青少年面对父母的养育之恩、老师的关爱之恩、他人的帮助之恩，更多地表现出漠然，认为那些都是自己理所应当接受的，很多学生都缺乏感恩之心。究其原因，主要是长期以来我国感恩教育的欠缺所造成的。所以，在构建社会主义和谐社会的今天，重视感恩教育就显得非常重要。

一、感恩教育的含义

感恩就是对他人、社会和自然给予自己带来的恩惠和方便在心里产生认可并意欲回馈的一种认识、一种情怀和行为。在我们的文化里，虽然推崇"施恩不图报"，但更推崇"知恩图报"，而且还有"知恩不报非君子""滴水之恩，当涌泉相报"的古训。这些都说明感恩是社会上每个人都应该有的基本道德准则，是做人最起码的修养，也是人之常情。不会感恩或者

---

① 曾海燕. 安全知识儿歌[EB/OL].（发布日期）[引用日期]. http://www.hnnkyxcom/manage/ShowArticle.asp?ArticleID=3349.

不愿意感恩，既是缺乏修养的表现，更是缺乏人文关怀、情感冷漠、缺少人情味的表现。

感恩教育是教育者运用一定的教育方法与手段，通过一定的感恩教育内容对受教育者实施的识恩、知恩、感恩、报恩和施恩的人文教育。感恩教育是一种以情动情的情感教育，是一种以德报德的道德教育，更是一种以人性唤起人性的人性教育。通过感恩教育引导学生逐渐养成感恩的心态和习惯，使感恩成为自觉的思维意识和行为习惯，作为人性品质的组成部分而存在，对他人、对社会、对自然常怀感激之心和致谢之情。感恩教育包括三个层次：一是认知层次，认识和了解自身所获得的恩惠和方便，并从内心加以认可；二是情感层次，在认知基础上，衍生出一种愉悦、温暖和幸福的情感，进而转化为一种自觉的感恩意识，一种回报恩情的冲动；三是实践层次，将感恩的意识和回报的冲动转化成为报恩乃至施恩的行为并形成习惯，即回报恩情、乐善好施、甘于奉献等。这三个层次相辅相成，形成了一个有机的统一体。

二、感恩教育的意义

（一）有利于创建和谐社会

和谐社会不但是人与自然的和谐，更是人与人的和谐。生活在社会大家庭里的青少年学生，受到许许多多恩泽，有大自然的给予、国家的培养、父母的养育、师长的教诲、亲友的关爱、他人的服务、陷入困境时好心人的救助等。学生只有学会感恩，才会少些抱怨、仇恨和对抗，多些宽厚、友善和快乐；才会对生活寄以希望，对别人施以爱心，对工作抱着敬意，对社会予以回报；才能在社会中与人和谐相处。怀感恩之心，行报恩之举，应当成为每个青少年学生的行为准则。我们应该通过感恩教育，树立起知恩图报的社会风范，让这个世界充满友爱，以期实现人与自我、人与社会、人与自然的三大和谐，进而升华我们的人格魅力，使我们的民族精神更加辉煌。因此加强青少年学生的思想道德建设，加强感恩教育，是建设社会主义精神文明和构建社会主义和谐社会不可或缺的重要方面。

（二）有利于传承优秀的民族文化

我国历来重视道德修养和文明礼貌，感恩意识源远流长。在我国的传统文化里，既推崇"施恩不图报"，也推崇"滴水之恩，当涌泉相报"。儒家文化强调"感恩"美德的培养，甚至把"软"的感恩意识逐渐转化为"硬"的规章制度加以强力推行。这些都说明，"感恩"是社会上每个人都应该有的基本道德，是做人起码的修养。现在提倡感恩教育，既是现代文化与传统文化的对接，也是人性需要的回归。

（三）有利于青少年学生的健康成长

感恩之心是一种美好的感情，没有一颗感恩的心的人永远不能真正懂得孝敬父母、理解他人，更不会主动地帮助别人。感恩是一种美好的情感，是人性和人的高贵之所在。一个人如果不知道感恩并以实际行动来报答他人和社会的恩情，那他就不是一个人格完整的、心灵健康的人。感恩有时并非人的天性，需要感恩教育的点拨。感恩教育让学生懂得他们享有的一切并不是理所当然的，他们需要拥有一颗感恩的心来对待这一切。感恩教育促使青少年思考问题，体谅父母的辛苦和他人的善意，体会社会的恩惠，增强人情味和社会责任感，使他们能体会到一个人再强也离不开他人的帮助，对他人施予的恩惠即使再小也要铭记于心，并知恩图报。通过这种教育，希望学生能在正视个人价值的情况下，在生活中也能考虑到他人，学会感恩、懂得感恩，性情更豁达、心胸更开阔，不会为了一些鸡毛蒜皮的事情而生仇、记仇甚至报仇。感恩教育还有助于学生摆脱对金钱的一味追求，唤起他们的感恩之心和感恩之情，用感恩之心来融化自己的自私心、冷漠心和自卑心，培养与人为善、与人为乐、乐于助人的品德，从而有助于他们人格的全面而健康地发展。

三、感恩教育的内容

虽然每个人的衣食住行能够得到满足无不渗透着他人的帮助，但我们却往往认为他人给予的帮助是理所当然的，并未想过"感谢"。人们往往一心想要得到更多，而可能很少反思过自己凭什么要获得这么多，别人凭什么要让自己获得这么多；人们可能总是费尽心机去发现别人身上的问题和抱怨社会这样那样的不公平，而很少想过从自己身上去找寻问题并宽容地看待他人和社会；人们总有太多的欲望和奢求，却可能并未想到对已经获得的一切心存感激。因此，每个人都应学会感恩，那"我们要感恩什么呢？"答案是一切值得我们感恩的人、事和物。

（一）孝敬父母，感父母养育之恩

学会感恩，要从学会感激父母做起。当前感恩教育急需汲取中国传统文化中孝敬父母这一传统伦理精华，培养人们对父母的感恩之心。对父母的感激之情是一个人最原始、最本能的情感。一个人如果连养育自己的父母都不知道感激，又怎么可能爱同学、爱学校、爱祖国、爱人民呢？又有什么良知和社会责任感可言呢？然而，当今社会不少人感恩心淡漠，完全不念父母的养育之恩。有一位班主任，她的孩子今年上小学五年级，学习成绩很好。妈妈每天在家里为他"做牛做马"，每天早上都帮他倒好水，并且带到学校的水壶也装好水，书包、物品全部都为他准备好，再送他去上学。有一天早上起来，他妈妈忘记给他装水了，结果这个孩子走出门了发现水壶没装水，又退回来，狠狠地对他妈妈讲："都是你害的，害得我要迟到了！"孩子的埋怨让这位母亲很警觉，她说虽然孩子学习好，但孩子不知感恩，只是一味地索取，脾气也越来越大，母子关系越来越紧张。在当今社会还出现了庞大的"啃老族"，自己年富力强不去工作，不自食其力，反而一味依赖父母，要求父母供养。由此可见，在当前感恩教育中，让人们学会孝敬和感激父母显得异常重要。继承和发扬中国传统文化中孝敬父母、感激和报答父母的养育之恩等优良传统美德，在当前感恩教育中有着不可忽视的作用。当一个孩子怀着一份感恩心去学习、去生活、去报答父母的时候，他学习和生活的动力，与你每天拿着鞭子催逼着，效果是绝对不一样的。有个门门功课都很好的高中生，由父亲陪着学习书法，有一次父亲在一边睡着了，看到身旁父亲疲惫的身影，她的眼泪止不住往下流，她说："我之所以会努力学习，都是因为感受到父母为我付出太多！"为了让学生懂得孝敬父母，感父母养育之恩，学校可以举办"知恩感恩演讲比赛""征文比赛"以及"黑板报比赛"；组织开展"四个一活动"，即要求每个学生对父母说一句贴心的话；为父母捧一杯温暖的茶；给父母写一封感谢的信；算一算父母抚养自己的辛酸账等活动。鼓励和动员学生为父母多做事，对父母多说知心话，父母过生日时送上生日礼物，说一句祝福的话。闲暇之余为父母揉揉肩、捶捶背、洗洗脚，帮父母做饭洗衣等，使学生懂得父母的艰辛和不易，培养学生感激父母的养育之恩。

（二）尊敬师长，感老师谆谆教诲之恩[①]

老师是人类灵魂的工程师，是青少年成长的引路人。学生的成长离不开老师的辛勤劳动，学生应当尊敬、感激自己的老师，尊敬师长正是一个人应该遵守的最基本道德规范。然而，当今社会不少人对老师的教诲缺乏感恩之心。有些学生上课经常交头接耳或呼呼大睡；有些学生在路上遇到老师不打招呼，形同陌路人；还有些学生精神空虚，学习缺乏动力，不求上进，辜负了老师和学校的期望等。在这种形势之下，发扬中国传统尊师美德，让学生学会尊师敬师，在当前就显得异常重要与紧迫。班级可以通过召开主题班（团、队）会形式，组织学生向老师表达感激教诲之恩，或以学校的名义动员学生向老师献真情活动，如通过写一封信、谈一次心、做一张贺卡、献一束鲜花、送一句话等真挚朴实的方式，来表达对老师的感激之情。

（三）博爱众人，感他人关爱与协助之恩

中国传统文化中要求人们重视人、尊重人、帮助人、同情人。在追求自身利益的同时应考虑他人和社会的利益等思想，对于克服自我中心主义，促进"我为人人、人人为我"的良好社会风气的形成，有着巨大的意义和价值。儒家和墨家都认为，要得到别人的爱，首先要爱别人。孟子说："爱人者，人恒爱之；敬人者，人恒敬之。"墨子说："夫爱人者，人必从而爱之；利人者，人必从而利之。"然而，由于现在的学生大多都是独生子女，相当一部分从小就娇生惯养，过着"饭来张口，衣来伸手"的生活。溺爱使得当前不少学生不会感恩、忘恩、以自我为中心，他们只要别人爱自己，却不懂得关心别人。

改变这种情况，应继承和发扬中国传统文化中要求人们尽自己的一颗赤诚之心为他人着想，要人们同情人、关心人、尊重人、帮助人等思想，让人们学会考虑他人、关爱他人。如学生整天与同学朝夕相处，就可以倡导学生感激同学帮助之恩，通过开展"牵手同学、共同进步"等主题活动，以及给身边同学做一件有益的事，给班级（团、队）做一件有益的事，掀起同学之间相助、互学、共进的热潮，增进同学之间的友谊。从小事做起，从身边的人做起，让学生学会考虑他人、同情他人、关爱他人。

（四）承担社会责任，感祖国养育之恩

弘扬中华民族的传统美德，培育学生的社会责任感和历史使命感，在当前感恩教育中极为重要。感恩心与责任心是密不可分的，感恩有赖于责任的依托，很难想象一个没有责任心的人会有很强的感恩之心。马克思曾说"人的本质不是单个人所固有的抽象物，在其现实性上它是一切社会关系的总和。"人是生活在社会关系中的人，是不能脱离社会和他人而独立存在的。在实践中，个人接受他人、社会的馈赠、援助、支持等是不可避免的，个人应当对他

---

① 陈昌兴，刘利才. 论中国传统感恩文化及其当代感恩教育意义[J]. 青海社会科学，2008（1）.

人、社会和自然给予的恩惠和方便心存感恩，在享受别人的付出给自己带来美好的生活的同时，还应该承担起更多的责任。我们感恩社会、感恩他人的关爱和祖国的期望，就应当自觉增强责任意识，奋发努力，报效祖国，奉献社会，做一个有益于社会、有益于人民的人。班级教育可以利用"服务社区活动""志愿者活动""劳技活动""参观访问"等形式，引导学生感受今天的幸福来之不易，树立正确的人生观、价值观和世界观，激发和增强学生"报答社会、感恩社会、报效祖国"的深厚情感。

（五）热爱自然，感自然无私赐予之恩

中国传统文化中的"天人合一"思想追求"人与自然和谐共生"，凸现了一种至高无上的胸怀以及尊重自然、回报社会的高度使命感。它要求人们与自然和谐共处，热爱、尊重、保护和合理利用自然。当前不少人感恩意识缺失，不能正确认识自己和自然界的关系。大自然赐予我们阳光、空气、雨露等生存的物质条件，而有些人对于大自然的恩赐不但不心存感恩，不积极地热爱自然、保护自然，反而为了满足自己不断增长的物质欲望而违背自然规律，破坏自然界的平衡。在这种情况下，挖掘中国传统文化中"天人合一"这一精神资源，重视人与自然的和谐统一，有助于人们正确认识人与自然的关系。这在培育人对自然的感恩之心中有着巨大的价值。

四、感恩教育的策略

（一）教育青少年有正确的感恩观

1. 要教会学生识恩知恩

感恩的前提是识恩知恩。所以，感恩教育应首先让学生认识到他们所获得的一切并非天经地义、理所当然的。他们需要知道，无论是父母给予他们生命，班主任教给他们知识，还是朋友给予他们友情以及其他人给予的帮助，这一切都是"恩情"。父母给予他们躯体，养育他们的躯体和完善他们的心灵，花了很多心血，这个养育之恩不能不知；班主任在为他们认识水平、理解能力的提高以及做人品质的提高而不断付出辛勤劳动，这个教育之恩不能不知；朋友为己欢喜为己忧，共同分享成功喜悦和失败痛苦，这个友情之恩不能不知……我们无时不沐浴着恩德的春风，我们没有任何理由对此熟视无睹。有一位哲学家说过："世界上最大的悲剧和不幸就是一个人大言不惭地说'没人给过我任何东西'。"因此，班主任要细心地引导学生去捕捉渗透在日常生活中的恩惠，帮助学生挖掘出这些恩惠的价值。这样既能培养学生对生活的感受能力，又能唤起学生储存于大脑的情绪记忆，调动起学生丰富的情感。

2. 要教会学生报恩

在"知恩"之后，"知恩不报非君子"也，并且"滴水之恩，当涌泉相报"。我们从亲人、从他人、从社会那里得到多少恩惠，当以更大的诚意和实际行动给予回报，这种回报不仅仅是物质上的，还包括感情世界的回报。有时就是一声简单的道谢声也能给施恩者带来特别愉快的心情。所以，"报恩"当从感谢做起，不仅是语言上的感谢，还可以以我们力所能及的小事情来表达我们的谢意。学会真诚地感谢，于人于己皆有益。感激不仅是语

言上的感谢，还可以做力所能及的事情来表达。另外，要让学生们知道，并非报大恩大德的大举动才称得上报恩，对父母的点滴孝行、对班主任的细小帮助、对他人的看似微不足道的关心，都是报恩的表现。当然，青少年的"知恩图报"要在力所能及的范围内，不能因为报恩而付出自己终身的幸福，更不能因为对某些人的感谢而损害了他人或社会公众的利益。感恩应本着正义、文明、健康、向上的原则，做到努力在平时，坚持在平常，奋斗在平凡，关键时刻看品格。

3. 要教会学生施恩不图报

施恩不图报是感恩教育的最高境界。一个人不仅应当知恩图报，还应当抱着慈悲之心去帮助自己身边那些需要帮助的人，即施恩。施恩是人的高级情感的需要，更是社会文明的表现。施恩的前提是不图报的。因此要教给学生施恩不图报的思想，这样在做了"善事"之后，才能以正常的心态去看待，不会因为别人的"冷漠"而失去感恩之情。只有达到施恩不图报的境界，才能真正地拥有为人民服务、为社会服务、在必要时为祖国献身的信念和品格。

（二）教学生学会理解与宽容

教学生学会宽容别人、理解别人，赋予学生一种生命智慧及换位思考的能力，进而形成学生自己独立的人格，这对他们的成长大有益处。土地宽容了种子，拥有了收获；大海宽容了江河，拥有了浩瀚；天空宽容了云霞，拥有了神采；人宽容了遗憾，拥有了未来。能当着同事的面主动拥抱自己竞争对手（或者向自己使绊）的人，成就常常会比爱憎分明的人要高得多。"得理不饶人"是一种权利，是有效达到自己诉求目的的一种权利。"得理且饶人"或者"得饶人处且饶人"是一种手段、是一种勇气，更是一种境界！用一份爱心，给对手一个台阶，放一马，留点面子，这是很难做到的，但如果做到了，益处无穷！感激伤害你的人，因为他磨炼你的心志；感激欺骗你的人，因为他增长你的见识；感激鞭打你的人，因为他消除你的业障；感激绊倒你的人，因为他强化你的能力；感激斥责你的人，因为他助长你的智慧；感激遗弃你的人，因为他教导你自立。

（三）实施感恩教育，应采用适当方法

感恩教育的目的是让学生深入了解"恩"，深切体会"恩"，记住所受之"恩"，并将"恩"施于需要之人。唤醒学生对他人的爱心，学会重视、尊重和感激别人对自己的付出，营造出一种温馨的人文关怀的氛围。感恩教育目的的实现需要借助适当的方法。

1. 情境熏陶法

班主任要善于设计利用各种人际互动情境或社会生活情境作为感恩教育的素材。比如，对一个生病的学生，开始你可以故意不去看他，让他一个人待着，过一阵子慢慢给他无微不至的关心，让其深切体会到被人关照的"恩情"，以致以后遇到别人生病，他就会主动去关心别人，这样，感恩教育的目的也就达到了。其实这样的情境就是感恩教育的手段。

2. 故事教育法

班主任可以选用短小精美和富有人生哲理的寓言故事、童话故事或名人名家的感恩故事等加以讲解或让学生进行讨论，让学生明白感恩的道理。这种方法对于年龄小的学生来讲，

生动有趣，吸引力特别大，效果非常显著。班主任用生动的感恩故事或忘恩负义的故事来吸引学生的注意力，讲完故事后可以让学生讨论一下或直接谈看法，班主任最好是加以评述来达到教导学生的目的①。

3. 实践锻炼法

感恩教育的实践锻炼法有多种表现形式。一是结合节日，开展活动。如：国际"三八"节、母亲节、父亲节、教师节等，通过这些节日对学生进行传统道德教育。二是学做父母，体验辛劳。如："今天我当家""我是一日班主任"等实践活动。让学生们从真实的生活中感知父母、班主任的伟大与艰辛，从而将"感恩"内化为心灵深处的情感，并且从内心深处进发出孝敬父母、尊敬班主任的情怀！三是创办"感恩"小报。用新颖的排版、立意鲜明的内容，定期刊出有关"感恩"的个案，使学生亲眼看见"孝星"的形象，从而受到感染。四是经常问候，让父母舒心。古人云："言为心声"，鼓励学生经常对父母说说体贴或感激的话。如"爸爸、妈妈，你们辛苦了！"五是将"感恩"迁移到爱社会、爱国爱党上。开展"团旗在我心中"的文明活动，为孤儿院小朋友们送温暖，课余时间清扫"白色垃圾"，清除非法广告纸等，以此增加学生的社会责任感和爱社会、爱国爱党的情怀。

（四）构建感恩教育的良性循环体系

进行感恩教育，应把父母、班主任、学校这三个环节作为立足点，加强学校、社会、家庭的联系与合作，构造整体的感恩教育体系。首先，学校教育是关键。青少年学生良好品德的形成最主要还是依靠学校教育，因此学校必须肩负起自己的使命，切实提高学生的品德修养尤其是感恩意识的培养。培养学生从爱父母开始，让他们对父母产生感激之情，这是最原始、最本能的情感，然后"老吾老以及人之老"，把这种情感扩展到身边的人，扩展到学校，直至整个社会。其次，家庭教育是辅助。感恩教育要想取得实效，只靠学校单方面的努力还难以成功，需要得到家长的大力支持与配合才可能有效。感恩教育不应只局限在课堂上班主任的言传身教，更应注意在现实生活中尤其是家庭教育中家长的言传身教。家长应努力与学校、社会教育配合，为学生感恩意识的形成提供良好的环境。让孩子从身边的亲人做起，通过爱父母、爱家庭，进而推己及人，达到爱同学、爱老师、爱学校、爱党、爱祖国的目的。第三，社会教育是基础。目前社会舆论已经开始注意到感恩意识缺失的严重性，感恩教育已经受到社会的关注。2007年河南信阳一家公司打出"不孝敬父母的就不要到我公司上班"的标语，在招聘中首次把"孝敬父母"作为一个标准，是难能可贵的。在城镇、乡村、社区也要开展必要的感恩活动，如为在感恩活动中表现突出的青少年颁发奖状或证书，同时在社区的报廊或宣传栏进行宣传，以激发青少年的感恩意识。

总之，在构建社会主义和谐社会的今天，加强对青少年学生的感恩教育迫在眉睫，但这也需要一个长期的过程，它需要社会、学校、家庭多方面的共同努力，形成教育的合力，构建感恩教育的良性循环体系。只有这样，感恩之花才能常开，感恩之树才能常青。

---

① 陶志琼. 关于感恩教育的几个问题的探讨[J]. 2004（4）.

班级活动是以班级为单位而组织的教育活动，它是整个教育活动的重要组成部分，也是活动课程的重要体现。它对促进学生社会性和个性化的发展，建设良好班集体，融洽师生关系等具有非常重要的意义。本章揭示了班级活动的重要意义，探讨了班级活动的特点，总结了班级活动的原则和基本步骤，介绍了班级活动案例设计的要求和几个典型案例，并对其进行了评析。

第一节　班级活动概述

一、班级活动的意义

班级活动是指在班主任指导下，由学生自己组织的为实现班级目标、有利于提高学生综合素质的各种教育活动[①]。

对于班级活动的意义，众多教育界人士都曾撰文探讨。比如中国台湾地区的著名教育学者林进材认为班级活动的意义主要有 8 个方面：班级活动是课程的延伸与运用；是课内的整合与统整；是强化人际关系及相处的机会；可以强化学生做事的态度；可以培养学生的民主素养；能够发掘学生的各项才能；可以培养学生的班级归属；能够深化学生的经验与能力[②]。南京师范大学学者高谦民教授认为"它是班级教育系统中不可或缺的一个重要子系统。因为无论是建设班集体、优化班级管理、营造班级文化环境，还是整合班级教育力量，都离不开有益于学生发展的、生动活泼的实践活动。"[③]综合已有研究的基础，同时结合笔者长期以来对中小学班级活动的观察与思考，笔者认为班级活动的意义主要体现在以下几个方面。

（一）班级活动是进行德育的重要途径

道德根本上是实践的。在中国，自古有"修身、齐家、治国、平天下"之说，"齐家、治国、平天下"之基在于"修身"，也就是进行不断的道德修炼。古今中外的诸多大哲学家并不著书立说，比如孔子，比如苏格拉底，却享有哲学家的美誉，为何？因为他们的哲学思想已经明白地体现在他们实实在在的日常实践当中了。冯友兰先生曾在《中国哲学简史》里说道："哲学不仅是供人们去认识的一套思维模式，而是哲学家自己据以行动的内在规范；甚至可以说，一个哲学家的生平，只要看他的哲学思想便可以了然了。"[④]而在西方，道德哲学或伦理

[①] 教育部中央教育科学研究所课题组. 和谐班级管理[M]. 北京：人民教育出版社，2007：104.

[②] 林进材. 班级经营[M]. 上海：华东师范大学出版社，2006：216-217.

[③] 高谦民. 班级活动性教育初探[J]. 班主任，2002（10）：3.

[④] 冯友兰. 中国哲学简史[M]. 北京：新世界出版社，2004（9）.

学，就是"实践哲学"。

道德的实践本质决定了道德教育具有强烈的实践性特征。道德教育并非仅仅是要灌输给学生一套关于道德的知识体系，而是要形成一种道德的信念以及与此相应的行为方式、生活方式。道德的真正形成需要在道德情境中实践，而班级活动无疑是为学生提供道德学习和道德实践的一大阵地。

道德形成一般要经历道德认知、道德情感体验、道德意志和道德行为四个阶段。在班级活动中，第一，可以让学生在思想上明辨是非，加深对道德规则的理解，在内心深处认同某些道德规范，为道德的真正形成提供认知基础。第二，可以激发学生的道德情感，它是道德行为的催化剂。第三，学生之间的协作和交往，可以培养发展起真正的责任意识和义务感，因为真正的责任意识和义务感是在平等基础之上的协作和交往中建立起来的。第四，班级活动还有助于学生团结协作和集体思想的形成和发展。因为在交往和协作活动中，每个活动的参与者不仅对活动中个人利益和团体利益的关系有较深的理解，而且对自己在团体中的地位、作用、权利和义务有较充分的认识。他一方面可以较深切地感受到团体活动的成果有赖于每个成员的努力，另一方面也可以清楚地体会到，团体协作对保证每个人的利益来说都是必不可少的，他既能懂得规则和纪律对个人、团体的约束、规范作用，也能体会其对个人发展、个人利益的保证和促进作用。这样，他们对集体规章的遵守就不是被迫的而是自觉自愿的，或者说服从集体利益成了他们的内在需要。这显然比单纯的理论说教有效得多[①]。

道德研究还表明，道德的真正形成有赖于个体的自我教育。而什么样的教育形式才能有效促进道德主体的自我教育呢？无疑，班级活动是一种重要形式。一方面，在合作或交往性活动中，主体不仅学会了评价别人，而且学会了评价自己，不仅通过相互比较逐渐认同别人对自己的较为客观的评价，而且在比较中逐渐加深对自我的认识；另一方面，通过交往，主体可以通过别人对自己行为所产生的评价，调整对自身的认识。在较准确、客观的自我认识、自我评价的基础上，主体才可以不断形成和发展协调、控制自己的能力，在自我评价的基础上发展其自我教育的能力，而其道德发展也才能日益增进。

（二）班级活动锻炼了学生的交往能力

交往是人的一种内在需求，而人也在交往中不断得以发展和完善。对于发展中的青少年儿童来说，更是需要通过同伴之间、师生之间的良性交往来实现发展。在交往过程中，交往的需求得以满足，交往能力得到锻炼。

发展中的学生需要通过交往得以发展，但是我们也不能不看到，在"核心家庭"为主要家庭模式的情况下，很多孩子由于家庭的溺爱而形成了小气、以自我为中心、急躁等不良性格。同时，在日益沉重的学业压力下，学生之间的交往正在日益减少，交往范围也在缩小。由于我国尊师重教的传统，在中小学生的心目中，教师仍然具有不可动摇的权威，师生之间很难做到朋友般地交流和沟通，甚至有的时候还存在着误解和冲突，而学科教学中学生往往缺乏交往的机会。班级活动恰恰可以在这些方面体现出其独特的优势。

首先，在班级活动中，学生为了共同的目标而一起努力，敞开心扉进行合作，互相帮助、互相鼓励，加深彼此之间的了解，深刻体会到自己的责任和义务，逐步克服骄傲自大的缺点；

---

① 戚万学. 活动课程 道德教育的主导性课程[J]. 课程教材教法，2003（8）：45.

其次，具有教育意义的班级活动更是滋润学生心田的雨露，让他们懂得正直善良诚信，而这些都是良好交往所不可缺少的；再次，在班级活动的准备以及实施过程中，教师以帮助者、指导者的身份与学生进行交往，师生之间的交往增多，而且关系更民主。

因此可以说，班级活动不仅增加了学生、师生之间交往的机会，而且也间接提升了学生交往的能力和水平，对于其良好个性品质的形成更是具有积极作用。

（三）班级活动提供了学生展示个性及特长的机会

人与其他动物显著的一个区别就在于人的未完成性，这种未完成性可以通过后天的学习使人的各种潜能转化为显能，而人也日臻完善。在诸多条件中，教育是极为重要的一个，但是也只有真正能深入心灵的教育才能起作用。那么怎样的教育才可以深入心灵呢？无疑，这样的教育需要形式多样的、生动活泼的实践活动。青少年都有爱玩好动的特点，他们只有在活动中才能感受到无穷的乐趣，才会产生积极参与的强烈欲望。而班级活动正好具有这样的一些优势。在丰富多样而实践性很强的活动中，学生的各种发展欲望被激发，在这种自我发展欲望的激励下，学生又会自觉主动地去寻求发展。因此，班级活动有助于学生个性和特长的发展。

此外，班级活动还有助于学生个性和特长的展示，而这种良性的展示与表现反过来又会促进个性和特长的发展。人都有被接纳被肯定的欲望，更有表现和展示自己的欲望，对于现在的青少年学生来说更是如此。善歌者，希望在同学面前一展歌喉博得阵阵掌声；善舞者，希望一舞震群雄；善说者，希望快板声声博得笑声一片……在宽松的班级活动氛围中，这些欲望大都可以得到满足。一方面，这些表现者会有极强的成就感，哪怕是平时学习不良者此时也觉得志得意满；另一方面，观者为演者所感染，听者为唱者所折服，而同学之间的榜样力量是极为强大的，那些被感染者被折服者往往又从内心深处产生学习的意愿。

因此，班级活动不仅有利于学生个性和特长的发展，也有利于个性和特长的展现，而这种发展和展现之间又是相互促进、浑然一体的。

（四）班级活动有利于建设良好的班集体

马卡连柯在总结自己的教育经验时，十分强调集体活动在促进班集体建设方面的重要意义。他指出，通过活动，教育了集体，团结了集体，加强了集体，以后集体自身就能成为很大的教育力量。

在班级活动中，学生之间、师生之间的交往和了解增多，这为构建良好的班集体奠定了基础。因为一个个陌生的个体虽然可能由于某种原因集中在一定的空间里，但是绝对不可能称他们是一个集体。只有具有共同目标、有一定的舆论导向、有完善的组织机构，这样才能算是一个集体。而良好的班集体必然促进全班同学在良好的班风中为了一个共同目标而努力。

在班级活动中，学生之间充分交往，互相了解，建立友谊，为形成集体奠定情感基础；在班级活动中，学生的责任感和集体主义精神被激发起来，逐步学会了正确处理人与人、个体与集体之间的关系；在班级活动中，可以发现、锻炼和培养学生干部，扩大积极分子队伍。同时，在健康有益的班级活动中，正确的、合理的、健康的东西得到弘扬与肯定，错误的、不良的东西则为大家所不齿。久而久之，正确的集体舆论和良好的班风就会逐渐形成。

（五）班级活动有利于学校学习与生活的联系

在班级活动中，特别是一些实践性很强的班级活动中，为了完成活动，学生不仅需要运用一定的学科知识，要上网查找资料，更需要在日常生活中注意观察和积累。比如开展一个关于环境保护的主题班会，学生为了真正认识目前环境保护中存在的问题，不仅需要上网查找相关资料，更需要观察统计自己家里垃圾的处理方式，小区里垃圾的处理等。这样，学习和生活，课内和课外在活动中被紧密地联系起来。可以说，一个有意义的活动的完成绝对不是哪一门学科知识的单独运用，而是多学科知识的综合运用，是学习与实践的结合。因此，在班级活动中，更是彰显了"生活课程"的理念。

二、班级活动的特点

班级活动与课堂教学相比，有其独特的优势和自身的特点。

（一）灵活性

首先，在活动内容上，没有条条框框的限制。学科课程有固定的课本和内在的知识逻辑体系，同一年级所学内容没有多大差别，而班级活动则没有一定的教材，活动的内容灵活多变，就算是同一所学校同一个年级进行的班级活动也可能完全不一样。教师完全可以根据本班班情和学生特点自定，也可以通过学生提议来确定活动内容。其次，班级活动形式多样而丰富，既可以是教师主持，也可以是学生自己主持；既可以采用诗歌朗诵，也可以采用歌唱、舞蹈、小品、相声等形式；既可踏青，也可赏秋；既可在教室内进行，也可在外面广阔的天地里开展。最后，对班级活动的评价是灵活而多样的。

（二）自主性

自主性是班级活动最突出的特点。对于学校和班级来说，活动的内容和形式可以自主确定。而对学生来说，他们是具体活动的真正主人。他们可以根据个人的兴趣爱好特长选择一定的活动形式，也可以自由组合小组，也可以比较自由地选择任务。虽然教师会对学生进行一定的帮助和指导，但是最终活动的实施主体是学生，活动作用的直接对象也是学生。

（三）实践性

班级活动中的"活动"二字就是让学生动起来，动脑动手，在"做中学"，边做边学。学科课程尽管也有学生的实践活动，但现实情况是很多学科教学往往只把实践活动作为一种铺垫、一种辅助、一种点缀，在时间比重上、内容比重上，并不占主导地位。在班级活动中，学生活动的时间占大部分，学生在活动中学，在活动中体验。

（四）教育性

班级活动是对学生实施德育的主要阵地。班级活动和其他一般性活动的一个很大区别就在于每一个活动都暗含了提升学生道德水平的意图。一般性的活动，可能更多地培养学生的探究精神、创造力，获得一种科学的认识，而班级活动更看重通过活动增进学生的道德感悟，提升他们的道德水平。比如同样是关于环保的主题，可能科学活动更注重环保知识和意识的形成，而班级活动除此之外，可能还更强调培养学生关爱自然、关爱生命的情怀。近年来，有一些非常经典的主题班队活动，比如学会节约、学会感恩、学会珍惜等，都是蕴含了非常强的教育意义的。在教育效果上，由于它是专门以教育学生为主，因此效果更突出和明显。

三、目前班级活动存在的不足

笔者根据大量的实地观察，综合已有研究，把目前班级活动存在的不足归纳为以下几点。

（一）目标不当

每次班级活动都有一定的目标，而恰当的目标无疑是活动成功的关键。但目前班级活动目标不当则主要体现在以下方面。

一是目标功利化，即只看重或者只看到了活动所带来的直接效果，而忽略了活动本身存在的意义。比如组织学生参加学校运动会，如果把目标仅仅定位在比赛名次上，那么就把目标功利化了。这样会导向"胜易骄，败易馁"的集体情绪，忽略了运动本身的意义在于激发拼搏精神，形成团结意识，增强集体凝聚力。

二是活动目标模糊。在活动之前，教师也考虑了活动要达到的目标，但是这种考虑是泛泛的，只是一种意向性的，更没有落实到具体的语言文字表述中。当形成活动方案时，也只是用一些比较模糊笼统的语句，比如"懂得感恩的意义，学会感恩"。从表述上看并没有问题，但是由于目标太模糊、太笼统，不能真正起到对活动的指导作用。

（二）形式与内容不匹配

形式与内容不匹配是指活动形式不能支撑主题。有些主题明明适合学生体验感悟却被大量的、繁杂的活动所左右，而且讲求包装形式，表演味十足。

一定的主题和内容肯定需要一定形式的支撑，但是实际情况是很多班级活动都被大量的吹拉弹唱所主宰，而活动的实际效果却无法保证。看似热热闹闹，学生积极性也高的一场活动，到头来却在学生心中留不下任何教育的痕迹。

（三）活动体验不足

任何带有教育意义的活动，如果没有打动学生的心，没有让其产生真切的体验，效果肯定是不好的。在现实中，我们会看到很多形式多样、活泼生动的班级活动，但是从学生活动过程中和活动后的表现来看，活动并没有起到应有效果。究其原因，是学生的活动与体验相脱离。班级活动肯定是要让学生活动，但是仅仅有活动而没有体验，那岂不是背离了活动的初衷？

（四）学生主体性尚未发挥

学生主体性尚未发挥，主要体现在以下几方面：

一是整个活动过程几乎都由老师操控，从活动的形式到过渡语到主持人的台词都由老师一手包办，主持人虽然在台上表现得非常精彩，但实际上嘴里说的都不是经过自己大脑的东西，主持人的主体性未发挥出来。

二是主持活动的班干部以及活动表演者的主体性发挥出来了，但其他学生的主体性未发挥出来。经常可以看到这样的情景，表演者在台上尽情地表演，而下面的同学有的睡觉、有的打闹、有的想心事，根本就没有发挥出学生的主动性来。

（五）教师作用发挥不当

教师作用发挥不当，一种是教师干预过多，另一种是教师放任自流。

教师干预过多，往往是出于追求高效以及良好的活动效果的目的，经验丰富的班主任往往根据自己多年来的经验对学生的活动提出这样那样的要求，进行这样那样的设计，甚至有时候代替学生进行活动设计。的确，想在进行班级活动展示的时候夺人眼目的愿望是没错的，但是若将班级活动最为核心的内容——过程丢失了，就是本末倒置。学生的发展与成长是需要过程的，这个过程只有通过自己的亲历才能发挥其应该起到的作用，学生是在不断地遇到问题再克服问题的过程中成长的。而教师为了让学生少走弯路，追求高效，把本来丰富多彩的过程榨干了，活动也就失去了它本来的意义。

另外一种情况是教师放任自流，有的班主任误将发挥学生主体性认为是教师完全放手不管。教师把主题布置下去，找好了主持人，确定了几个领头的学生，就什么也不管了。要知道，学生的各种能力还不成熟，完全放手，无法保证活动的成功，教师必须加强指导。只有班主任才能把握住集体建设的轮舵，承担起教育面向全体学生、活动面向全体学生的责任。

（六）活动不成体系

在一学年中，各个部门组织的活动数量是非常大的，有市县的、学校的、年级的、班级的，其中又有知识型的、能力型的等。从参与的人数来说，有个人的、小组的、全员的、与他人联合的等。班主任往往是"兵来将挡，水来土掩"的做法，在一个个安排面前非常被动，而这样一些前后不衔接地完成任务式的活动对学生的教育效果实在有限。

第二节　班级活动的内容与形式

一、班级活动的内容

（一）班级学习活动

班级学习活动是指课堂教学、学科教学活动之外，由班主任组织的明确学习目的、激发学习兴趣，交流学习经验、掌握学习方法、提高学习能力的活动。

（1）学习方法讲座。请任课教师就某一学科的学习方法进行专题讲座，也可以请专家就一般学习方法进行介绍、辅导，也可以是班主任自己的经验介绍。对于小学高年级学生及中学生而言，这种讲座是很有必要的。

（2）作业展览。陈列优秀作业，在保护学生自尊心的前提下展示不认真、不合格的作业，可以促使学生严格要求自己，学习他人长处、优点，提高学习效果、质量。

（3）学习经验交流会。本班、同年级（龄）同学的学习经验，对学生而言最有启发作用。全面性学习经验、单科性学习经验、个别学生进步比较大的经验都可以总结、交流。交流学习经验，特别要重视非智力因素，各种具体的学习方法对学业成就的影响。

（4）知识（智力）竞赛。结合各科学习，又不局限于各科内容。活动组织从命题、实施、裁判完全由学生负责，这对激发学生学习兴趣，开阔学生视野，培养学生多方面能力具有重要意义。

（5）课外阅读活动。与各科教师配合，推荐书目，成立班级图书角，指定必读书目，指导学生写读书笔记，定期召开读书心得交流会等。

（二）班级德育活动①

1. 爱国爱校教育活动

爱国主义教育永远是时代的主题，是学校德育的主旋律，也是我们开展班级活动的一项重要内容。通过班级活动，可以让学生从中感受到祖国的昌盛、民族的振兴和人民的伟大，可以激发学生热爱祖国、热爱家乡、为中华振兴而读书的强烈愿望。同时，通过班级活动培养学生热爱母校、为校争光的思想感情。

2. 集体主义教育活动

做任何事都不能把个人利益凌驾于集体利益之上，所以对学生进行集体主义教育是十分重要的。通过班级活动，可以使学生强化班级观念，树立集体思想，增强班级凝聚力，促成良好班风的形成。学生在集体主义教育中，逐步学会关心他人、尊重他人。

3. 遵纪守法教育活动

遵纪守法是做好一切事情的重要保证，也是每个学生学会做人的根本法则。班级开展遵纪守法教育活动，可以让学生学法、懂法、守法、护法，不断丰富学生的法律知识，提高学生的法制意识，为培养未来的合格公民打下基础。

4. 规范养成教育活动

俗话说：没有规矩，不成方圆。班级活动的开展，一方面可以培养学生形成良好的思想品质和行为习惯；另一方面可以促进学生身心健康发展，养成健康的生活习惯，从而提高学生自我教育能力。

5. 树立理想教育活动

及时对学生进行人生观和理想教育，可以培养学生奋发向上的精神，帮助他们确立志向，增强信心，努力进取，树立正确的人生观和价值观。

6. 意志力培养活动

加强学生意志力的培养也是班级活动的重要内容。远足春游、拔河竞技等活动，都能增

---

① 王一军，李伟平. 班级活动设计与组织实施[M]. 北京：教育科学出版社，2007：8.

强学生的意志力，提高学生的生活能力和身体素质。

除此之外，笔者认为班级活动还应包括以下几方面内容：

一是开展培养高尚的道德情操的教育活动。高尚的道德情操是人格力量的重要组成部分，培养高尚的道德情操和良好的个人心理品质，须注重自身的修养，严格自律。陶铸曾经说过："一个人有了崇高的伟大的理想，还一定要有高尚的情操，没有高尚的情操，再崇高、伟大的理想也是不能达到的。"因此，在中小学阶段，班主任还要帮助学生培养起高尚的道德情操。

二是开展爱美赏美的教育活动。中小学阶段正是一个人增长知识、增强修养的大好时机，也是对美非常敏感的时期。美好的人、事、物能陶冶学生的情操，能激发学生对道德人格的向往。因此在一个人的成长过程中，决不能离开审美素质的培养，也不能离开对美的追求。所以，教师应对学生的美丽人生做出恰当引导，使学生树立正确的审美观，培养学生浓厚的审美情趣。

三是开展尊重生命的教育。万事万物中，唯有生命最为高贵，也最为脆弱。在中小学阶段，教师应组织一些活动让学生领会生命的意义，体悟生命的神奇，并且形成尊重生命的情感。尊重生命，不仅是尊重自己的生命，而且还要尊重他人的生命；不仅要尊重人类的生命，还要尊重其他动物的生命，尊重天地间有生之物的生命。

（三）班级文艺活动

班级文艺活动是班级文化娱乐活动的简称，是指学校通过健康的文化艺术娱乐活动对学生进行熏陶和教育，以发展学生的美感和健康心理品质的教育形式。学校常用的班级文艺活动形式主要有：文艺联欢会、生日联欢会、节日联欢会和毕业联欢会。

文艺联欢会上班级联欢会的主要形式包括学生表演小品、相声、演唱歌曲等。

生日联欢会是借学生生日而开展的活动。班主任找到某个或某几个典型学生，在他们生日时对各方面表现好的学生进行勉励，对某些方面不足的学生应委婉地指出其缺点，这种方式比单纯的说服教育效果好。

节日联欢会是指专为庆祝节日而举办的联欢会，比如在六一、十一、元旦等节日，都可以通过组织学生进行表演而对其进行教育。

毕业联欢会是对学生来说非常有意义的活动。这种活动既可以让学生回顾过去，加深同学友谊，又可以使他们展望未来，培养他们的远大理想。

（四）班级体育活动

班级体育活动是指在学校体育课之外开展的，以增强体质，提高体育技能，促进学生全面发展为主要目的的教育活动。

班级体育活动包括球类、田径、体操、游泳、拔河、爬山、棋牌等项目。由于在课外进行，对于丰富学生的课余生活，促进学生素质的全面发展有着极其重要的作用。

班级体育活动能够增强学生体质，以其丰富多彩、生动活泼的形式和内容吸引、感染学生，可以在活动中培养其良好的情操和道德风貌。特别是体育竞技运动中的激烈竞争、顽强拼搏、奋勇争先对培养现实社会所需要的竞争与开放意识、进取与拼搏精神、适应与组织能力以及勇猛顽强、机动灵活、沉着果断的品格具有重要作用。

（五）班级科技活动

班级科技活动是指以学习科学技术，以促使学生发挥潜能为目的的教育活动。它对巩固和加深学生在课堂上所学的知识，丰富和开阔学生的知识视野，培养创新精神和实践能力，有着极其重要的作用。

科技活动是发展学生观察能力和思维能力的有效方式，也是使学生接受集体主义教育的有效途径，同时还可以培养学生实事求是的科学作风、严谨细致的科学态度、坚忍不拔的意志品质以及创新精神。

班级科技活动的形式多种多样，如科技班会、科学知识讲座、科学兴趣小组、参观、调查、科技演示、科技知识竞赛和科技游戏等。

（六）班级劳动

班级劳动是对学生实施劳动教育的主要形式。通过班级劳动，有助于培养学生的劳动观点，增强学生热爱劳动、热爱劳动人民的思想感情。通过劳动，可以使学生切实体会劳动的艰辛，从而养成学生爱护物品、勤劳俭朴、艰苦奋斗的优良品质。同时由于劳动常常是在集体中进行的，因此，通过劳动，还可以增强学生的集体观念和组织纪律性。

从形式上看，班级劳动主要有生产性劳动、社会公益性劳动和自我服务性劳动。适合中小学生的班级劳动主要有社会公益劳动和自我服务劳动。

社会公益劳动也称义务劳动，它是对学生进行劳动教育的有力手段。社会公益劳动包括生产性公益劳动和服务性公益劳动，如植树造林，整顿校容、市容，搞清洁卫生，维护社会秩序，帮助烈属孤老，参加工厂和农村劳动等，都是社会公益劳动的很好形式。

班级自我服务性劳动是指教育者组织学生开展的自己的事情自己做，以维持自己正常的学习与生活，保持环境整洁卫生的教育性活动，如穿衣、刷牙、铺床、系鞋带、摆放桌凳、整理学习工具、扫尘、购物等。自我服务性劳动依学生所在的场所不同，可以分为学校自我服务性劳动和家庭自我服务性劳动；依活动的内容可以分为服务于学习的自我服务性劳动和服务于生活的自我服务性劳动。

（七）班级社会实践活动

社会实践活动是组织班级到校外进行的教育活动，往往与课外活动结合进行。

（1）参观访问活动。参观工厂、农村、部队、重点建设工程、英模事迹展览、著名文物古迹、纪念馆、博物馆；访问老工人、老农民、革命前辈、先进工作者、科学家、文艺家等。

（2）社会调查。这类活动适合初高中学生，主要针对学生思想认识上的某些问题，选定调查题目。调查之前要做充分准备，制订调查计划，列出调查提纲，调查方法要科学。对调查所得的数据和资料要进行认真的统计、分析，得出正确的结论，还应要求学生写出总结或调查报告。

（3）精神文明共建活动。与附近的街道、工厂、机关、部队联合起来，共同为当地的精神文明建设贡献力量，还应做出活动安排，真正落实。

（八）班级游戏活动

游戏是人类最基本的、对人的发展具有重大影响作用的活动。对于青少年来说，游戏的发展意义更是不可忽视。游戏不仅能给予儿童丰富的知识，更能培养儿童良好的品格。游戏本身的趣味性吸引儿童积极探索操作，培养其主动性；在游戏中还可以培养儿童养成合作、公正、诚实的品格，以及合作意识和团结精神。

二、班级活动的形式[①]

（一）班队例会

班队例会是指以班（队）为单位，通过会议的形式（主要是学习、讨论），对学生进行常规教育。它的类型一般有：班（队）务会、民主生活会、周会、晨会等。

1. 班（队）务会

班（队）务会是班（队）委干部定期（一周、一月、一学期）组织的，由全班同学（全体队员）参加的例会。

班（队）务会的作用。首先，可以端正学生的思想认识，宣传党和国家的路线、方针、政策，定期对学生进行思想道德教育，是引导学生正确认识理想和现实之间的关系的良好途径。其次，班队工作者可以通过班（队）务会，了解学生思想动态，了解班队工作开展情况，通过师生交流，找出自己工作的成功、不足之处。再次，有利于统一全体同学的思想，部署班队工作，决定班队行为，发挥班集体的民主作用。最后，班（队）务会能增强学生自我教育能力，充分发挥班队集体的整体功能。

班（队）务会的内容。班（队）务会作为研究班队工作，引导全体同学对班队进行民主管理的活动形式，包括以下一些内容：一是班队工作规划会，主要是在开学初召开，对班队工作一个学期的工作目标做出计划，交由全班或全队学生讨论并通过。如在班务会中，常常要制订班级公约、卫生制度、作业制度等；二是班队常规会，是定期举行的班队例会，如周会等；三是学期工作总结会，主要是在期末召开，目的是回顾工作，肯定成绩，找出不足。另外，班务会还包括确定班级干部和评选先进人物等内容。

班（队）务会的召开一般按确定主题、做好准备、组织会务、进行小结等步骤展开。

2. 民主生活会

民主生活会是针对学生集体中出现的某些错误或不良倾向而召开的，以批评和自我批评为主的班级例会。

民主生活会一般有两种形式。一是班委会或队委会里的民主生活会。召开班（队）委会成员民主生活会的目的，主要是针对班队干部的一些缺点而开展批评与自我批评。通过班（队）委会的民主生活会，每一个班队干部都能认识自己的不足，切实改正自己的缺点，不断提高。有利于形成一个积极向上，团结的班（队）集体。二是班队全体学生（队员）参加的民主生活会。班队民主生活会是对全体学生进行教育的有效途径，也是班队形成正确舆论和良好班风，建立良好集体的方法。召开全体学生的民主生活会要求班主任（辅导员）要充分、深入地了解学生的整体状况，了解每一个学生的思想状况、日常行为表现，同时帮助学生通过批评和自我批评找差距，促进步。特别要引导学生正确对待自己和对待别人，注意批评和自我

---

① 古人伏. 小学班队工作原理与实践[M]. 上海：华东师范大学出版社，2001：178-192。

批评的恰当性、公正性、客观性。尤其要注意引导学生通过批评和自我批评，找出改进的方法与措施，从而使自己得到提高。因此，班主任（辅导员）必须注意引导学生找出改正缺点、不足的方法。

召开民主生活会的步骤。民主生活会一般分四步：一是寻找焦点，确定重心。二是充分准备，开渠引水。例如班队干部和同学之间的矛盾，应先做好班队干部的思想工作，这样在班队干部带头批评和自我批评的推动下，班队的民主生活会必将取得良好效果。三是讲清目的，开诚布公。四是认真总结，巩固成果。

3. 周会、晨会

二者都属于班队常规会的范畴。周会一般安排在每周固定时间里，由学校统一部署，班主任负责组织，是一种对学生进行思想品德教育的重要形式。晨会又称晨间谈话，每天进行，一般安排 10 分钟左右。为保证活动效果，应该做到：一是事前有准备，做好记录，便于以后检查；二是教育内容要联系实际，有针对性，要为学生提出明确的努力方向。

（二）主题教育活动

主题教育活动是指在班主任或辅导员的指导下，根据班队工作计划，针对学生的实际情况提出一个主题，围绕这一主题进行的教育活动。由班主任指导的主题教育活动称为主题班会，由辅导员指导的主题教育活动称为主题队会。主题教育活动的主要形式有：主题班（队）会、主题报告会、主题伦理性谈话会和主题座谈会。

1. 主题班（队）会

主题班（队）会是班（队）委会在班主任（辅导员）指导下，选择、围绕一个主题，或针对学生普遍存在的问题，通过一定的教育方式组织开展的教育活动。

主题班（队）会的主题选择应根据班（队）教育内容和学生实际情况决定。一般应体现教育性、时代性、生动性。（详见"班队活动方法与步骤"）

主题班（队）会活动方式包括阅读、参观、访问、实践、练习、辩论、演讲、讨论、表演、展览等。

2. 系列主题班（队）会

系列主题班（队）会又称为系列教育活动，是指通过一个个有联系、又各有重点的活动形成系列，系统对学生进行教育的活动形式。它是单个主题班会的深化，具有指向集中、主题鲜明、内容丰富的特点，能使学生受到深刻的教育。

案例：

"作家乡的小主人"系列主题班（队）会

活动一："请品尝我们做的菜"实践活动。通过学生自己确定菜谱，自己购买原材料，自己做饭菜体验劳动的艰辛，培养热爱劳动、热爱劳动成果的思想感情。

活动二："小记者奔向四面八方"专题调查活动。感受国情、乡情，培养热爱祖国、热爱家乡的情感，丰富学生的感性经验。

活动三："请听我们的建议"有奖征文活动。培养学生热爱家乡的情感，激发写作兴趣，提高写作能力。

活动四："为了家乡，我愿……"演讲会。表达学生为家乡的明天，努力学习、不断进步的愿望，训练学生口才。

活动五："为了家乡，勤奋学习"知识竞赛。把建设家乡的愿望落实到具体行动上，反映在学习生活中。

活动六："家乡，请听我们的报告"新闻发布会。活动总结，表彰活动中的先进人物、事迹，激发学生不断追求、不断上进。

3. 主题报告会

在主题教育活动中，报告会这种形式经常被采用，它具有主题鲜明、教育性、情境性、针对性强的特点。

报告会的主题（内容）必须选择有重要教育意义的、学生需要的、感兴趣的内容，英模事迹、纪律法制、科技发展、时事政策、革命传统、改革成就等都可以组织报告会。

报告人要令人钦佩、口齿清楚，有影响力、感染力。

报告会要事先有动员、有要求、有必要的舆论宣传，报告后要以不同形式进行总结。

4. 主题伦理谈话会

这是一种传统教育方式，主要由班主任（辅导员）主讲，也可以请任课教师或其他人士主讲。主要内容以道德、行为规范教育为主，如"五爱"教育、理想志向教育、纪律教育、团结与友谊教育、尊老爱幼教育、行为规范教育等。这类教育要深入浅出，理论与学生实际并重，要形象、生动、有说服力。

5. 主题座谈活动

以学生最关心，最感兴趣的事情为主题，组织座谈活动。组织学生与学校领导、知名人士、班主任、任课教师、家长委员会、英雄模范人物、各种专业人员座谈。座谈各方畅所欲言，坦诚相见，能调动学生积极性，解决学生实际关心的问题，具有重要的教育意义和影响。

第三节　班级活动的开展

一、班级活动的原则

（一）主题恰当性原则

主题是活动的灵魂，一个恰当的主题是一次成功活动的前提。什么样的主题才算是恰当的呢？笔者认为恰当的主题至少应具有针对性和趣味性。

针对性是指活动主题要依据本班学生的特点、时代发展的新要求来确定。每个班都有不同的班情，不同年级段的学生都有不同的心理特点，不同的时代有对学生的不同要求，因此主题的确定一定要因人制宜、因时制宜。

班级活动不仅要针对班情学情，同时还要针对时事时情。比如在非典时期，很多教师以此为题开展"关爱生命，关注健康"的主题活动；在伊拉克战争爆发之际，很多平民孩子都无家可归的时候，组织召开"战争与和平"的活动；在科技日益发展的今天组织学生调查家乡的变化。

趣味性是指班级活动要生动、有趣味，学生乐于参与。不管哪个年龄段的孩子，都喜欢有趣味的活动而讨厌枯燥的说教，而活动的魅力之一也就在于其趣味性。一个活动是否有趣味首先取决于主题。如果活动主题具有很强的趣味性，那么学生就会积极地投身于活动的准备之中，而活动也容易取得相应的效果。比如有老师发现班上的许多学生对玩电动赛车很感兴趣，便宣布开展主题为"我们都是工程师"的活动，要求每位学生自行设计、制作一辆小赛车，展开竞赛比赛，如果有学生对此不感兴趣，也可完成其他的科技小制作，一同参评。宣布之后，学生们纷纷利用一切可利用的时间认真设计、制作。实践中，学生们了解了力的各种传递方式，懂得了如何减少摩擦力。一位女生制作了一个简单的闷晒式太阳能热水器，她条理清晰地介绍，为全班同学上了一堂生动的热能课。活动过后，许多学生学科学、用科学的热情高涨，各式新奇的科技制作时常出现。可以说，主题的趣味性，使这次班级活动获得了最大的张力，取得的教育效果也非常明显[①]。

（二）目标挑战性原则

每一个班级活动都有自己的目标，目标的设计往往影响着活动内容和形式的选择。恰当的目标能激发学生挑战的欲望和投入的热情。如果每次活动都停留在一首歌、一支舞的简单层面上，那么就难免流于形式，不能收到预期的教育效果。实现目标的挑战性原则，要求学生在每一次班级活动中完成的任务都应该有一定的难度。

比如，在一次名为"厨房里的小能手"的主题班会中，教师明确要求每位学生学会做一道拿手菜。活动采用从预先给定的多种主材和辅材中选择若干种，现场烹制、现场评选的方式，最后评选出优胜小组和优胜个人。可想而知，学生没有一定的实践经历，是无法顺利完成这次活动的。据了解，活动内容布置下去后，许多学生一改往日的"小皇帝""小公主"脾气，主动要求父母让他们下厨房锻炼。不少学生是第一次拿起铲子，端起油瓶，最终也学会了炒鸡蛋、红烧鱼等[②]。

因此，制定具有挑战性的目标而且把它具体化，能促使每位学生参加，实实在在进行实践，最终取得实实在在的收获。

（三）活动主体性原则

在班级活动中，学生是活动的主体，是体验的主体。在班级活动中要充分调动和尊重学生的主动性和积极性。班主任的"导"决不能演变为"包办代替"，要把活动的主动权交给学生。在班级活动中，班主任该放手时就放手，该扶一把时就扶上一把，有时候可以作为积极的旁观者而存在，有时候也可以作为积极的指导者而存在，有时候也可以作为活动中和学生平等的一员而存在。无论选择哪种角色，其目的都是为了确保学生的主体性作用的发挥。

比如一个班主任在母亲节来临之际，对学生说："我希望大家能搞一个活动来庆祝母亲节。"接着班主任又装出一副无奈的样子："可惜，搞这样的活动我是个外行，能不能班干部

---

①、② 沈建新. 班队活动三原则[J]. 班主任. 2003（5）：40.

牵头，大家一起动脑筋，想想这个活动如何搞。"话音刚落，教室里沸腾了。以后的几天中，经常有一些同学在一起商量活动方案、排练节目。几个班干部更是忙碌，甚至连双休日也聚到一起讨论。活动那天，黑板上赫然画着一只粗糙的大手，旁边写着活动的主题——"最美的手"。一位学生与他的妈妈合作表演了小品"我在休息时"，赢得了同学们最热烈的掌声。这个班主任写道："学生只有在强烈地意识到自己是活动的主人时，才能有这些创造性的设计。为了这 40 分钟的活动，学生花了 400 分钟的精力，活动收效之大显而易见。"[①]

（四）过程生动性原则

过程生动性原则是指在班级活动中，运用生活的内容和形式让学生乐于参与并自觉体会活动的教育意义。一个班级活动，在主题和目标确定之后，就需要采用恰当的内容和形式来凸显主题，达到目标。活动的最终目标离不开"教育"二字，而真正教育的发生又必须触及学生的内心。只有那些生动鲜活的活动才能触及学生内心，而一味说教或者活动形式过于单一则会让学生厌倦。

在一次题为"感激父母"的主题活动中，二年级的老师让孩子们任意选择一天，用心去观察一天中爸爸妈妈都为自己做了哪些事，并把它们记录下来。让学生通过平时生活中许多琐碎的、不被关注的细节，来感受父母对自己无微不至的关心。由体验而产生深深的感动，并通过制作感激卡的方式，引导学生感受父母的爱，懂得去关爱父母。另外一位五年级的老师则精心策划"530 计划"，让学生在清晨 5：30 起床，悄悄为父母做一顿早餐。课堂上，学生真实地交流了自己计划实行的情况，谈了自己真切的感受。学生中有人成功了有人失败了，但是都真实经历了。老师还邀请家长参与交流。课堂上，家长和学生真情面对面，让"感激教育"在具体的生活事件中通过引导涌动在师生和家长的心间[②]。

在这一主题活动中，两位教师都分别针对本班学生的情况采用了不同的内容和形式，但都遵从了一个共同的原则，即生动性原则。教师并非简单地说教，而是通过引导学生用自己的眼睛去看，用心去体会，真正明白"感激"和"感恩"。

（五）易操作性原则

开展班级活动要注意它的易操作性。

首先要注意班级活动的规模。从规模上看，有日常的活动，也有主题突出的活动。日常活动基本上是每天进行的，因此要短、小、实。短，即时间短，一般三五分钟；小，即解决小问题，或针对班里的情况一事一议，或对一种行为展开评价，或背诵一首古诗，或表扬一个同学；实，即解决问题要实际，一次集中解决一个问题，不要面面俱到。形式上也要保证实效，可以有全班、小组、同桌活动几种形式。主题班会一般是全体参加，一个时期搞一次。要做到：目标适宜，即一次活动要达到什么目的不要定得太多，1~2 个即可；主题集中，即一次确定一个主题，力图给学生留下深刻印象；过程简洁，即班会的程序要清楚、明了，场面不宜过大，容量以一课时为宜。

其次，要注意活动的频率。一学期里，班级主题活动的次数不能过多，也不能没有。活

---

① 沈建新. 班队活动三原则[J]. 班主任. 2003（5）：40.
① 王一军，李伟平. 班级活动设计与组织实施[M]. 北京：教育科学出版社，2007：15.

动过多，学生花过多精力在活动上，必然会冲击学习，会造成一些人静不下心来学习；活动过少，学生会感到枯燥、乏味，滋生的一些不健康思想得不到有效控制。班主任只能疲于应付偶发事件。至于活动多少为宜，要依据具体情况具体分析。

最后，班级日常活动要形成自动化操作。如上操，查卫生，主持"每日一说"，读"班级光荣榜"等，每天由专人负责，固定时间进行，操作就简单了。每一次大的班级活动，事前都要制订详细方案，谁主持，谁发言，谁表演，谁负责录音、投影，谁总结都要事先安排，这样，操作活动才能有条不紊。

（六）统一筹划原则

统一筹划原则是指班主任要对每个学年、每个学期的班级活动做通盘考虑和总体规划，精心设计每一次活动，以保证活动效能的充分发挥。

统一筹划原则首先是指班主任要对一学年、一学期的班级活动进行统筹规划，要让活动形成系列，以起到相互促进、相互强化的作用，以求活动取得最大效能。在一学年中，各级部门组织的活动数量是相当可观的，班主任需要把这种命题式的活动与本班班情相结合，让活动之间相互补充、相得益彰。比如丁榕老师的"开学四把火"，四个活动成一个系列，都围绕开学教育展开，彼此之间相互联系。首先是"总结与回顾"，全面总结过去，给新的学期工作指明方向，带来力量，采用的是展览的形式，把一学年的学习、思想、生活展现在同学们面前。其次是"展望与思考"，在第一把"火"还没有凉下来时，紧接着又用记者招待会的形式引导学生在宽松、愉快的气氛中探求新学期自己所选择的道路。接下来以"理想与追求"为题召开讨论会，大家一起商量确定目标，把老师要求做到变为学生要做的。最后为了调动每个学生的积极性，让每一个学生都能更好地发挥自己的能量，更快地朝着奋斗目标前进，召开了"以心呼唤心，以爱交换爱，在信任中得到信任"的谈心会。四把火点燃了全班学生的心，照亮了一学期前进的道路。新的学期就这样在熊熊的"烈火"中开始了。

其次，统一筹划还要求班主任充分利用各种资源，把现有的资源纳入视野进行统筹规划。班级活动需要运用各种资源，本班级的、外班级的、校内的、校外的、学生的、家长的，使班级活动的开展有资源保证。比如一个班主任就很注意利用家长的资源，开春季田径运动会时，碰巧遇到一个在大学教体育的家长自告奋勇愿意对学生进行指导和培训，结果取得了意想不到的好的效果。班主任深受启发，征求了几个家庭的意见，开展了"家长做一日辅导员"的活动。在活动中，各个家长利用自己的资源优势让学生获得了多方面的教育，比如孩子们通过参观《小学生学习报》编辑部，了解了编辑工作，回到学校，读报用报的劲头大增；通过参观香皂车间，知道了要包好一块香皂也并非容易之事[①]。通过利用家长资源，班级活动的领域得到大大的拓展，而且效果也非常之好。

二、开展班级活动的基本步骤[②]

班级活动的开展一般包括准备阶段、筹划阶段、实施阶段和反思阶段。

---

① 贺婷，王小秋. 班队活动给"雏鹰"插上翅膀[J]. 河南教育，2000（6）：44.
② 王一军，李伟平. 班级活动设计与组织实施[M]. 北京：教育科学出版社，2007：13-14.

（一）准备阶段

这个阶段，班主任根据学生的发展需要，结合学生普遍关注的热点问题，或学生发展中存在的问题，和学生一起确立活动的主题，制定班级活动的目标。如有的班级为了帮助学生体验自己的进步和成长，确定了"我 7 岁了"的班级活动主题；有的班主任发现学生在课余10 分钟不会安全地做游戏，于是设计了"关注安全，享受快乐"的活动主题。

另外，班级活动要有长期的打算。每个班主任可以根据各班队实际情况，设计一个主题。一个学期，可以围绕这个主题开展一系列活动，使主题活动开展的过程有一个宏观、长远的思路。一个学期，可以围绕这个主题开展一系列的活动。比如前文提到的全国优秀班主任丁榕为了使开学教育活动收到实效，在开学初搞了一个由四次班会组成的开学系列教育活动，称为"开学四把火"。

在准备阶段，教师要发动学生一起确定主题的名称，尽量让主题的名称简洁生动，学生喜欢。比如一小学十月份在全校开展"红领巾"活动，不同的班级，老师发动学生自己确定主题活动的名称，比如"红领巾，我为你骄傲"，"红领巾，我们的标志"，"做个优秀少先队员"等。此外，教师还可以发动学生注意留心班级中存在的问题，根据同学们发现的问题确定班队主题活动。这样的活动，由于是学生自定内容、自定主题，因此更有针对性，学生的参与性也更强。

（二）筹划阶段

这个阶段，班主任要根据确立的主题和设定的目标确定班级活动内容，搜集资料，准备设备，选择活动形式，设计具体活动的组织等。班主任要尽可能地了解每一个学生的发展现状，精心预设，为班级活动的开展做好各方面的准备（大到活动方案，小到黑板的布置，音乐的选择、台词的设计等）。

这个阶段，班主任要充分调动学生的积极性，让全体学生都参与到活动的筹划中来。班主任不必事事过问，而是要做好统筹工作和扶持工作。活动的具体内容、形式都可以放手让班干部组织学生讨论完成，搜集资料、活动准备可以让全班学生分工合作。在学生干部无法定夺或学生遇到无法克服的困难时，班主任可以加以引导和帮助。

如常州市局前街小学的王老师针对学生进入三年级后，随着交往面扩大、交往次数的增加、学生之间的矛盾和冲突越来越多的问题，确定了"学会交往"的主题和相应目标。根据她的观察和分析，发现学生之间产生冲突和矛盾的原因主要有两方面：一是学生的个性品质、行为习惯、价值取向等存在差异；二是学生缺乏解决矛盾和冲突的方法。最后，她确定了先从第一方面着手，即从每一个交往个体出发，让他们认识、体会到只有自身努力，各方面表现出色一点，才能避免和同学发生不愉快。因此，她以"做一个受人欢迎的人"为主题开了一次班队会，并设计了具体的活动方案，如推出"班级友好交往大使"，借此激发学生友好交往的情感。通过评选颁奖的过程，帮助学生了解怎样的人是受人欢迎的。组织小组讨论，让学生明确知道可以在哪些方面努力。最后，组织大家联系实际辨析行为。

（三）实施阶段

经过充分准备，周密策划，开始进入班级活动实施阶段。在这个过程中，班主任将根据计划开展各种形式的活动，并根据活动开展中的具体情况灵活调整活动方案，使每一个学生在活动中都能得到发展，及时发现学生发展中遇到的问题。

在这一阶段，教师要引导全体学生都参与到活动当中来，激发全体学生参与，要杜绝小部分学生是主体、大部分学生是旁观者的现象。

（四）反思阶段

活动结束时，班主任要组织学生依据亲身感受，对本次活动做出总结，对自己的表现做出客观评价。同时，作为班主任，要对活动主题的确定、内容的选择、形式的设计、活动的组织实施过程做出总结，以便进一步改进并为后续活动的开展提供参考。

这个阶段，班主任自己要进行反思，也要引导学生进行反思，可以让活动中的骨干分子反思自己的组织协调工作，也可以发动全班同学反思活动对我们的教育意义以及我们可以在哪些方面进行改进。

三、班级活动方案设计[①]

班级活动方案是具体活动的规划与安排，是在活动之初预先拟定的活动内容与步骤，主要由活动标题、活动目标、活动时间、活动地点和人员、活动内容与形式、活动步骤及活动准备等构成。为了眉目清楚，方案的正文一般都分条分项地写。重要的方案还要在正文后面说明执行方案的起始日期。目标、措施、步骤是构成方案的"三要素"，是方案的核心，一定要写清楚"为什么做"（目标）、"做什么"（措施）、"怎么做"（步骤）。班级活动方案的构成如下：

（一）活动标题

活动标题是对活动内容的实质性反映。撰写方案之初，必须首先确定活动标题。好的活动标题，首先要求充满学生的成长气息，如"男生女生不一样"；其次要反映活动的主题，如"我交往，我快乐"；第三，要简练、醒目、易记。

（二）活动目标

班主任在组织班级活动时，应先明确活动的具体目标，使学生明确开展该活动所要达到的结果。活动目标明确，是制订方案和评价活动的依据。每一项活动都有具体明确的活动目标，但不要用"认知""情感""操作"等心理学的分类标准来划分活动目标，而应围绕对学生现状的分析和对活动的理解做综合的、学生发展意义上的目标表述。

（三）活动时间、地点、人员

班级活动的开展，其基本构成要素是时间、地点和人员。班级活动一般以班级或小组为单位，应根据班级学生的特点、知识水平、学校总体安排及教学日历等确定时间、地点和人员构成。

---

① 王一军，李伟平. 班级活动设计与组织实施[M]. 北京：教育科学出版社，2007：37-38.

（四）活动内容、形式

班主任无论组织什么活动，都应该根据活动内容选择那些最能达到活动目标的活动形式，以收到最佳的活动效果。选择理想的班级活动形式的依据主要有四点：一是活动内容；二是现实条件；三是本班学生的年龄特点和其他实际情况；四是班主任自身的特长和优势。

（五）活动步骤

在活动过程的每一步实施中，都要有目的、规划与预测，预测可能出现的问题及解决的方法，并指明注意事项，以引起学生注意。特别是具有探险性的活动，应做好一切应急准备，确保活动的安全。

（六）活动准备

必须对开展活动的场地、所用器材及工具设备做周密考虑，以确保活动的顺利进行。

（七）活动总结与反思

班级活动完成以后，绝不意味着结束，对活动的反思、总结是我们必须要做的，通过反思我们的活动，可以使活动的教育效果得以加强，使以后的活动得以优化，活动的拓展也可以使教育得以延续和深化。

班级活动的反思主要从三个方面进行：

（1）班级活动的方案反思。班级活动结束以后，应该对此次活动的方案进行反思，主要包括活动的主题选取是否合理，主题提炼的深度是否得当。活动时间的安排如何，人员挑选、落实得如何，活动过程是否对方案进行了调整，如果进行了调整，原因是什么，活动中是否还有情况是预设时没有考虑到的，活动的过程设计是否恰当，活动规划的撰写是否通俗，有没有表达歧义的地方等。

（2）班级活动的过程反思。对班级活动的过程反思，主要是过程进展是否按预设顺利进行，如果没有，原因是什么；方案中的每项活动，与实际开展是否有差异，如果有，原因是什么；活动中存在哪些困难，针对这些困难，以后该如何进行调整；有哪些活动在实施中根本就不可能开展，哪些是需要改进的；等等。

（3）班级活动的效果反思。班级活动都需要达到一定的预期目标，在活动结束以后，必须对活动的效果予以评价。同时，在活动中还会产生意想不到的效果，有正面的、有负面的，这些都需要我们认真地总结和反思，以便在以后的班级活动中注意改进。

第四节　案例及评析

本节内容由几个典型案例及对它们的评析构成。案例包括班队活动的设计方案和班队活动。所有案例均经精心选择而成，具有一定的典型性和代表性。案例一——生命教育活动设计是一则活动方案设计案例，是当前为大家所关注的生命教育的体现；案例二——爸爸、妈妈，你们辛苦了是感恩教育主题活动的代表，该案例由笔者所在学校毕业生所创；案例三——珍爱生命，健康成长是安全教育活动的代表；案例四——初中班团队全程系列活动方案是典型的班队系列活动的代表。

案例一：生命教育活动设计①

1. 单元目标

（1）养成尊重生命、爱护动植物的心。

（2）了解每个生命的独特性、自主性与价值性，并包含尊重生命的尊严。

（3）了解生命的可贵，珍惜自己及他人的生命。

（4）了解生命的无常。

2. 准备工作

（1）活动前一周要求小朋友回家种植绿豆（或红豆、小麦）等植物，并观察、记录其生长的情形及种植、观察时的心情感受（以照顾者身份对它说话）。

（2）事先分好组。

3. 活动过程（40分钟）

（1）引起动机（3分钟）。

老师告诉学生一则真实的故事：俊翰在出生满周岁时因不会坐、不会爬而由台湾大学医院诊断得了"进行性脊椎肌肉萎缩症"，预计只有3~4年的生命，从此俊翰及其父母走上了不断与死神拔河的人生旅程。由于俊翰身体状况欠佳的关系，抵抗力很差，小小的感冒常会让他患肺炎而住进加护病房。

（2）讨论（8分钟）。

老师提问题，让小朋友思考：

①如果你是俊翰，被医生判了"死缓"，你最想做的是什么？

②如果你是俊翰，身体抵抗力很差，很容易生病，你会到学校上课吗？

③如果你是俊翰的同学，你会有什么想法？怎么对待他？最想对他做的事是什么？

④如果你是俊翰的爸爸或妈妈，你会怎么安慰俊翰？

⑤如果有一天你要离开人世了，你希望别人在你的墓志铭上写什么？

请几位小朋友出来分享想法。

讨论结束后，老师将这个故事说完：强烈的求生意志及父母的鼓励，让俊翰更加坚毅、勇敢，并珍惜自己每一分钟的生命，非常努力地学习，尽力做好每一件事，并以高分考上新竹中学，而且他的成绩一直是班上的第一名。

（3）分组讨论种植物的心得（7分钟）。

①分享如何种植、照顾各种植物。

②分享在你的照顾、栽种下，此植物有何改变或其生长情形如何。

③分享种植物时的心情（特别是种植失败的心情）。

此活动课联合自然课中的植物种植，当然也可与动物教学联系。

（4）请各组派一位小朋友起来报告（6分钟）。

（5）"新生的蛋"活动（12分钟）。

---

① 林进材. 班级经营[M]. 上海：华东师范大学出版社，2006：231-232.

①先在白纸上画一个蛋（这个蛋代表个人生活中新的开始），把这个蛋设计成你喜欢的样子，尽量让这个蛋多姿多彩。

②完成后，将蛋剪下来。翻过来在背面列出有哪些事是你希望自己死前可以完成的。

③全班完成后，让同学分享内心深处的新生愿望。

（6）老师做结论（4分钟）。

每一种植物和生物都有生有灭，但一个生命的结束其实是另一个生命的开始，就像蝴蝶交配后产卵，然后双双死亡，卵孵化成毛虫结茧再长成蝴蝶。

生命是可贵且至高无上的，我们知道要栽培、照顾生命是何等不容易，但是要将它毁掉却只在一念之间。所以要尊重、珍惜每个人的生命，学会珍爱自己也关爱别人。

亲爱的小朋友：

这是一棵由你亲手种植的"生命之树"，要好好照顾哦！此外，按照每天生长的情形，为它留下成长的足迹，并把你当它的小爸爸、小妈妈的心得记录下来。

附表　小树成长记录

日　期	生　长	
	生长情形	小树，我要跟你说……
星期日		
星期一		
星期二		
星期三		
星期四		
星期五		
星期六		

在一个星期的照顾后，我的心得是

_____

_____

_____

点评：

对学生进行生命教育，让学生体会到独特、尊严与脆弱，并养成尊重生命的心是很不容易的，在教育过程中必须要把学生放在主体的位置上，教师促使其深入思考和体会。

在这个活动方案中，很好地体现了教师主导学生为主体的原则。在活动准备阶段，活动前一周要求小朋友回家种植植物，并观察、记录其生长的情形及种植、观察时的心情感受，并以照顾者身份对它说话。在此过程中，学生在教师的引导下，主体性得以充分发挥，在动手做中体会和感悟，为课堂上的教育奠定了良好的认知和情感基础。在活动过程中，教师讲述学生能懂而又切合主题的案例，激发学生思考和讨论，接下来又让学生分享种植植物的心得，最后又画新生的蛋，这些无疑都是以学生为主体，教师做适当的引导。在这一系列的过程中，学生的主体地位得以彰显。

其次，在这个活动中，目标明确。方案围绕目标又选择了合适的内容和形式。比如为了让学生了解生命的无常与尊严，教师讲述小俊翰的案例；为了让学生了解生命的独特，养成尊重生命热爱动植物的心，让学生当植物的爸爸妈妈并写下和其他同学交流的种植体会。

再次，活动形式多样，注意激发学生兴趣。让学生自己种植植物，听故事思考和讨论，交流种植体会，"新生的蛋"活动，都是学生能做而且也愿意做的。在这多样的形式中，学生可以一直保持兴致而不觉得枯燥。

最后，活动的每一步骤还有一定的时间规定，这样使方案更具有操作性。

案例二：爸爸、妈妈，你们辛苦了！

1. 班会背景

苏联著名教育家苏霍姆林斯基曾经说过："只有爱妈妈，才能爱祖国。"因此，亲情是一切情感的基石。只有爱父母，才会爱学校、爱家乡、爱祖国、爱社会、爱我们生活的这个世界，才能永驻真爱，形成质朴健全的人性。针对本班学生个性中暴露的自私任性、自我中心的不良倾向，通过真情体验，感悟亲情，激发学生爱的情感，丰富情感积淀，把亲情回报付诸实践。

2. 班会目的

（1）让学生了解亲情，体验亲情的无私和伟大，感受中华民族的传统美德。

（2）让学生回报亲情，把对父母的爱付诸实际行动。

（3）丰富学生的生活和情感积累，激发学生从小有爱心，树立心中有他人、心中有祖国的情感。

3. 班会准备

（1）准备节目，搜集故事，收集名言，主持人准备串联词。

（2）制作相关的课件。

（3）邀请父母参加班会活动。

（4）场景设计，渲染环境，奠定情感基调。

4. 班会过程

（1）宣布活动开始：

甲：亲情，人类永恒的话题。

乙：亲情，人间最美的情感。

合：××小学五年级2班"拥抱亲情"主题班会现在开始。

（2）回顾篇——走近亲情。

①我名字的故事：

甲：我的降临，是父母生命的延续，是家庭未来的曙光。我的名字是父母理想的编制，同学们，你们知道自己名字的含义吗？

学生交流自己名字中蕴涵的意义：

同学1：我的名字叫郑大鹏。我的名字是我爸爸取的，大鹏是一种能飞得很高的鸟。爸爸希望我像大鹏鸟一样展翅高飞。

同学2：我叫李巧。我的名字有点像女孩子的，我小时候身体很差，妈妈听说取个有点像女孩的名字好带，所以给我取了这个名字。

点评：孩子的名字融入了父母多少的期望！学生通过向父母了解为了给自己取名字花的心思和名字中蕴涵的期望，从而感受父母深深的爱。

②我成长的足迹：

乙：有了泥土，嫩芽才会长大；有了阳光，春芽才会开花；我们的成长离不开您呀——亲爱的爸爸妈妈。

课件出示一组家庭照片，由照片中学生讲述在成长过程中，自己遭遇疾病和挫折时，父母为之做出的牺牲和为之付出的血汗。

请照片中父母发言。

点评：孩子的成长过程凝聚了父母无穷的爱；感人的生活场景能勾起孩子的美好回忆，真情交流使他们再次体会朴实的亲情，引起情感的共鸣。

父母写真：

甲：母亲的皱纹，父亲的白发，是父母操劳的见证，是爱的涓涓印痕，是亲情无偿地演绎。你了解自己的父母吗？你关注过父母的变化吗？

以《爸爸（妈妈）的爱》为题，演讲自己眼中的父母。

点评：通过观察，感受父母的辛苦，利用演讲，表达亲情的无私，激发学生回报亲情的动机。

（3）拥抱篇——体验亲情。

亲情赞颂知多少：

甲：亲情是一种血脉相通的默契，是一种无法割裂的存在。

乙：因此，酬劳不是她的目的，收获不是她的动机，她是人性闪耀的光辉。

甲：多么质朴的情感啊！古今中外，有多少赞颂父母的歌、词；有多少演绎亲情的故事；有多少歌颂母爱的名言。

乙：让我们尽情地用歌唱、用朗诵、用故事来拥抱亲情吧！

①学生自由地歌唱或朗诵赞美父爱、母爱的歌曲和诗文，讲述古今中外关爱父母的故事，课件展示关爱父母、孝敬父母的名言警句。

点评：学生通过课前查找资料、收集相关材料、讲述故事，在准备过程中就受到润物无声的教育，榜样的力量是伟大的。

母子了解知多少：

甲：我们的生活，父母总是牢牢牵挂，那我们又对这些关爱自己的长辈了解多少呢？今天我们请到场的几位同学的妈妈和孩子共同上台做个游戏。测试一下对对方的了解有多少。请到场的爸爸作评委。（互相猜对方最爱吃的菜、最爱穿的衣服；母子共同写自己的爱好和习惯，检验默契度）

②请孩子做扮演孕妇的游戏，体会妈妈十月怀胎的辛劳。

点评：让学生亲自去体验，去实践，让学生在实践的体验中体会父母辛苦生育和抚养的无私付出，感受父母培育我们成长的不易，激发回报父母的情感。

（4）行动篇——回报亲情。

确定回报方案：

甲：记得老一辈革命家朱德爷爷在抗日前一年得到妈妈病逝的消息十分悲痛，他写下了这样一篇感人的文章《回忆我的母亲》（附一），请班主任老师给我们讲讲这篇文章。

班主任讲《回忆我的母亲》。

乙：故事让我们感动，榜样为我们引路，名言伴我们同行。父母给了我们那么多的爱，我们已经渐渐长大，我们应该怎样回报父母呢？

学生讨论交流，并确定回报父母关爱的最佳方案。

实施回报方案：

给父母一份惊喜。送一份独特的礼物给父母，如自己设计的贺卡或小制作；给父母洗洗脚；最近通过努力取得的最佳成绩或获得的喜报；一封感谢父母的信……

帮父母做家务事。每天在家给自己设立一个劳动岗位，帮助父母分担家务，向父母表示关爱。

陪父母聊聊天。每天陪父母聊聊天，说说学校发生的事、同学之间的事，谈谈自己的心情，听听父母工作的事，在沟通中积累情感。

倾听父母的感受：

甲：听了大家的回报方案，我们的家长十分感动。下面请妈妈、爸爸来谈谈自己的感受。

爸爸、妈妈谈感受。

乙：亲爱的爸爸、妈妈，谢谢你们对我们的肯定，你们放心吧，感谢你们对我们的爱，我们也一定把爱回报，回报给你们，回报给亲爱的社会，回报给伟大的祖国。

合：最后让我们伴着美妙的旋律把手中的红花献给在座的家长。

齐唱歌曲《爱的奉献》。

点评：积累是亲情书写它独特魅力的过程。利用讨论使学生明白：积累亲情并不在于轰轰烈烈，回报父母最重要的是要有一种正确的态度，要有一颗孝心；关爱父母要体现在平时的一言一行、点点滴滴中。从现在做起，从小事做起，从小处做起，培养爱心，去爱我们的父母，去爱我们身边的人，去爱我们的祖国。

总评：

首先，该方案以"感恩"为主题，体现出很强的针对性和教育性。幼雏犹报养育之恩，何况人乎？当前的孩子很多表现出自私任性、自我中心的不良倾向，通过感恩的教育活动，可以激发学生爱的情感，丰富情感积淀，把亲情回报付诸实践，并通过爱父母而升华为爱他人，爱家乡，爱祖国，因而具有很强的针对性和教育性。

其次，以"爸爸妈妈，你们辛苦了"为活动标题，对学生来说亲切生动，同时又很好地体现了活动主题。

再次，活动目标明确而全面。目标中不仅有了解亲情，有体验亲情的无私和伟大，更有让学生回报亲情，把对父母的爱付诸实际行动的目标。目标是活动开展的导向，正因为有了这样明确而具体全面的目标，才有后面的紧紧围绕目标实现而开展的一系列活动。

最后，也是本方案最闪光的地方，活动设计环环相扣，步骤紧凑，逻辑性强。活动的主体部分由三大篇构成，首先是回顾篇——走近亲情，接下来拥抱篇——体验亲情，最后是行动篇——回报亲情。回顾篇和拥抱篇为行动篇奠定了良好的认识基础和情感基调，正是因为深刻认识到父母养育自己的艰辛和对自己无私的爱，体会到父母对自己的深情付出和自己对父母的不够关心后，才会油然而生一种报答父母的良好愿望并体现在行动中。

案例三：珍爱生命　健康成长①

活动目的：通过本次主题班队会，让学生初步了解生活中必备的安全常识，懂得安全的重要性，增强学生的自我保护意识和能力，并把学到的安全知识传播给周围的人。

活动形式：小品表演、抢答、朗诵、音乐欣赏等。

活动准备：组织学生搜集有关安全知识的例子，编排相关的小品、顺口溜等，备齐所需的道具。

活动流程：

1. 创设情境，导入主题

（主持人甲、乙简称甲乙）

甲乙（合）：尊敬的老师，各位同学，大家好！"珍爱生命，健康成长"主题班队会现在开始！

甲：我们是21世纪的主人，是祖国的未来和希望，我们在爱的阳光雨露下茁壮成长，在幸福快乐中生活。可是，我们却时常看到一些飞来横祸，看到一些触目惊心、惨不忍睹的灾难在我们身边上演。

乙：相信同学们都听过一首叫作《天堂里有没有车来车往》的歌曲。一个天真可爱的小姑娘，在匆匆赶往学校的路上，被一起交通事故吞噬了娇嫩的生命。那天，她刚满13岁……（多媒体播放歌曲《天堂里有没有车来车往》）

甲：同学们，听完这支歌，你们的心情怎样？你们想说些什么？

2. 联系实际，引发共鸣

乙：这位小姑娘，正是花一样的年龄，却匆匆离开了我们。其实，这样的悲剧，在我们的生活中，还有很多很多。

甲：同学们，你还听说或亲眼看见过哪些类似的不幸事例？

乙：那么，在以往，你是否也亲身经历过此危险的情况呢？谁能给人家讲讲？

甲：请同学们回顾一下，在我们背诵过的《中小学生守则》《小学生日常行为规范》中，对安全事项都有哪些具体规定呢？

甲：可见，我们国家对于广大少年儿童的人身安全问题是十分关心、高度重视的，我们一定要牢记这些条文。可是，偏偏有些人不以为然，结果招来麻烦，后悔莫及。请看小品《吃桃》。

A：卖桃子啦，又大又甜又新鲜的桃子。

B：小明，咱们去买点尝尝吧。

C：好。老板，我们要三斤。

B：（边走边说）好红的桃子，小明，咱们先拿个尝尝吧。

---

① 刘从华，王海军．"珍爱生命 健康成长"主题班队会方案[J]．新课程（小学版），2006（21）：14-15.

C：不行啊。小强，桃子还没洗，不能吃。

B：这大街上去哪找水洗呀，没关系。俗话说"不干不净，吃了不生病"，你瞧，用衣服擦擦就行了。

C：那怎么行呢？

B：你不敢吃，我可饿坏了。（边说边咬了一大口）啊，真好吃，又脆又甜。

C：不能吃，这样不卫生，对身体有害的。

B：没事！（继续吃）……哎哟，不好啦，我肚子疼得厉害。

C：这可怎么办呐？快来人呀！

D：怎么回事？

C：他刚才吃了没洗的桃子，肚子痛起来了。

D：桃子没洗怎么能吃呢？上面不仅有灰尘、细菌，还有残留的农药，很容易引起中毒。（掏出手机）喂，是急救中心吗，我在新华路 68 号，这里有个小朋友食物中毒，快来。（挂断）小朋友，来，咱们先扶他到路口等着。

甲：同学们，看了小品后，你觉得小强做得对吗？为什么？

乙：是啊！只因不讲究饮食卫生，差点酿成大祸，确实够危险的，我们也应该引以为戒。

甲：曾经，侵犯我们少年儿童健康的第一杀手是各种疾病，如今威胁我们健康的头号敌人却是意外伤亡事故，它不仅给人造成伤害，甚至夺去了许多无辜的生命，给社会和家庭带来无法估量的损失。正因为如此，国家把每年三月最后一周的星期一定为"中小学生安全教育日"。

3. 校园安全常识运用

乙：从以上事例我们认识到了惨痛的教训。人们常说："安全重于泰山"，生命诚可贵，安全属第一。每天，我们都要上学，那么在学校里，我们应该怎样注意安全呢？下面是一组抢答题。

甲：下课了，不能干什么？

（1）做游戏　　　　　（2）在走廊里踢球　　（3）跳皮筋

乙：哪些东西不应带入校园？

（1）篮球　　　　　　（2）呼啦圈　　　　　（3）小刀、弹弓

甲：哪种做法要禁止？

（1）跳高、跑步　　　（2）爬树、滑楼梯　　（3）扔垒球

乙：上下楼梯怎样行？

（1）靠右行　　　　　（2）靠左行　　　　　（3）左右都可以

甲：如果你正在教室里上课，突然发生了地震，你会怎么做？

（1）往教室中间站　　（2）往课桌底下钻　　（3）从窗口向楼下跳

乙：体育课上，哪些行为是不对的？

（1）体育训练时遵守相关规定

（2）根据老师安排，有计划地锻炼

（3）身体不舒服硬撑着

甲：做实验时，哪种行为是正确的？

（1）将实验用过的器具随手抛弃　　　　（2）不随便乱摸化学药品

（3）在实验室说笑等

乙：以下哪种保管物品的方式最妥当？

（1）把零花钱随便夹在书本里　　　　（2）放学后，锁好自己的抽屉

（3）将钥匙、指甲剪用绳子拴起来挂在胸前

4. 家庭安全能力训练

甲：同学们都很聪明，在大家的努力下，我们一定会创建出一个安全、文明、和谐、有序的校园。人们常说，家庭是人生的港湾，可是在我们温暖幸福的家里，也隐藏着一些不安全的因素。特别是当我们独自在家的时候，安全知识一点都不能少。请看《小鬼当家 A、B 剧》。

A：（独白）今天是星期天，爸妈都上班去了，我可自由啦！（这时，传来门铃声）谁呀？

B：我，张叔叔。

A：张叔叔，怎么没听爸爸妈妈说过呀！

B：噢，我是你爸爸的老同学，有好多年没见面了，你当然不熟悉啦。

A：原来是这样。（开门，让 B 进来）

B：（东张西望）小朋友，你一个人在家呀？

A：（倒茶）是呀！叔叔请喝茶。

B：（嘿嘿一笑）我不想喝茶。

A：那你想要什么？

B：我想要钱。

A：啊，坏人！

B：（拿出匕首，威胁道）不准喊叫，快带我去找钱，不然的话，要你的小命。

（A 边哭泣边听从摆布）

乙：下面，我们再来看看 B 剧中另外一个同学是怎么做的。

A1：（摸摸脑袋）既然你是我爸爸的同学，那你说说我爸爸身材和长相怎样？

B：他 1 米 70 的个头，不胖也不瘦。

A1：他戴眼镜了没有？

B：戴了副近视眼镜。

A1：嘴角边是不是长了个痣？

B：对呀，那你开门吧。

A1：（走到一边）哼，肯定是个骗子。我爸爸身高 1 米 76，身体较胖，而且，他根本没戴眼镜，也从来没长过痣。（大声地）我不认识你，赶快走开，不然我打 110 报警了……

B：这小鬼挺机灵的，赶快溜吧，不然就麻烦了。

甲：看了这两个表演后，你认为哪个同学做得对呢？对在哪里？如果这样的情况发生在你身上，你怎么办？

乙：独自在家时，生人敲门别理他，是熟人敲门也要多问问话。刚才 A 剧中的小朋友就吃了这个亏，而在 B 剧中，看到冒牌"叔叔"被吓跑了，真令人高兴。

甲：同学们，除了防止坏人上门，在家里，我们还要注意哪些安全问题呢？请分小组讨论交流。

5. 社会安全综合考查

乙：同学们除了在校园、家庭中生活，还有许多时间活动在社会这个复杂、广阔的大环境中。在这里，我们更要提高警惕，时刻不忘安全。

甲：为了检测大家的安全意识和自我保护能力，我们在这里准备了10道简答题考考大家，看谁表现得最出色。

乙：假如你在上学路上行走，被一辆摩托车撞伤了脚，可骑摩托车的人怕负责任，驾车逃逸，你应当怎么做？

甲：夏季天气炎热，为了防止中暑，我们小学生出门在外，应该准备哪些物品？

乙：在学校附近，有几个大同学逼着你交"保护费"，并威胁说告诉别人，就挨揍，你该如何办？

甲：在放学的路上，突然下起了大雨，还打雷闪电，你不应该选择哪些地方避雨？

乙：暑假里，你和几名同学到野外旅行，却不慎迷了路，你会采取哪些方法辨别方向？

甲：走在人行街上，有个叔叔说要跟你交朋友，并给你买零食吃，请你到公园玩，你该如何办？

乙：几个同学到河边玩，一人不小心落水，你们都不会游泳，旁边一时又找不到大人，该用哪些办法来救他？

甲：走在大街上，路边有人在玩摸球游戏，并当场有人中了奖，老板喊你也试试手气，你该怎么做？

乙：同学们平时都爱吃零食，买饮料喝，我们要想确定产品是否合格可靠，应该了解包装上的哪些信息？

甲：在你住的生活小区里，有几个社会青年吃摇头丸，说很过瘾，让你也吃上一口，你该如何做？

6. 总结归类，朗诵升华

甲：同学们反应都很灵敏，可见大家在自我保护方面，还是很有经验的。

乙：为了方便记忆，我们班上的同学还把适合我们小学生的安全常识分类编写成了顺口溜，现在，就让他们上来朗读给人家听听。（伸手举着画有图案、书写着类别的牌子依次上场）

交通安全：

小学生，上学校，走路要走人行道；过马路，别乱跑，十字路口看信号。

娱乐安全：

不进网吧游戏厅，不上当来不成瘾；拒绝暴力和色情，读书上网守文明。

校园安全：

上下楼梯不拥挤，集体活动守纪律；课余时间不疯狂，损坏公物易受伤。

家庭安全：

一人在家关好门，有人来访要谨慎；防火防盗防煤气，居家安全别大意。

交际安全：

遇上坏人多琢磨，抓住机会就摆脱；别贪便宜别好奇，遇见行骗要远离。

饮食安全：

蔬菜瓜果洗干净，不讲卫生易生病；购买生活日用品，产品说明读认真。

旅行安全：

结伴出行要小心，地形线路须留神；急救电话要会打，遇到危险用处大。

自然灾害安全：

自然灾害威力大，不用惊慌不用怕；学会预防和自救，减少损失有办法。

甲乙（合）：最后我们一起送给大家两句话——安全知识实在多，关系重大不用说。安全属于你我他，健康成长人人夸。

甲：下面请班主任做总结发言，大家欢迎。（略）

甲乙（合）：安全无小事，关系你我他。愿同学们在今后的人生旅程中时刻与平安相伴、快乐相随，一帆风顺。最后，让我们一起在《祝你平安》这首歌中结束这次班会吧。

点评：

这节安全教育主题班会方案，有以下三个特点：

（1）彰显学生的主体地位。整个活动过程中，由学生主持，学生参与，并且调动了全体学生的积极性。其中既有学生的独立思考，又有小组间的讨论交流，更有学生个性化的见解。学生成为班会的主人，他们的自主性得到了充分尊重和体现。

（2）形式活泼多样。活动采取了小品表演、知识抢答等学生喜闻乐见的方式，让学生在愉悦、轻松的气氛中接受教育，增长见识，避免了空洞乏味的说教。同时在班会开头、结尾处利用多媒体手段创设情境，增强了学习效果。

（3）贴近学生生活实际。安全教育本来是一个很大的主题，内容庞杂，涉及面广，但本节课教师只是选取了与学生关系密切的校园安全、家庭安全等方面的一些常识，对于社会安全知识，也是精心编选了10个具体、真实且有代表性的问题，来考查学生处理问题时的应变能力。这样做不仅让学生乐于应答，而且对他们今后的学习和生活有一定的指导意义。

案例四：初中班团队全程系列活动方案[①]

初一（上）：做合格的中学生

1. 当我迈进新校园时

（新生谈进校体会）

活动目的：

（1）学生互相交流自己进校感受和打算，取长补短，明确奋斗目标，初步树立远大理想。

（2）通过活动，增进同学间的了解，并初步考察学生的思想认识水平和工作能力，为初选班级干部做准备。

活动准备：

（1）由每个同学写自己迈进新校园的感受。形式应多样，如散文、诗歌等。

（2）发言以重点准备和自由发言相结合。（重点准备为活动做保证，自由发言可

① 丁如许. 初中班团队全程系列活动方案[J]. 教书育人，1999（3）：41-43.

使活动增添风趣。)

（3）教室由师生一起动手布置。教师应多听取学生意见，注意发现人才。

活动过程：

（1）班主任老师简述活动意义。

（2）班主任老师带学生参观校园，边参观边介绍学校的校史、校风、校纪，鼓励学生树立远大理想，并为之而奋斗。

（3）在教室或校园里，同学们轮流谈自己的感受。

注意事项：

（1）班主任老师要帮助掌握发言时的气氛，使活动热烈而有生气。

（2）班主任老师的发言要结合学校、班级的特点，富于鼓动性。

建议：

活动结束时，可拍集体照，或发给纪念卡作为激励。

2. 我是这样起步的

（优秀高年级学生介绍）

活动目的：

（1）通过本校优秀中学生切身体会的介绍，指导学生制订中学学习生活规则。

（2）通过活动，引导学生认识中学学习的特点，以全面发展为目标，有目的地注意学习要素的影响（学习要素为：明确的学习目的、正确的学习态度、科学的学习方法、合理的学习时间、良好的学习环境）。

活动准备：

（1）邀请两三位在各方面表现都突出的本校高年级同学介绍。

（2）搞好教室布置。黑板上可写上"我是这样起步的"，旁配图画，图画内容应概括德、智、体、美、劳诸方面。

活动过程：

（1）班长简介活动意义。

（2）班长介绍优秀高年级同学代表的事迹。

（3）优秀高年级学生代表发言。

（4）优秀高年级学生代表回答本班学生关心的问题。（可事先征集）

（5）班主任老师作简要小结。

（6）向优秀高年级学生代表赠送书籍。

注意事项：

（1）优秀高年级学生代表应具有"优秀性、代表性"。可邀请三好学生代表、学科尖子、体育健儿、小画家等。

（2）邀请的高年级学生代表应具有良好的口头表达能力，给新同学以良好的影响。

（3）高年级学生代表的现场解答，对加深学生印象有良好作用，班委会应结合本班实际，准备一些题目。

建议：

优秀高年级学生代表发言时，最好能用些实物（作业、奖品）作具体介绍。

3. 我在祖国怀抱里成长

（诗歌朗诵会）

活动目的：

（1）通过诗歌朗诵，加深学生对伟大祖国的热爱，抒发他们的理想和抱负。

（2）通过活动，提高同学们朗诵诗歌的能力。

活动准备：

（1）布置学生寻找朗诵材料。提倡学生自己写诗。

（2）与语文教师联系，进行朗读知识讲座。

（3）搞好教室布置。黑板上可画祖国的版图，标明北京的位置，下面画欢快的学生头像。版图上书写"我在祖国怀抱里成长"。

（4）选出评判组（班主任教师、语文教师及各组代表）。

活动过程：

（1）主持人以诗导入。

（2）同学们分别上台朗诵，评委们当场亮分。

（3）请班主任教师或语文教师以诗作小结。

（4）颁发奖品。

（5）齐唱歌颂祖国的歌曲。

建议：

（1）诗歌朗诵会的形式应多样，如独诵、齐诵、男声诵、女声诵、男女声齐诵、领诵、轮流诵、表演诵等。

（2）对创作的诗歌应予鼓励，可单独设创作奖。

4. 我是家长的好助手

（家务劳动比赛）

活动目的：

（1）通过活动，帮助学生树立正确的劳动观点，培养学生对家务劳动的热情，教育学生养成良好的家务劳动习惯。

（2）通过活动，向学生传授家务劳动的一些基本知识和方法。

活动准备：

（1）事先做动员，教育学生帮助家长做家务，掌握家务劳动的基本要领。

（2）制定比赛规则。

（3）准备口答题、动手题。

（4）准备必要的动手题的物品。

（5）准备好比赛场地。

活动过程：

（1）劳动委员简介活动方法，宣布评判组名单（可由家长代表、学生代表和班主任教师组成）。

（2）比赛时口答与动手穿插进行。

（3）评判组代表发言。分析比赛状况，并对薄弱项目进行示范操作。

（4）为优胜组发奖。

注意事项：

（1）动手题要注意安全，可进行削苹果、叠衣服、敲鸡蛋、摊饼比赛。

（2）比赛题目要针对班级学生的实际情况设计。

建议：

（1）比赛的题目可邀请家长出。每个家长出 2~3 题，然后筛选。

（2）要教育学生不仅要参加班级的家务劳动竞赛，更重要的是坚持在家中做力所能及的家务事。可进行追踪调查、定期反馈。

（3）奖品以班级劳动工具为好，如扫帚、簸箕、水壶等。

5. 欢快十分钟

（小型、多样的体育比赛）

活动目的：

（1）通过活动，以具体的内容，引导学生开展有意义的课间 10 分钟活动。

（2）通过活动，鼓励学生积极锻炼身体，认识到体育的重要性，自觉认真地进行锻炼，增强身体素质。

活动准备：

（1）根据"小型、多样"的原则，确定比赛的项目，如踢毽子、跳长绳、举哑铃、立定跳远、立定摸高、拔河、引体向上等活动。这些项目简便易行、活动场地小，具有较大的可行性。

（2）把比赛的项目预先告诉全班。并根据每个项目只比"10 分钟"的特点，规定每组每个同学均要参加，但只能报一项。每个项目每组限报三人。（跳长绳类的集体项目除外）。

（3）根据比赛项目，准备必要的比赛器材，如毽子、长绳、哑铃等。

活动过程：

（1）由体育委员召集，简介活动意义及具体做法，宣布裁判组名单。

（2）做准备活动。

（3）进行比赛。（比赛一般先进行个人项目，再进行集体项目）

（4）裁判长宣布比赛结果，发奖。

注意事项：

（1）准备活动一定要认真。

（2）评判标准要明确，避免无原则的争吵。

（3）比赛结束后要注意卫生，不要暴饮暴食，不要用冷水洗头。

6. 致敬！亲爱的教师

（尊师活动）

活动目的：

通过活动，表达学生对教师的热爱之情，进一步密切师生之间的感情。

活动准备：

（1）由各组事先召开会议，确定本组活动内容（要注意保密），确定本组献给教师的礼品（应自己制作，如教鞭、坐垫等）。

（2）准备好活动所需的器具。

（3）邀请任课教师参加活动，可发放请柬。（请柬制作要精美些，以便留作纪念）

（4）教室布置可安排教师席，也可让教师与学生同坐。

活动过程：

（1）班长主持会议。

（2）为教师们佩戴光荣花。

（3）学生代表致辞。

（4）学生代表向教师汇报学习成果。

（5）向教师赠送纪念品。

（6）"小记者"邀请教师代表发言。

（7）表演文娱节目。

（8）在表演文娱节目时，各小组"秘密行动"，如到办公室为教师打扫，到车棚为教师擦车。为保证"秘密行动"，各小组行动应穿插进行。

注意事项：

活动时要注意纪律。

建议：

尊师不仅要表现在行动上为教师做点事，更应该在行动上尊重教师的辛勤劳动。

因此，可结合开展"上好每一节课，做好每一次作业，搞好每一项活动"的尊师活动。

点评：

该系列活动是江苏省泰州中学丁如许同志在多年班主任工作的实践基础上，为闯出德育新路子而设计的。这项成果获江苏省德育研究会颁发的优秀奖，并受到全国许多学校和教育专家的高度评价。

"全程系列活动方案"注意研究教育规律，充分发挥学校、家庭、社会的协同作用，具有较强的教育性、开放性、趣味性、实用性等特点。并且该方案体现出统筹规划的特点，将初中阶段要对学生进行的德育内容按照学生情况进行梳理形成一个系列，活动与活动之间相联系和照应，活动的教育效果得以加强，实践证明其教育效果是显著的。这里我们只节选了其中的一部分。

第九章　班级文化建设理论与实践

> 班级是学生全面发展、健康成长的最重要的社会环境，班级文化建设是班级建设的重要内容之一。优秀班集体的形成，必定要以一个特色鲜明、积极向上、活泼健康的班级文化为基础。班级文化对班级成员起着直接的教育作用，又发挥着潜移默化的影响。其影响范围之广，程度之深，常常超乎人们的想象。加强班级文化建设，努力营造积极、健康向上的班级文化，已成为提高班级管理水平和促进学生发展的一个重要举措。

第一节　班级文化建设概述

"染于苍则苍，染于黄则黄"——墨子

"蓬生麻中，不扶自直"——荀子

"随风潜入夜，润物细无声"——杜甫

"只有创造一个教育人的环境，教育才能收到预期的效果"——苏霍姆林斯基

有一位青年班主任很为自己的威信而自豪，他说尽管他当班主任只有两三个星期，但是他已经把他的班级治理得服服帖帖。他班上的学生只要一见到他，就像老鼠见到猫一样，不管刚才班级里怎样闹哄哄，只要有一个学生说，"班主任来了"，班级里立刻就会鸦雀无声。而他不在的时候，学生纪律很不好，他认为这是因为其他的老师没有能耐。

还有一位班主任，看起来班级工作似乎并没有让他操劳很多，他并不总是在班级里转悠，学生也不经常到办公室来找他。他班上的学生无论上哪一个老师的课，都能保持很好的纪律。他因为有比较多的学术交流活动，经常不在学校里。有时他可能离开班级十天半月，但是他班上的学生并不会因为他不在而出现纪律问题[①]。

你如何看待以上两个班班级文化的差异？什么是班级文化？班级文化建设有什么意义？

一、班级文化的概念与意义

所谓"文化"，是指人类在社会历史发展过程中制造的物质财富和精神财富的总和，比如文艺、天文、地理、教育、服饰等。而班级文化，则是指班级人为了实现班级的目标，在班级中通过教育、学习、管理、生活等各个领域的活动所创造出来的一切物质和精神的产物。

这个概念包括了五层意思：第一，班级文化的主体是班级人（班主任、班级学生及科任教师等）。第二，班级文化是在学校环境中的一种亚文化，有自己的独立个性与特质。它与社会文化和学校文化有着密切联系。社会文化通过大众传媒、人际交往和社会活动等方式影响

---

① 李学农. 中学班级文化建设[M]. 南京：南京师范大学出版社，1999：19.

班级文化。班级文化是校园文化的有机组成部分，班级文化建设的内容、特色、方法等必然要受到校园文化的制约。第三，班级文化的活动领域包括教育、学习、管理、生活等各个方面。第四，班级文化是班级人后天习得和创造的。第五，班级文化活动的开展，其目的在于实现班级的目标，建设良好的班集体。

人总是在一定的文化环境中成长起来的。在现代校园里，学生学习、生活的具体环境就是所在班级。在同一校园文化中，不同的班级间存在着一定的文化差异。这种差异，不但体现了不同班级间的个性特征，更反映了各班级发展水平的差异。班级是学校教育工作的基本单位，是学生在校的主要活动场所，是学生良好的道德品质、健全人格、积极向上的精神风貌形成的主要基地。班级文化直接影响着学生对学校生活的感受和参与程度，影响着学生社会化和个性发展的水平，影响着学校教育的成果和质量。班级文化不仅能为学生的素质发展创建良好的氛围，还能为形成一个勤奋向上、充满活力的班集体起到桥梁纽带作用。

二、班级文化的特点

班级文化是校园文化的一个方面，是班级全体师生共同创造的一种动态的、发展的个性文化，是一个班级的灵魂，代表着班级的形象，体现了班级的生命。作为一种亚文化，必然具有自己的特殊性。

（1）时代性。这是就班级文化的形成和发展而言的。任何文化都是时代的产物，都要反映时代的要求，班级文化也不例外。班级文化在其形成和发展过程中，无不受到一定时代政治、经济、文化的制约和影响，打上时代的印记，反映时代的风貌，具有时代的精神特点。班级文化的时代特征，决定了它必须紧跟时代的步伐，与时俱进，这是班级文化的根本生长点。

（2）多元性。这是就班级文化的内容而言的。班级文化的内容是丰富多彩的，既有物质的，又有精神的；既有制度的，又有行为的；既有个体的，又有群体的；既有移植外来的，又有自身生长的；既有继承传统的，又有发展创新的。班级文化的多元性体现了班级文化丰富的内容和深刻的内涵。

（3）规范性。这是就班级文化的可控性而言的。相对来说，社会文化由于影响因素、途径和方式较为复杂，不可控因素较多，具有较明显的随意性。而班级文化则不同，它必须为班级的目标服务，围绕目标而开展，受目标的调控；同时，班级文化的可控性还表现在受制度文化的影响方面，即班级的规章制度对班级人的行为具有严格的规定性和约束力。班级文化的这种规范性，指引着班级人朝着既定的目标明确而有序地开展活动。

（4）多样性。这是就班级文化的活动方式而言的。班级文化的活动方式，不是孤立的、单一的，而是丰富的、多样的。它既有班级人集体的活动，也有个体的活动；既有集中性的活动，也有经常性的活动；既有口头语言的活动，也有书面语言的活动；既有组织的正式活动，也有自发的非正式活动等。这种多样性的特征，使班级文化呈现出五彩缤纷的特色。

（5）动态性。这是就班级文化的发展过程而言的。任何一所学校的班级文化，都不是静止不变的，而是动态发展的——都要经历一个从无到有、从少到多、从低级到高级的渐进过程，今天的班级文化是昨天班级文化的继承和发展。认识到班级文化的这一特征，我们才能用辩证的观点，时时处处审视班级文化变化发展的情况，从而促进其朝着预期的目标健康地发展。

（6）潜在性。这是就班级文化对学生发展的影响而言的。班级文化是学生所处的外在文化环境，它既直接影响学生对学习生活的感知、理解，又通过长期熏染，潜移默化地影响学生的世界观、人生观和价值观。

三、班级文化的类型

"横看成岭侧成峰，远近高低各不同"。从不同的维度来认识班级文化，就会获得不同的认知。每一维度，均为我们展现了班级文化的一个侧面，综合各个维度，就能对班级文化形成整体的认知。从不同的维度可以将班级文化划分为不同的类型。

（一）从班级文化建设的内容来分类

从班级文化建设的内容来分，有班级物质文化、班级精神文化与班级制度文化。

班级建设主要涉及班级物质、班级精神和班级制度三大领域。在这三大领域的建设过程中，逐渐形成了相应的班级文化类型，即班级物质文化、班级精神文化与班级制度文化[①]。

1. 班级物质文化

班级物质文化是班级文化中的实体部分，是班级文化的物质基础及其水平的外显标志，它主要包括班级的教室环境、教学设施、座位编排、班级卫生状况、各种墙报、宣传画、图书角、荣誉匾牌以及各种象征物等。

班级物质文化的具体形态展示出：不同类型的班级往往具有不同形态的班级文化。我们常常可以通过班级物质文化上的差异发现班级的特点，甚至发现班级风气的差异。如教室地面上不留一片纸屑往往意味着班级具有良好的运行机制、自控水平和团队精神。班级物质文化的建设需要一定的物质条件和一定的资金投入，但是，有一定的物质条件和经费投入也不一定就能形成育人的文化环境，它还有一个如何安排和布局的问题。因此，班主任要重视班级物质文化建设，充分利用班级物质文化熏陶和感染学生。

2. 班级制度文化

班级制度文化是班级文化中的制度部分，是实现班级目标的制度保障。在班集体中，我们把那些以规章制度、公约、纪律等为内容的、班级全体成员共同认可并自觉遵守的行为准则以及监督机制所表现出来的文化形态称为班级制度文化。它不仅包括班级中各种条例化和有形的规章制度、行为规范、纪律等，还包括班级中那些无形的习惯、约定俗成的规范等。

班级制度文化的建设，为学生提供了评定品格、行为的内在尺度，使每个学生时时都在一定的准则规范下自觉地约束自己的言行，使之朝着符合班级群体利益、符合教育培养目标的方向发展。"没有规矩，不成方圆"，建立良好的班级制度文化，是班级文化建设的一项重要内容。

班级制度文化以有形和无形两种形态存在。有形的班级制度文化主要指那些正式的、成文的规章制度等，如《中小学生行为规范》《班级公约》《奖惩制度》等。无形的班级制度文化主要指那些不成文的，体现和反映班级传统、特色与习惯的非正式的制度文化。如某些有经验的班主任尽管对学生的行为方式和具体的行为规范要求比较模糊和抽象，看起来"管"

---

① 谭英海. 略论班级文化及其对学生发展的作用[J]. 当代教育科学，2003（10）.

得不太紧，而长期积淀的那些习惯和传统却常常能够自主地约束和规范学生的行为，调整和协调各种关系。

3. 班级精神文化

班级精神文化是班级文化的观念部分，是实现班级目标的精神力量。它是指班级成员认同的特定的思想意识、价值观念、价值判断和价值取向、道德标准、行为方式等，它是一个班级的本质、个性和精神面貌的集中反映，通过班徽、班训、班级口号、班级理想等表现出来，具体体现在教风、班风、学风、班集体舆论和班级人际关系等方面，是班级文化建设的核心内容。

在班集体中，精神文化常常是无形的却又无处不在，它以"隐性"课程的方式对学生的世界观、人生观和价值观产生重要影响。班级的精神文化集中体现在教风、班风和学风上，因此，班级精神文化建设的重点就是"三风"建设。优良的班级教风、班风和学风对学生个性和品德具有陶冶和导向功能，是其他教育形式难以代替的。如"严谨"的品质在教室布置、组织管理、学习态度、教学要求等方面通常都能体现出来，学生在这样的班级文化陶冶下，就比较容易形成严谨的品格。因此，班主任在班级建设中一方面要致力于建设优良的班级教风、班风和学风，另一方面要充分利用已形成的良好班级教风、班风和学风这些"隐"性课程去影响和教育学生，发挥好班级精神文化的教育效能。

因此，在班级制度文化建设中，班主任不仅要重视有形的规章制度，而且要善于总结、提炼、宣传、弘扬那些独特的优良传统和习惯，使之对学生产生潜移默化的影响。

（二）从班级文化建设的主体来分类

从班级文化建设的主体来分，有教师文化与学生文化。

班级文化建设的主体是教师（班主任和科任教师等）和学生，由于这两类主体在班级文化建设中所处的地位、职责和任务以及发挥的作用不同，逐渐形成了相应的主体文化类型[①]。

1. 教师文化

教师文化是指参与班级建设的教师集体在建设过程中所形成的、符合教师职责和行为规范的价值体系。它主要由本班全体教师的教育思想、管理理念、专业知识、教育与心理科学修养、职业道德、社会责任感、个性人格和奋斗目标、舆论、规范与教风，以及师生之间的交往风格、和谐平等的人际关系等组合而成，在班级文化的形成与发展进程中居于主导地位，对学生文化的构建具有表率、导向作用。

教师"教书育人"的职责决定着其行为方式常常与一定的道德要求和原则联系在一起。教师不仅需要用自己的知识影响学生，使他们了解自然和社会发展的基本规律，具备相应的与自然和社会进行协调和交往的能力，而且需要通过自己的人格、品质和道德力量以及自己的行为去影响和感染学生；而学生在每一位教师那里学到的不仅仅是知识和技能，还在教师的身上，并通过教师的言行举止，接受了世界观、人生观和价值观的感染和熏陶。教师应该是社会主流文化的承载者、认同者、实践者与传播者，既是学生的学业导师，又是其人生导师。

---

① 谭英海. 略论班级文化及其对学生发展的作用[J]. 当代教育科学，2003（10）.

2. 学生文化

学生文化是学生在班级活动和生活中，逐渐形成的反映其思想和行为的价值体系。它主要由学生特有的价值理念、道德规范、思维方式、行为方式和精神面貌等组成，是班级文化中一种相对独立的文化形态。

学生文化的形成不仅与家庭所属的社会阶层（职业、文化素养、受教育程度以及角色地位）、个人的社会关系以及学生所在班集体的目标、规范、交往、班风等相联系，还和学生所在自然群体特有的价值理念、行为方式、精神面貌等以及班级中学生文化倾向之间有着更加密切的关系。

学生文化具有自发性、多样性和互补性。自发性是指学生文化的形成和影响是自发产生的。它没有经过班主任和教师的组织或有意安排，通常是学生在日常交往中，由于有着共同的价值观念和行为方式而自然形成的。同时，它构成一种环境，影响着处于其中的每一个学生，使其在不知不觉中习得了这种文化。多样性是指学生文化的类型是多种多样的。共同的种族、民族特征、社会经济背景、地缘关系、学缘关系、年龄特征、性别特征、心理需要等因素都能使学生结成相对独立的文化群体。互补性是指各学生文化群体之间，学生文化与学校和班级主流文化之间，在形式、功能等方面相互补充，进而构成学生在学校的完整文化生活。学校和班级主流文化无法包容学生生活的全部内容，学生文化作为一种补充方式体现了学生生活的意义和价值。

班主任在班级管理中要十分重视对学生文化的了解、适应、引导和影响，倡导健康活泼、积极向上的学生文化，改变那些与学校主流文化相悖的学生文化，从而有效地引导和促进学生的发展。

（三）从班级文化建设的表现形式来分类

从班级文化建设的表现形式来分，有显性文化与隐性文化。

班级文化在表现形式上，有的是以人们直接可以看得见、摸得着的实物形式存在，有的是以隐性的精神、观念形式存在，据此，可以把班级文化分为显性文化和隐性文化。

1. 显性文化

显性文化是指可以摸得着、看得见的显性的环境文化，是班级文化建设的"硬件"，主要包括班级物质文化和有形的班级制度文化。比如摆成马蹄形、矩形、椭圆形的桌椅；展示学生书画艺术的书画长廊；激发学生探索未知世界的科普长廊；表露爱心的"小小地球村"；教室墙壁上的名言警句、英雄人物或世界名人的画像；悬挂在教室前面的班规、班训、班风等醒目图案和标语；师生良好的仪表仪态等。

显性文化对学生既可产生直接的教育作用，又可产生潜在的教育作用。在良好的显性文化环境里学习生活，会让学生产生强烈的归属感，喜欢学校生活，增添学习和生活的乐趣，同时也带来希望和活力。

班主任在班级文化建设时，要利用各种条件，切实加强对班级的"硬件"建设，科学地布置班级的显性文化环境，充分发挥其教育作用。

2. 隐性文化

隐性文化是指班级中以隐性的精神、观念形式存在的文化，是班级文化建设的"软件"，主要包括班级精神文化和无形的班级制度文化。比如，一个班级的教风、班风、学风、传统、班级舆论、人际关系以及由制度文化所构成的一个制度化的法制文化环境等。

隐性文化虽然不能直接看到，却弥漫在班级的各个角落，对学生认识、判断和评价是非、善恶、荣辱，使他们对事物的爱憎、好恶的态度以及意志和道德行为等思想品德的形成起着潜移默化的作用，可以通过班级师生的言谈举止和精神面貌反映出来。

班主任要加强对班级文化"软件"建设的引导，使其向着积极健康的方向发展。

四、班级文化的功能

班级文化的功能是指班级文化的作用。积极的班级文化主要具有以下几方面的功能。

（一）导向功能

班级文化一旦形成，就有明显的价值导向功能。它通过文化因素的暗示，渗透于学生心里，可形成学生的价值观念，左右学生的思想和行为，影响和主导学生的价值取向。长期处在某一班级文化中的学生，在其熏陶下，必然形成相应的价值观念和思维方式。

（二）激励功能

班级文化作为一个客观现实的环境，能为每个班级成员提供文化享受和文化创造的空间，提供文化活动的背景以及必要的活动设施、模式与规范，从而有效地激发和调动每个成员参与班级活动的积极性、主动性和创造性，使其以高昂的情绪和奋发进取的精神投入到学习和生活中去。

（三）调控功能

班级文化所形成的规范体系，制约着学生的言行。这种规范一旦形成，就会成为一种强大的力量，使班级成员都能自觉地约束自己，让自己的行为符合班级规范。班级文化对成员的这种制约功能主要通过以下三条途径得以实现：氛围制约（环境、关系、风气等）、制度制约（规章、纪律、守则等）、观念制约（理念、道德、舆论等）。

（四）凝聚功能

班级文化是一个班级师生共同创造并实现的精神产品，是班级全体成员思维与精神的集合，寄托着他们共同的理想和追求，体现着他们共同的心理意识、价值观念和文化习性，对班级成员来说，是一种精神纽带和心理"势场"。这种共同的心理意识、价值观念和文化习性会激发成员对班级目标、准则产生认同感和作为班级一员的使命感、自豪感和归属感，会使班级成员之间形成和谐、信任、友爱、理解和尊重的群体关系，并在共同目标的指导下统一思想，统一行动，从而激发起强烈的凝聚力和群体意识。

第二节 班级文化建设的一般程序

建设班级文化是学生全面发展的迫切需要，也是加强和改善学校教育工作的重要途径，因此，要从学校、班级和学生的实际出发，有目的、有计划、有组织地建设班级文化。

全面质量管理理论中关于全面质量管理的思想方法和工作步骤，即 PDCA 循环，对我们建设良好的班级文化具有重要的指导意义。PDCA 循环又叫戴明环，是美国质量管理专家戴明博士首先提出的，它是全面质量管理所应遵循的科学程序。

PDCA 是英语单词 Plan（计划）、Do（执行）、Check（检查）和 Action（处理）的第一个字母，全面质量管理活动的全部过程，就是按照 PDCA 循环，周而复始地运转的过程。

如图所示，一个 PDCA 循环一般都要经历以下 4 个阶段（图 9.1 所示）、8 个步骤（如图 9.2 所示）：

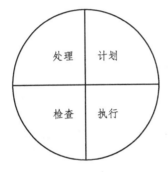

图 9.1　PDCA 循环的 4 个阶段

图 9.2　PDCA 循环的 8 个步骤

第一阶段是计划，包括方针、目标、活动计划、管理项目等。

第二阶段是执行，即按照计划的要求去做。

第三阶段是检查，检查是否按规定的要求去做，哪些做对了，哪些没有做对，哪些有效果，哪些没有效果，并找出异常情况的原因。

第四阶段是处理，肯定成功的经验，将之变成标准，以后就按照这个标准去做。总结失败的教训，使它成为标准，防止以后再发生。没有解决的遗留问题反映到下一个循环中去。

在 PDCA 的循环中包含找出问题—找出原因—找出主要原因—制订计划—执行—检查—总结经验—提出新问题 8 个步骤。

PDCA 循环不是在同一水平上的循环，每循环一次，就解决一部分问题，取得一部分成果，工作就前进一步，水平就提高一步。到了下一次循环，又有了新的目标和内容，工作就更上一层楼。

根据全面质量管理的工作原理，我们认为，班级文化建设应该按照科学决策、切实落实、评价反馈与持续改进的程序进行。

一、科学决策

（一）决策的含义

"决策"一词的意思就是做出决定或选择。时至今日，对决策概念的界定不下上百种，但仍未形成统一的看法，诸多界定归纳起来，基本有以下三种理解：一是把决策看作是一个包括提出问题、确立目标、设计和选择方案的过程。这是广义的理解。二是把决策看作是从几种备选的行动方案中做出最终抉择，是决策者拍板定案。这是狭义的理解。三是认为决策是对不确定条件下发生的偶发事件所做的处理决定。这是对决策概念最狭义的理解。这里是从广义上来理解"决策"含义的。

"凡事预则立，不预则废"。决策主要解决两个问题：一是干什么，二是怎么干。在班级文化建设中，只有通过科学决策，才能统筹兼顾、全面平衡，充分调动全班的积极性，有效地利用人力、物力和财力，指导班级文化建设的顺利进行，取得良好的建设效果。

（二）班级文化建设决策的内容

班级文化建设决策要涉及班级文化建设的方方面面，其主要内容可用"5W1H"来表示：

Why——为什么要做？即明确计划工作的原因和目的；

What——做什么？即明确所要进行的活动的内容及要求；

Who——谁去做？即规定由哪些部门和人员负责实施计划；

When——何时做？即规定计划中各项工作的起始时间和完成时间；

Where——何地做？即规定计划的实施地点；

How——怎么做？即制定实现计划的手段和措施。

但从宏观的层面上看，班级文化建设的决策主要包括班级文化特色的提炼、班级文化建设目标的制定和班级团队活动的设计三个方面[①]。

1. 精心提炼班级文化特色

特色是事物所表现出的独特的色彩、风格等。它是一个事物或一种事物显著区别于其他事物的风格、形式，是由事物赖以产生和发展的特定的具体环境因素所决定的，是其所属事物独有的。班级文化特色是一个班的班级文化有别于其他班的班级文化的出色的方面，是其所特有的。

班级文化建设不能人云亦云，要有独创性，要有个性、有特色，要突出青春、朝气、活泼、健美等特点，要有较高的艺术品位和氛围。班级文化当然需要借鉴，需要学习，但这种借鉴、学习都是为我所用，不能完全照搬、照抄。否则，东抄一点，西凑一点，就成了"拼盘"，或者成了僵硬的仿制，因千人一面而失去独特的魅力。

班级特色要根据本班学生的特点、专长、地域特色、培养目标等条件，综合起来进行提炼。如以农村学生为主的班级，班级文化的特色就要体现农村学生的特征，突出"朴实、勤劳、立志成才"这一品质；以城镇学生为主的班级，学生常常具有"多动、任性、自私、孤傲"等心理特征，班级文化建设就要以着重培养学生尊重人、关心人、团结协作等品质为特色；有的班级以体育运动的爱好者为主体，就要以培养学生顽强的毅力、坚定的意志和团结奋斗为班级文化建设的主要特色。

2. 科学制定班级文化建设目标

目标是个人、部门或整个组织所期望的成果。班级文化建设目标就是一个班级文化建设

---

① 浅析班级文化建设的途径和方法[EB/OL]. (发表日期)[引用日期]. http: //www. sxzyd. net/jyky/。

所期望取得的成果。

制定科学的班级文化建设目标是科学决策的核心内容。班级文化建设目标对班级文化建设至关重要，目标就是动力，目标就是方向。具体来说，班级文化建设目标具有激励、导向和评价等功能。

班级文化建设目标功能的发挥不仅与目标本身有重要的关系，还与班级成员对目标的认知有重要关系。当班级成员认为某个目标很重要，具有很大的个人和社会意义时，这个目标就会对其心理和行为产生较大影响力，推动班级成员为实现这个目标而努力。相反，如果班级成员认为某个目标对其没有任何意义，实现它没有任何价值。这个目标对班级成员的心理和行为就没有影响力和推动力，班级成员也就不会为实现这个目标做出努力。因此，在制定班级文化建设目标时，应做到：①目标定位要正确、具体化、难度要适中；②目标要符合自己的实际，体现自己的特色，要有实现目标的具体步骤；③目标的设立要与社会发展目标相一致；④各层次目标应有内在的一致性；⑤目标的制定要尽可能多地征求班级人的意见，并接纳其合理建议。

3. 精心系统设计团体活动

良好的班级文化是班级成员在活动尤其是在团体活动过程中逐渐形成的，通过有计划有组织地开展团体活动，从中不断显现特定的文化价值，使班级成员在参与活动中受到陶冶和熏染，促使其在认识、情感和行动上逐渐趋同于班级文化的预定文化价值，从而达到形成良好班级文化的目标。因此，在班级文化建设目标制定后，必须设计出要通过哪些团体活动的开展来完成制定的目标。

在设计班级文化团体活动时要注意：①全员性。尽可能让全体同学都能参加活动，使每个学生都从中受益；②活泼性。活动符合学生的身心特点和兴趣爱好，使学生都乐于参加，勤于参加。③特色性。活动要有特色，有利于班级文化特色的形成和提升。④操作性。活动不宜过难或过易，要便于操作。⑤适度性。活动也不是越多越好，要精练。

二、切实落实

切实落实就是把班级文化建设的各项科学策划付诸实践，使之变为现实。它是班级文化建设的关键环节，没有切实落实，再好的班级文化建设策划都只能是水中花、镜中月。就班级文化建设内容而言，就是要落实班级物质文化、精神文化和制度文化的建设。

（一）在物质文化建设方面

班级物质文化是班级文化建设的物质基础，主要是指教室的自然环境，包括教室墙壁布置、标语口号的拟定、桌椅的摆放、环境卫生的打扫与保持等。教室是学生学习、生活、交际的主要场所，是老师授业、育人的阵地，是师生情感交流的地方。优美的教室环境能给学生增添生活与学习的乐趣，消除学习后的疲劳；更重要的是，它有助于培养学生正确的审美观念，陶冶学生的情操，激发学生热爱班级、热爱学校的感情，促进学生奋发向上，增强班级的向心力、凝聚力。苏霍姆林斯基曾经说："无论是种植花草树木，还是悬挂图片标语，或是利用墙报，我们都将从审美的高度深入规划，以便挖掘其潜移默化的育人功能，并最终连学校的墙壁也在说话。"因此，班级文化建设首先要抓好教室的环境布置。

（二）在制度文化建设方面

规范的班级管理制度有利于学生形成良好的行为习惯，建立良好的班集体必然需要相应的班纪班规来约束学生的行为。

首先，要建立健全班级规章制度。一个班级科学管理的前提是规章制度的规范化。俗话说"没有规矩，不能成方圆"，班级的规章制度是为了给学生提供参与班级活动及处理班级事务的行为标准。

其次，落实好规章制度执行情况的评比工作。一是向学生广泛宣传制度内容及含义，使学生掌握并理解制度的各项内容，明确遵守规章制度的作用，以使制度深入人心；二是积极创设条件，使规章制度能够更快、更好地实施；三是通过定期检查评比，营造出鼓励学生自觉执行规章制度的氛围，既可以强化制度的落实，又能使学生形成良好的行为习惯。

（三）在精神文化建设方面

班级精神文化是班级文化的核心和灵魂。班级精神文化建设要着重抓好以下几方面的建设：

（1）建设优良的班风。班风是班集体长期形成的在言论上、情绪上和行动上的共同倾向，是学生思想、道德、人际关系、舆论力量等方面的精神风貌的综合反映，是班级文化建设的核心和精髓所在[①]。班风是在长期的教育教学实践中逐渐形成的，是一个班级历史的积淀。一旦形成往往不易消散，成为班级所有成员自觉行动的共同信念。优良班风像熔炉一样，对全班学生起着熏陶、感染的作用，是一种巨大的教育力量。

（2）构建融洽的人际关系。人际关系指人与人之间的社会关系和心理关系，是在一定群体中，在人们相互交往过程中所形成的比较稳定而又持久的关系。班级人际关系主要包括教师与学生之间的关系和学生与学生之间的关系。融洽的人际环境，不仅可以使人奋发向上，还可以使班级形成良好的集体意识。要构建融洽的班级人际关系，首先，班主任和教师要有科学的教育观念，要热爱关心学生，尊重信任学生，对学生一视同仁。其次，要开展丰富多彩的集体活动。人际关系是在活动和交往中形成的，在活动和交往过程中，增进师生、生生之间的了解，升华他们之间的感情。

（3）形成正确的舆论。班集体舆论就是在班集体中占优势的、为多数人所赞同的言论和意见。班集体舆论是班级成员观念态度的集中体现，是班级深层次的精神文化。班集体的成长离不开健康的班集体舆论。要培养正确的班集体舆论，第一，要培养学生正确的认识。学生如果没有正确的认识，是不可能有正确舆论的。第二，要正确把握集体舆论，善于启发引导，以确保班集体舆论朝着积极、健康的方向发展。第三，要善于利用舆论工具，充分发挥它们的作用。第四，对好人好事，要不失时机地表扬，对学生的错误，也要立即指出，引导学生形成正确的是非观。

（4）注重诚信教育。诚信教育就是要引导学生说老实话、办老实事、做老实人。诚信是我们中华民族的美德，是个人立身之本。要使学生具有良好的诚信品质，班主任首先要以身

---

① 蒋忠. 班级文化的功能与建设[J]. 班主任，2003（2）.

作则，"其身正，不令而行；其身不正，虽令不从"。其次，形成班级诚信氛围，强化"诚信光荣，不诚信可耻"的道德观念。第三，使学生形成正确的诚信观念，要善于反思，要有独立自主的精神。

（5）培养学生创新精神。"创新是一个民族进步的灵魂，是一个国家兴旺发达的不竭动力。"创新是新时代的主旋律，班级精神文化建设要注重发掘学生的创造潜能，培养创新型人才。要培养学生的创新精神，第一，要具有正确的创新观念，陶行知在《创造宣言》中说："处处是创造之地，天天是创造之时，人人是创造之才。"创新并不只是科学家等少数杰出人物的专利。第二，要搭建良好的平台，为每一个学生提供思考、创造、表现及成功的机会，从而发展学生的个性及特长。第三，关注学生成长与发展的每一点进步，帮助学生发现自己、肯定自己。第四，培养创新的班级氛围，培养学生形成不唯师、不唯书、只唯实、敢说、敢想、敢于怀疑、敢于否定的意识。

三、评价反馈与持续改进

评价是依据班级文化建设的目标，对已开展的班级文化建设活动进行价值判断，主要看建设成效与建设目标的吻合度。反馈是指班级文化建设评价者将有目的地采集的有关评价对象的信息，传递给评价对象，然后收集评价对象的反馈信息，以此来实现评价信息的循环，借此不断修正评价对象的行为，即班级文化建设评价者通过评价的反馈，对班级文化建设者的行为进行调节和控制。交流是指班级文化建设评价活动的参与者，包括评价者、被评价者及其他相关人员之间的相互信息交换。通过交流，能够促使人们自我反思、相互学习、取长补短、共同进步。

班级文化建设是一个长期过程，不可能一蹴而就。班级成员应根据评价反馈的信息，在充分肯定成绩的同时，找到差距，提出改进措施，在原有的基础上，把班级文化建设得更好。

第三节　班级文化建设的模式与策略

一、班级文化建设的模式①

（一）班级文化建设的两种基本行为

依据西方经典的组织文化理论，创建和改造组织文化的努力，可以分为实质行为和符号行为。其中，实质行为指的是该行为能取得班级优势和特色，如学习、考试、文体竞赛等；符号行为则是对班级取得的这种优势和特色进行的表达和传播。二者是相辅相成的，实质行为是符号行为的前提和基础，符号行为又能促进实质行为的发展。班级文化作为一种组织文化，如果只是对班级价值观、班级精神以及班级个性等精神文化要素进行表达和传播的符号行为，而没有体现这些班级文化核心要素的实质行为，那么这种班级文化就很可能是空洞无力的，尽管从设计上看它有较为完整的体系结构。相反，只有实质行为创造优势和特色而没

---

① 周勇. 浅谈班级文化建设的两种基本操作模式——兼评《教学与管理》刊载的两个典型案例[J]. 教学与管理，2007（16）.

有符号行为进行提炼和表达，那么，这种班级文化很可能就是一种没有灵魂的班级文化。因此，健康的班级文化产生的条件是：取得优势和概念表达二者俱全，也就是实质行为和符号行为共同发挥作用，这样班级精神才能落到实处，班级文化的匹配作用才能真正发生。通俗地讲就是要处理好"做"与"说"的关系。"做"和"说"在班级文化建设具体操作的战术动作上是相辅相成的，不可偏废。但是，从战略上看，二者在班级精神的整体发展历程上有先后关系。由此，可以演变出班级文化建设的两种基本操作模式：先创造扎实的班级优势和特色，然后提炼班级精神，即"先做后说"，是归纳模式；先提出班级精神然后依此创造班级优势和特色，即"先说后做"，是演绎模式，表 9.1 是对这两种模式的比较。

表 9.1　两种班级文化建设的基本操作模式比较

操作模式	阶　　段		
	启动阶段	发展阶段	成熟阶段
归纳式 "先做后说"	突破：首次取得包含了班级文化要素基因，为班级文化的优势的发展确定了方向	积淀：沿着突破阶段所确定的方向，不断取得相关的优势和特色，逐渐形成良好的传统	提炼：在这种传统模式化地发挥作用后，对其进行提炼表达
演绎式 "先说后做"	提出：依据掌握的班级情况，提出精神的概念及表达	认同：依据已提出的班级精神的要求，不断取得相关的优势和特色，并完善其表达	落实：长期"按方针办事"后，形成了良好传统，在模式化运作中成熟

（二）班级文化建设的两种基本模式

1. 归纳模式分析

（1）基本内涵。

归纳模式中的班级精神是在教书育人的实践中对特定主题的班级优势和特色进行长期积淀后逐渐形成的，并在其定型之后由班主任提炼形成的，其公式可以概括为：突破—积淀—提炼。

"突破"发生在班级文化建设的启动阶段，它指的是班主任在深入了解班级特点的基础上，引导学生在学习和活动中取得优势，创造出与之相适应的班级特色，从而为班级文化建设找准切入点。在突破中创造出来的优势和特色，虽然不明显，但它包含了班级文化核心要素。"积淀"对应的是班级文化建设的发展阶段。它是在班级文化建设取得突破之后，班主任依据此前形成的班级文化核心要素的基因，引导学生在学习和活动中不断取得优势，不断积累和加强班级特色的过程。在这一过程中，班级不断取得优势的做法和作风会逐渐演变成为一种"传统"——一种业已形成但尚未被明确表达的班级精神。接下来，就很自然地进入了提炼阶段。提炼阶段是班级精神定型的阶段，也是班级文化成熟的阶段。判断是否对班级精神进行提炼的标准是看这种"传统"是否能在班级取得优势的过程中模式化地发挥作用。如果是，班主任就应选准时机从这种班风传统中提炼出其核心内涵——班级精神。这种经过长期实践形成的班级精神一旦被恰当地提炼和表达出来并得到进一步强化，一种健康的、强势的班级文化就形成了，它必将对班级教书育人的目标产生良好的匹配作用。

（2）案例分析。

周勇在《班级文化建设操作纪实》中讲述的是较为典型的归纳模式[1]。在突破阶段，该班班主任依据班级学生调皮、活跃、爱打排球的特点，引导学生在学校排球比赛中取得优势，并借机提出了"最调皮、最厉害、最可爱"的班级形象概念，为班级精神的形成提供了"最"字基因。其后，经过初一第二学期被评为学校优秀班集体，实现了"最厉害"的形象诉求的操作。该班主任据此判断这种作风已在模式化地发挥作用，从而在一个恰当的时机将林依轮演唱的《步步高》教作班歌，以此为引子将歌词"世间自有公道，付出终有回报，说到不如做到，要做就做最好，步步高"中的"要做就做最好"概括为班级精神，并引导学生回顾该班不断取得以"最厉害"为内涵的班级优势的历程，概括了这种班级精神提炼的内涵。

2. 演绎模式分析

（1）基本内涵。

演绎模式指的是班主任在深入了解班级特点的基础上，依据班级特定的教书育人目标，提出其预设的班级精神，然后通过引导获得学生的认同，并使学生在学习和活动中践行而发展成熟。其公式可以概括为：提出—认同—落实。

在提出阶段，班主任依据对班级目标和班级特点的理解提出自己预设的班级精神，从而设定班级文化建设的基本方向。这种提出的形式是多种多样的，可以是班主任直接提出，也可以是班主任引导后学生自己提出；可以利用已取得优势提出，也可以在没有取得优势的情况下依据班级情况和班级目标提出。总之，班主任要善于抓住有利时机提出自己的班级精神表达。此时，班级精神还是比较抽象的，其具体的表达方式也可能是不成熟的。在接下来的认同阶段，班主任要采取行动让学生认同这种班级精神，使其内涵系统化，并确定其最终的表达方式。最后是落实阶段，这是演绎模式操作中的重点和难点。如前所述，无论是企业文化、校园文化还是我们所讨论的班级文化，作为一种组织文化，它们都存在一个使其中的价值观和组织精神落地生根的问题。因此，要使演绎模式下的班级文化成为真正的班级文化，班主任必须以班级精神为参照，引导学生在学习和活动中不断取得成绩，创造相应的优势和特色，从而使班级精神变得充实、饱满，有血有肉。

（2）案例分析。

周勇在《塑造班级品牌的灵魂——班级精神的提出及落实例说》中讲述的是较为典型的演绎模式的案例。[1]在提出阶段，该班主任在确立学生个人成长目标的基础上，对班级精神有较明确的要求（"要成为 NO.1"），但未直接表达，而是学生在接受引导之后自发提出来的（"We're the best"）。从该班主任对这句贴在教室后墙上的班级口号的"暂时肯定"不难看出，这时的班级精神表达尚未定型。在认同阶段，该班主任针对幼师女生早恋这一普遍问题，又引导学生自发地提出了"留得青山在，不怕没柴烧"的班级价值主张，对班级精神在这一特定环境中的形成提供了很好的价值支撑。接着，利用在活动中取得的优势使班级精神获得学生认同，并借机将其定格为"To be the best"的班级精神。在落实阶段，该班主任主要通过进一步激发学生的学习热情，培养学生良好的学习习惯，充分调动学生的积极性来践行"To be the best"，在这一过程中为该班提炼了"纯真可爱，积极上进"的班级品牌个性，丰富了班级文化的内

---

[1] 周勇. 塑造班级品牌的灵魂——班级精神的提出及落实例说[J]. 教学与管理，2006（22）.

涵，为班级精神提供了有力的支撑。其后，学生一系列成绩的取得尽管不能使班级精神的落实一锤定音，但它成功地完成了一次班级文化的积淀，也预示着美好的未来。

归纳模式与演绎模式各有各的特点，但二者的区别也不是绝对的，班主任在班级文化建设实践中应根据班级的实际情况，灵活选择班级文化建设模式，切忌生搬硬套。

二、班级文化建设的策略

文化是通过具体的文化载体来呈现、传播、继承和发展的。班级文化建设要充分利用好各种文化载体，通过不断开发、建设和利用文化载体，发挥其积极作用，促进良好班级文化的形成和发展。同时，班级文化也是在集体活动和交往中形成的，因此，要通过组织和开展大量的班级活动来建设班级文化。

（一）培育书香班级，营造阅读氛围

苏霍姆林斯基曾说过"学校应当成为书籍的王国，要天天看书，终生以书籍为友，这是一天也不能断流的潺潺小溪，它充实着思想的江河"。而在我国目前的中小学中，由于"应试教育"状况还未得到根本性改变，学生的主要精力仍放在考试科目上，钻研教材、教参和习题占据了学生的绝大部分时间。调查发现，中小学生比较喜欢读影视、体育、时装和爱情婚姻类报纸杂志，以及言情、武侠、卡通漫画和科幻小说等文学作品。很多学生讲起金庸、古龙、琼瑶等来如数家珍，但认真读过中外文学经典名著的，或是熟悉现当代名家名作的却寥寥无几，娱乐和消遣成了阅读的主要目的。

为了让学生能够在班级中健康、和谐地成长，我们有必要将班级建设成为学生书香生活的栖息地，创设良好的阅读环境和浓厚的读书氛围，推广优秀读物，开展形式多样的阅读活动，培养强烈的阅读兴趣和良好的阅读习惯，让阅读成为习惯化的生活方式。

1. 推荐优秀书目

向学生推荐优秀读物，使他们能够及时接触经典名著，引导他们走上正确的人生道路；向学生推荐健康、积极向上的著作，展示人类生活的美好前景，能够鼓励他们热爱生活，激发他们的创造力和想象力。

2. 引导学生阅读

开展文学经典名著阅读，教师的引导至关重要。班主任应与语文教师商议，将课外名著阅读纳入教学计划当中，不能随意和草率。每学期开始，师生共同商讨、制订阅读计划，规定阅读书目的范围和数量。计划的制订要考虑学生的个体差异，制定最低的阅读标准，当然还要考虑到对学生阅读效果的考核和评估，对完成好的要给予奖励和表彰。

3. 定期召开读书汇报和读书经验交流会

《学记》云："独学而无友，则孤陋而寡闻。"孔子说："三人行，必有我师焉。"同学之间经常交流阅读内容和心得，对激发阅读兴趣，提高阅读效率大有好处。让学生用简明扼要的语言把自己近期的读物介绍给同学，谈谈自己的读书体会，或复述或背诵部分精彩的片段。让学生在和谐、宽松的氛围中尝试着用属于自己的语言来评说作品，畅谈读书体会，让读者

与作品的情感自由碰撞，让读者与作者的心灵直接对话，让学生在获得对作品更深层次理解的同时，精神境界得到提升。

4. 创编班报

书香班级建设不仅要提升学生的精神境界，还要提高学生的习作能力。实践证明，让学生创编班报能有效提高学生的习作水平。这不仅能让他们施展各自的才华，倾诉自己的心声，更能促进同学之间的相互交流，促进学生去摄取各方面的知识，提高学生的阅读兴趣。班报的主要形式有：科技小报、漫画报、环保小报、安全小报、成语小报、英语小报、数学小报等。编报过程中，文字编辑、新闻采写、版面设计全由学生们负责，各显神通，这样既能拓展学生的知识面，又能发展学生的各项能力。

（二）开展艺术活动，营造艺术氛围

艺术是人类文明的重要组成部分。在信息时代，艺术不再局限于传统的剧场、戏院、音乐厅、美术馆，而是更为广泛地进入电视、电脑、网络等大众媒体，成为现代人日常生活和学习不可分割的部分。越来越多的人文学者、科学工作者和工程技术人员尝试从艺术中吸取灵感，将艺术的思维方式渗透到自己的工作和研究当中。艺术的感受、想象、创造等能力，已成为现代社会需要的综合型人才所不可缺少的素质。

1. 艺术活动的价值

艺术活动主要包括音乐、美术、戏剧、舞蹈以及影视、书法、篆刻等艺术形式和表现手段。通过开展各种艺术活动，使学生不断获得基本的艺术知识以及艺术的感知与欣赏、表现与创造、反思与评价、交流与合作等方面的艺术能力，提高生活情趣，形成尊重、关怀、友善、分享等品质，塑造健全人格，使艺术能力和人文素养得到整合发展。

具体来说，开展艺术活动对学生的健康成长主要具有以下几方面的价值：

（1）审美价值。艺术活动是学生在学习过程中鉴赏美和创造美的实践，通过音乐、美术、戏剧、舞蹈、影视等艺术形式和表现手段，使学生的艺术经验不断得到丰富和升华，获得感受美、鉴赏美、创造美的能力和健康的审美情趣。

（2）情感价值。艺术活动为学生提供多角度、多方面、多渠道的情感体验，学生有机会选择自己喜爱的方式进行自我表达和交流，使情感得到丰富，达到人格的提升和心灵的净化。

（3）智能价值。通过开展各种艺术活动，能全面培养学生的视觉能力、听觉能力、动作协调能力、语言表达能力、认识自我和适应环境的能力。在艺术涉及的联想、推理、分析、综合等活动中，学生的形象思维和科学思维得到协调发展，创新能力得到不断提高。

（4）文化价值。艺术活动使学生有机会接触丰富的艺术信息，认识和理解本民族与世界各地艺术的历史、文化意蕴，感受其特色，形成对本民族文化的认同、热爱和对多元文化的尊重，参与文化的传承与发展。

（5）应用价值。学生在艺术活动中获得的艺术能力和经验，使学生毕生受益，使他们的生活变得丰富多彩、富有情趣，使他们的工作和学习变得更有效率和更富创造性。

2. 班级艺术氛围的营造

（1）转变教育观念。在"应试教育"下，很多班主任最关心的是学生的"升学率"，认为开展班级艺术活动占据了学生大量的学习时间，会影响"升学率"的提高，是得不偿失的不务正业的事情，他们不支持甚至阻止学生开展相关的活动。这严重影响了学生艺术修养的提高，阻碍了学生身心全面健康和谐地发展。在全面实施"素质教育"的今天，班主任必须与时俱进，转变教育观念，在班级文化建设中，结合班级学生的实际，组织学生开展丰富多彩的班级艺术活动，丰富学生的班级生活，提升学生的艺术修养。

（2）积极开展丰富多彩的班级艺术活动。在班级文化建设中，班主任要结合艺术课程的学习，充分利用和创造各种有利条件，并结合学生的生活经验和社会文化资源，为学生提供生动有趣、丰富多彩的内容和信息，开展诸如经典歌曲传唱、绘画、舞蹈、戏曲、书法、经典作品赏析、地方传统手工艺等艺术活动，鼓励学生开展体验性、探究性和反思性艺术活动，营造艺术氛围，拓展艺术视野，培养艺术才能，提高学生的综合素质。

（3）加强对班级艺术活动的指导。艺术活动不论从活动内容还是从表现形式上看，都存在高雅与庸俗、健康与不健康之分，学生往往由于知识经验的局限，不能做出正确选择。因此，班主任必须与艺术课程的教师一道，加强对班级艺术活动的指导。班级艺术活动开展要做到：

适合学生身心发展水平，从其兴趣、需要、情感表达、人际交流等方面进行考虑，不同年龄阶段选择不同的内容和形式，以激发学生的激情。

选择积极、健康、向上的内容，激励斗志，催人奋进，丰富学生的精神生活，形成健康的审美情趣，进而使学生建立正确的世界观、人生观和价值观。

遵循人类艺术品质形成和发展的规律。学生艺术品质形成和发展不是一蹴而就的，而是一个由艺术感知—艺术创作—艺术反思组合而成的循环往复、螺旋式的上升过程。班主任要引导学生把自己的艺术感知、艺术创作和艺术反思联系起来，使艺术感知为艺术创作提供材料，使艺术创作丰富和强化艺术感知，使艺术反思对艺术感知、艺术创作做出梳理和评价，并为进一步感知和创作提供指导和方向，综合运用说、唱、舞、画等艺术表现手段。

（4）为班级艺术活动的开展提供便利条件。为班级艺术活动提供人力、物力、时间、空间等方面的便利条件，使之得到有效开展。

（5）充分利用家长和社区资源。营造班级艺术氛围不能闭门造车，而要对家长和社区开放，形成艺术教育的合力。利用有艺术专长的家长和社区人士为学生做专题讲座、示范，甚至直接指导学生的艺术活动开展。

（三）正确使用网络，培育健康网络文化

1. 网络的特点及其对青少年的影响

网络被誉为 20 世纪最伟大的发明，是体现时代特色的重要标志，它具有高科技性、自由性、时尚性、超越时空性、虚拟性、实时性、交互性、全球性等 8 大特点[①]。网络的高科技性，表现在网络上提供的精美的主页、丰富的内容、翔实的文字资料、悦耳的音乐、生动的影视图像，以及友好的界面形象、多样的网络游戏，对学生产生了新颖的刺激和魅力无穷的诱惑，牢牢地俘获了青少年的注意力和好奇心；网络的自由性为青少年创造出自我实现的新空间，使之个性得到最大的张扬，追求一种自我的理想；网络的时尚性符合青少年追逐时尚的心理，

---

① 黄俊官. 青少年网络成瘾原因及解决对策研究[J]. 教育与职业，2006（32）.

青少年如果不上网，就会被视为老土，跟不上时代，他们在某种程度上可以概括为上网的一代；而超越时空性、虚拟性、实时性和交互性使青少年扩大交往面。网上交友已成为青少年人际交往的一种重要形式，处于发育期的青少年的生理和心理，正发生着剧烈变化，他们渴望友谊、理解和交流，但是由于性格、文化及教育制度等原因，和亲人、朋友及老师之间的交流并不顺畅。在网络上，青少年可以在匿名的状态下，自由选择交流的对象，可以无所顾忌地吐露心声，彼此倾诉在成长中遭遇的烦恼、困惑、孤独和痛苦，找到共鸣和理解。网络创造的全新交友方式，还为对爱情充满憧憬和追求的广大青少年提供了一个结识朋友的广阔空间；互联网的全球性特征，可以使学生在第一时间了解世界各地发生的各类事件，极大地扩充了学生的信息渠道。

但是，也正是因为网络具有的这些特点，同时也带来色情、暴力、迷信等不良信息的泛滥。特别是智能手机作为新媒体的使用终端，移动上网、手机微视频、手机游戏、手机聊天等可以不受时空条件限制而广泛地使用。若缺乏科学指导，青少年使用网络的目的不明确，对信息不能进行正确分辨，就容易导致其思想混乱，有的沉溺于游戏、聊天、恋爱，有的把时间消耗在抖音等短视频上；有的上网成瘾而不能自拔；有的甚至浏览黄色暴力网站，进而发生违法违纪行为等。网络已成为一把名副其实的"双刃剑"。

2. 青少年网络成瘾的类型

青少年网络成瘾现象大体上分为 6 种类型：

（1）网络游戏成瘾。根据对青少年上网目的的调查数据，玩游戏成为青少年上网的首选目的，所占比例高达 40% 以上。

（2）网络交友成瘾。通过 QQ、微信等聊天工具进行人际交流，沉迷于网络聊天交友而不能自拔，将网络上的朋友看得比现实生活中的亲人和朋友更重要，追求浪漫故事，包括"网恋"。

（3）网络色情成瘾。指沉湎于网络上的色情内容，包括色情文字、图片、电影和色情聊天等。

（4）网上信息收集成瘾。总是不能自制地在网上搜索或下载过多的没有多大意义的资料或数据。

（5）计算机成瘾。对计算机知识特别感兴趣，沉迷于电脑程序，对那些新鲜的软件有强烈的兴趣，迷恋网络技术包括黑客技术，热衷于自建和发布个人网页或网站等。

（6）其他强迫行为，如不可抑制地参与网上讨论，在 BBS 上发表文章，开展购物、拍卖等活动。

网络成瘾者多是以上几个类型的混合体。青少年网络成瘾的危害性主要表现为：角色错位、人性异化、自我迷失、道德失范、学习成绩下降、健康受到损害等。互联网已成为一部分青少年名副其实的"电子海洛因"[①]。

3. 班主任对学生有效利用网络的引导

班主任对学生使用网络进行积极引导，把学生的求知欲引向正确轨道，提高学生收集、分析、辨别、处理信息的能力，拓宽学生的知识面。班主任要与信息技术课教师一道，提高学生的信息技术素养。

（1）获取信息：有收集和重新获取信息的意识并知道如何收集和检索信息；

---

① 黄俊官.青少年网络成瘾原因及解决对策研究[J].教育与职业，2006（32）.

（2）管理信息：能够应用现有组织或分类明细表对信息进行管理；

（3）整合信息：能够解释和描述信息，包括概括、比较和对比各种信息；

（4）评价信息：能够判断信息的质量、适用性、有效性和效率；

（5）创造信息：通过组合、应用、设计、创造或加工信息来生成新的信息。

此外，可以利用网络技术，为班级文化建设服务。比如，通过让学生参与建设班级网站等形式，使教师与学生、学生与学生、教师与家长、家长与家长之间的交流沟通不再受传统课堂的制约，使不同家庭的成员如同处一室，共同讨论、共同分享、共同进步，消除地理界限，为师生和家长们找到一个相互沟通、相互学习的平台，使班级文化在班级网站的建设和发展中得到健康成长。

4. 班主任要预防青少年网络成瘾

（1）认识导向。给学生讲清楚电脑、手机与网络的用途，利用生动事例阐明玩电子游戏、不当使用手机和网络的危害。

（2）培养自律自控能力。有意识地锻炼和提高学生的自控力，加强学生自觉抵制网络（手机）消极影响的能力。

（3）有限制地让学生使用网络（手机）。要限时间、限网站、限用途。

（4）做好家长工作，家长做出示范，并对孩子进行监督。

《教育部办公厅等六部门关于进一步加强预防中小学生沉迷网络游戏管理工作的通知》明确指出：网络游戏企业可在周五、周六、周日和法定节假日每日 20 时至 21 时，向中小学生提供 1 小时网络游戏服务，其他时间不得以任何形式向中小学生提供网络游戏服务。要求网络游戏企业确保内容健康干净，坚决杜绝网络游戏中含有可能引发中小学生模仿的不安全行为、违反社会公德行为和违法犯罪行为的内容，以及恐怖暴力、色情低俗、封建迷信等妨害中小学生身心健康的内容……避免中小学生接触不适宜的游戏或者游戏功能。学校对经申请带入校园的手机等终端产品进行统一管理，严禁带入课堂。学校提供的互联网上网服务设施，应安装未成年人网络保护软件或者采取其他安全保护技术措施。学校教职员工发现学生进入互联网上网服务营业场所时，应当及时予以制止、教育[①]。

（四）开展社会实践活动，提高学生的社会责任感

广义的中小学生社会实践是指学生参加的一切实践活动，狭义的中小学生社会实践是指由学校（班级）组织学生参加的各种具有教育价值的，面向社会、理论联系实际的实践活动。在班级文化建设过程中，班主任要有意识地组织学生走出校园，走向社会，关心社会发展，关注社会问题，参加社会公益劳动等社会实践活动，使学生形成正确的劳动观点，获得劳动技能，树立为集体、为家乡、为社会服务的思想，进而提高学生的社会责任感。

1. 中小学生社会实践活动的目标[②]

（1）情感目标。

①对劳动的体验，包括培养尊重劳动的态度；养成劳动的习惯；培养吃苦耐劳的精神以

---

① 《教育部办公厅等六部门关于进一步加强预防中小学生沉迷网络游戏管理工作的通知》，教基厅函〔2021〕41 号。

② 胡江倩. 欧美日本中小学社区服务与社会实践活动比较及启示. 洛阳师范学院学报[J]，2001（4）.

及克服困难的毅力；品尝劳动成果、收获的成就感及喜悦心情。

②对人的体验，认识自身的价值；学会自立；关心同情他人的情感与品格；师生间的相互接触和了解、信赖；同学之间的友情；了解对社区做出贡献的人并尊重他们；切身体会他人的不幸和痛苦。

③对自然的体验，通过触、听、看、嗅等感官感受大自然的美景；崇敬自然，萌发对自然的热爱进而产生保护自然的强烈意识。

④对社会的体验，培养社会责任感和公民责任感、使命感、团体意识、合作意识；培养守纪、协作、友爱的精神；自主地构筑美好生活的态度与实践精神；培养建立良好生活环境、社区文化艺术的感情和态度；维护和发展社区和福利文化事业；培养服务公共事业、社会互帮意识等道德品质。

（2）认知目标。

①对人的认知，对人格尊严的理解；理解由于贫富、职业、性别、种族等因素造成的素质差别，正确地看待自己、对待别人。

②对生活的认知，掌握基本生活常识和生活习惯。

③对工作的认知，掌握有关服饰、饮食、看护、福利的知识。

④对自然与社会的认知，掌握本国历史、文化、环境及环境问题，自然乡土、动植物的生态和分布等知识；了解社区文化和艺术、传统艺能；认识和了解他国的语言、生活习惯、饮食、气候风土、文学艺术等异国文化；掌握由于特殊的地理位置而造成的自然灾害及如何躲避灾害的相关知识。

⑤对某些活动必备知识的认知，了解和掌握志愿服务活动及其对象（社会福利、国际合作、文化活动）的相关知识。

（3）技能目标。

学习农作物的栽培、种植、护理、收割、试验等；学习捕捉并收集动物标本；对工业生产更加了解并掌握实际操作技能；获得交际能力；锻炼经营的本领；调查、评价、解决有争议问题的能力。

2. 中小学生开展社会实践活动的原则[①]

（1）本土性原则，活动大体都立足本土，利用本社区、本学校制定活动项目。如学校临近山区，就安排学生学习植物与果树栽培劳动；如在城市，则可让学生到工厂学习简单的工业劳动。

（2）实践性原则，活动要注重培养学生的实际动手操作能力及独立思考能力，让学生深入农村、工厂、公司、商店，直接与现实社会和群体接触。

（3）生活性原则，活动大都应比较贴近学生的日常生活，或是与现实人类生活密切相关的人生问题，如生与死、家庭、性、老人福利、大众文化等。

（4）公益性原则，活动要注重培养学生为社会服务的公德。如去福利院照看老人，去医院护理病人，与残疾人及弱智儿童对话，为公共集会场所、公园、车站等打扫卫生等。

（5）全面性原则。活动过程中不仅要让学生学到许多直接经验，同时也要培养学生认识社会问题的经验，从事劳动和技术活动的经验等。

---

① 胡江倩. 欧美日本中小学社区服务与社会实践活动比较及启示[J]. 洛阳师范学院学报，2001（4）.

（6）文化性原则。了解本国的传统文化、传统艺术、民间艺术，家乡的名胜古迹、文化遗址、历史以及近代以来本地社会、经济、文化、生活等的变迁等。

3. 中小学生常用的社会实践活动形式

（1）社会调查：组织学生对本地社会、经济、文化、生活等方面的发展状况进行调查研究，比如，关于生活用水状况的调查研究；关于生活垃圾分类处理的可行性调查；市区白色污染的调查研究；市区交通安全问题研究；市区农民工子女入学状况的调查研究；中小学生的饮食与营养问题研究等。

（2）生产劳动：组织学生到工矿企业或农村等生产第一线，直接参加生产劳动，了解生产劳动的过程，掌握一些基本的劳动技能。

（3）勤工助学：学生利用寒暑假等闲暇时间，进行一些适当的有偿劳动。

（4）志愿服务：在体育赛事、重大庆祝活动及其他一些重大事件发生时，参加志愿者组织，为社会提供志愿服务。如举办运动会时，就需要大量的志愿者。

（5）公益活动：组织学生参加诸如打扫街道、植树造林、清理白色污染、动植物保护等社会公益活动。

（6）社区服务：社区服务主要包括社区保洁活动、社区护绿活动、社区综合宣传活动、社区"陋习"纠察活动、社区敬老爱老活动、社区帮困助残活动、社区读书辅导活动、交通服务活动、环保志愿者活动、社区公益劳动等。

（7）参观考察：参观（访问）考察革命遗址、科技馆、英雄模范人物、杰出人物、现代化建设成果、市政工程、著名高校、工厂、高新技术产业运作情况等。

（8）家务劳动：协助家长做一些诸如洗衣、做饭、扫地等力所能及的家务活。

4. 班主任对社会实践活动的指导

（1）做好活动方案。在社会实践活动开展前，班主任要和学生一起制订出详尽周密的活动方案，使活动能得到有序展开，进而达到预期目的。

（2）强化安全教育。学生的生命安全是第一重要的，班主任在活动前要强化安全教育，同时采取尽可能完善的安全保障措施，确保学生的安全。

（3）注重社会形象。参与社会实践的班级和个人，必须注意自身形象，认真参加活动，为学校、班级和个人树立良好的社会形象。

（4）及时总结反思。每一次活动结束，都要及时组织开展各种形式的实践成果展示和宣传，总结得失，做到持续改进。

参考文献

[1] 孙培清. 中国教育史[M]. 上海：华东师范大学出版社，1992.

[2] 璩金生. 学制演变[M]. 上海：上海教育出版社，1991.

[3] 朱有缳. 中国近代学制史料[M]. 上海：华东师范大学出版社，1990.

[4] 熊武川. 学校管理心理学[M]. 上海：华东师范大学出版社，2006.

[5] Rupter Brown. 群体过程[M]. 胡鑫，宋小飞，译. 北京：中国轻工业出版社，2007.

[6] 范藻. 叩问意义之门——生命美学论纲[M]. 成都：四川文艺出版社，2002.

[7] 林进材. 班级经营[M]. 上海：华东师范大学出版社，2006.

[8] 魏书生. 班主任工作漫谈[M]. 桂林：漓江出版社，2000.

[9] 魏书生. 班主任工作[M]. 沈阳：沈阳出版社，2000.

[10] 魏书生. 守住心灵宁静，建设精神乐园[J]. 人民教育，2004（20）.

[11] 李镇西. 做最好的老师[M]. 桂林：漓江出版社，2006.

[12] 李镇西. 走进心灵——民主教育手记[M]. 成都：四川少年儿童出版社，1998.

[13] 李镇西. 爱心与教育——素质教育探索手记[M]. 成都：四川少年儿童出版社，1998.

[14] 郭毅. 班级管理学[M]. 北京：人民教育出版社，2006.

[15] 赵铮. 班主任之友[M]. 北京：新时代出版社，2006.

[16] 杨同银. 班主任工作技能训练[M]. 北京：中国林业出版社，2004.

[17] 甘霖. 班主任工作技能训练[M]. 上海：华东师范大学出版社，2006.

[18] 钟型泰. 现代中小学班主任工作指南[M]. 成都：四川教育出版社，2000.

[19] 辜伟节. 中学班集体建设与活动[M]. 南京：南京师范大学出版社，1994.

[20] 杨小微. 教育研究的原理与方法[M]. 上海：华东师范大学出版社，2002.

[21] 库少雄. 人类行为与社会环境[M]. 武汉：华中科技大学出版社，2005.

[22] 王立华. 我国中小学班主任工作的历史考察与当代发展[M]. 当代教育科学，2007（2）.

[23] 赵洪海，等. 面向 21 世纪中小学素质教育论纲[M]. 济南：山东教育出版社，1996.

[24] 金生鈜. 规训与教化[M]. 北京：教育科学出版社，2004.

[25] 吴康宁. 教育社会学[M]. 北京：人民教育出版社，1998.

[26] 马克思·范梅南. 教学机智：教育智慧的意蕴[M]. 北京：教育科学出版社，2005.

[27] 衣俊卿. 文化哲学十五讲[M]. 北京：北京大学出版社，2004.

[28] 靳玉乐. 现代教育学[M]. 成都：四川教育出版社，2006.

[29] 靳玉乐，张家军. 论理解型师生关系的建构[J]. 教育研究，2004.

[30] 王鹰. 班主任工作技能训练[M]. 北京：人民教育出版社，2001.

[31] 迈克尔·富兰. 变革的力量——透视教育变革[M]. 北京：教育科学出版社，2004.

[32] 迈克尔·富兰. 变革的力量续集[M]. 北京：教育科学出版社，2004.

[33] 陈永明. 教师教育研究[M]. 上海：华东师范大学出版社，2002.

[34] 张燕红. 培育学生的道德自觉[J]. 中国职业技术教育，2007（11）.

[35] 冯生尧，李子建. 教师文化的表现、成因与意义[J]. 教育导刊，2002（7）.

[36] 本刊记者. 为"生命·实践教育学派"的创建而努力——叶澜教授访谈录 [J]. 教育研究，2004（2）.

[37] 邵晓枫，廖其发. "以学生为本"教育理念内涵的解读[J]. 中国教育学刊，2006（3）.

[38] 高谦民. 求真 向善 立美——谈班主任素养[J]. 班主任，2003（8）.

[39] 齐学红. 今天，我们怎样做班主任——优秀班主任成长之路[M]. 上海：华东师范大学出版社，2006.

[40] 高谦民. 班级活动性教育初探[J]. 班主任，2002（10）.

[41] 高明书. 教师心理学[M]. 北京：人民教育出版社，1999.

[42] 联合国教科文组织国际教育发展委员会. 学会生存——教育世界的今天和明天[M]. 上海：上海译文出版社，1999.

[43] 易连云. 班主任工作[M]. 重庆：重庆出版社，2006.

[44] B. A. 苏霍姆林斯基. 帕夫雷什中学[M]. 赵玮，等，译. 北京：教育科学出版社，1983.

[45] 张焕庭. 西方资产阶级教育论著选[M]. 北京：人民教育出版社，1979.

[46] 李健民. 班主任工作心理学[M]. 北京：学苑出版社，1989.

[47] 张春兴. 教育心理学[M]. 杭州：浙江教育出版社，1998.

[48] 张旭芳. 班主任应善用暗示[M]. 黑龙江教育，2005.

[49] 时蓉华. 社会心理学[M]. 上海：上海人民出版社，1986.

[50] 程正方. 现代管理心理学[M]. 北京：北京师范大学出版社，2003.

[51] 卡内基管理群. 优质的领导[M]. 詹丽茹，译. 北京：中国友谊出版社，1998.

[52] 王德清. 学校管理学[M]. 成都：四川大学出版社，2005.

[53] 钟启泉. 新课程师资培训精要[M]. 北京：北京大学出版社，2002.

[54] Raymond G. Miltenberger. 行为矫正原理与方法. 石林，等，译. 北京：中国轻工业出版社，2004.

[55] 王勇. 魏书生班级自动化管理思想的精髓[J]. 中国德育，2006（11）.

[56] 丹尼尔·戈尔曼. 情感智商[M]. 耿文秀，查波，译，上海：上海科学技术出版社，1997.

[57] 耿柳娜，张艳琼，辛自强. 架起师生心灵沟通的桥梁——"来访者中心"理论的应用[J]. 天津教育，2006（3）.

[58] 唐思群，屠荣生. 师生沟通的艺术[G]. 北京：教育科学出版社，2001.

[59] 屠荣生. 师生沟通的语言艺术[J]. 教育评论，2001（2）.

[60] 苏霍姆林斯基. 给教师的一百条建议[M]. 天津：天津人民出版社，1981.

[61] 古人伏. 小学班队工作原理与实践[M]. 上海：华东师范大学出版社，2001.

[62] 陈震. 班主任工作新思维[M]. 南京：南京师范大学出版社，2002.

[63] 彭剑飞. 班主任心育艺术[M]. 长沙：湖南人民出版社，2002.

[64] 周俊. 中小学主题班会设计实例集锦[M]. 杭州：杭州出版社，2000.

[65] 张绍仁. 班主任工作三十年经验谈[M]. 北京：北京教育出版社，1992.

[66] 陈桂生. 师道实话[M]. 上海：华东师范大学出版社，2004.

[67] 王晓春. 问题学生诊疗手册[M]. 上海：华东师范大学出版社，2006.

[68] 孙云晓，郑新蓉. 21 世纪教师与父母必读[M]. 北京：北京出版社，2006.

[69] 任小艾. 新世纪班主任必读[M]. 北京：高等教育出版社，2005.

[70] 陈家麟. 学校心理健康教育——原理与操作[M]. 北京：教育科学出版社，2002.

[71] 张万兴. 青春期健康教育完全手册（1~3）[M]. 北京：中央民族大学出版社，2002.

[72] 詹姆士·杜布森. 正当青春期[M]. 王跃进，译. 北京：中国社会科学出版社，2004.

[73] 陈铭德，朱绮. 性教育的困惑与对策[M]. 天津：天津教育出版社，2006.

[74] 王一军，李伟平. 班级活动设计与组织实施[M]. 北京：教育科学出版社，2007.

[75] 教育部中央教育科学研究所课题组. 和谐班级管理[M]. 北京：人民教育出版社，2007.

[76] 教育部中央教育科学研究所课题组. 班级活动设计与组织[M]. 北京：人民教育出版社，2007.

[77] 李学农. 中学班级文化建设[M]. 南京：南京师范大学出版社，1999.

[78] 丁子予. 中小学校校园文化建设工作实务全书[M]. 南昌：红星电子音像出版社，2000.

[79] 李学农，陈震. 初中班主任[M]. 南京：南京师范大学出版社，2002.

[80] 黄元棋，屠大华. 班主任工作新论[M]，武汉：湖北人民出版社，2003.

[81] 高谦民，黄正平. 小学班主任[M]. 南京：南京师范大学出版社，1997.

[82] 潘丽珊. 班级文化建设中的问题与对策研究[D]. 长春：东北师范大学，2005.

[83] 李德成. 关于进行书香校园、书香家庭和书香社区建设的建议[J]. 图书馆杂志，2007（5）.

[84] 黄亿. 中小学社会实践教育功能初析[J]. 现代教育论丛，1999（2）.

[85] 周峰. 试论中小学的社会实践教育[J]. 广东教育，1999（5）.

[86] 赵玉如. 中小学社区服务和社会实践的反思主题[J]. 教学与管理，2005（6）.

[87] 郑雪. 人格心理学[M]. 广州：暨南大学出版社，2001.

[88] 黄希庭，等. 健全人格与心理和谐[M]. 重庆：重庆出版社，2010.

[89] 王伟，蒋桦临，张红. 中学生心理健康手册[M]. 成都：电子科技大学出版社，2016.

[90] 朱永新. 中国著名班主任德育思想录[M]. 上海：华东师范大学出版社，2016.

[91] 段惠民. 做智慧班主任[M]. 济南：山东文艺出版社，2016.

[92] 赵福江. 从平凡到卓越：25 位优秀班主任的故事[M]. 北京：中国人民大学出版社，2016.

[93] 人民教育编辑部. 新世纪班主任必读[M]. 北京：高等教育出版社，2005.

[94] 张香兰. 班主任工作艺术[M]. 北京：高等教育出版社，2011.

[95] 陈宇. 班主任思维导图[M]. 北京：教育科学出版社，2019.

[96] 蔺素琴. 班主任胜任能力实训[M]. 北京：高等教育出版社，2019.